NAÇÃO EMPREENDEDORA
O milagre econômico de Israel e o que ele nos ensina

NAÇÃO EMPREENDEDORA
O milagre econômico de Israel e o que ele nos ensina

DAN SENOR e SAUL SINGER

Traduzido por:
Henrique Amat

2ª EDIÇÃO

DIRETOR-PRESIDENTE
Henrique José Branco Brazão Farinha

PUBLISHER
Eduardo Viegas Meirelles Villela

EDITORA
Cláudia Elissa Rondelli Ramos

PRODUÇÃO EDITORIAL
Sieben Gruppe Serviços Editoriais

PROJETO GRÁFICO E DIAGRAMAÇÃO
Cissa Tilelli Holzschuh e Tereza Tilelli

TRADUÇÃO
Henrique Amat

REVISÃO TÉCNICA
Renato Fonseca de Andrade

PREPARAÇÃO DE TEXTO
Sally Tilelli

REVISÃO
Renata Sangeon

CAPA
Listo Comunicação

IMPRESSÃO
Assahí Gráfica

Título original: *Start-up Nation: The Story of Israel's Economic Miracle*
Copyright © 2009 by Dan Senor e Saul Singer.
Copyright da versão em português © 2011 by Editora Évora. Esta edição foi publicada em acordo com Grand Central Publishing, New York, New York, USA.
Todos os direitos reservados.
Todos os direitos desta edição são reservados à Editora Évora Ltda. – EPP.
Rua Sergipe, 401 – Cj. 1.310 – Consolação
São Paulo – SP – CEP 01243-906
Telefone: (11) 3717 1247
Site: http://www.editoraevora.com.br
E-mail: contato@editoraevora.com.br

DADOS INTERNACIONAIS DE CATALOGAÇÃO NA PUBLICAÇÃO (CIP)
(Câmara Brasileira do Livro, SP, Brasil)

S481i
    Senor, Dan.
    [Star-up nation. Português]
    Nação empreendedora : o milagre econômico de Israel e o que ele nos ensina / Dan Senor, Saul Singer . – São Paulo : Évora, 2011.

    Tradução de: Start-up nation: the story of Israel's economic miracle.
    ISBN 978-85-63993-17-5
    1. Israel – Condições econômicas. I. Singer, Paul. II. Título.

CDD- 330.95694

A Campbell Brown e Wendy Singer, que compartilharam do nosso entusiasmo por esta história.

A James Senor e Alex Singer, que ficariam maravilhados com o que se empenharam para criar.

Agradecimentos

Este livro começou como uma longa discussão entre eu – Saul Singer – e Dan Senor, em abril de 2001, quando Dan trouxe para Israel um grupo de 28 colegas de classe da Faculdade de Administração de Empresas de Harvard. O propósito era estudar a economia, a política e a história de Israel. Era uma época de imensas oportunidades comerciais no país, mas também da escalada da insegurança devido ao colapso do processo de paz.

Praticamente nenhum dos estudantes estivera antes em Israel – na verdade, apenas três eram judeus. Eles eram provenientes de diversos países: Reino Unido, Estados Unidos, Canadá, Espanha, Itália, Portugal e Índia. No fim da semana, muitos estavam fazendo o mesmo questionamento: De onde vem toda essa inovação e esse empreendedorismo?

Percebemos então que não tínhamos uma resposta.

Ao longo dos anos, depois daquele dia, eu escreveria editoriais no Jerusalem Post sobre a economia israelense e Dan viria a Israel quase todo trimestre para investir em novas empresas e visitar a família. Conforme Dan se encontrava com algum importante empreendedor israelense e o destacava, nossa curiosidade aumentava.

Presumimos que existisse algum livro que explicasse o que tornava o cenário de novas empresas tão vibrante e aparentemente impermeável à situação da segurança. Já que não existia, decidimos escrevê-lo.

Ficamos em débito com muitas pessoas que nos ajudaram ao longo do tempo. O maior cumprimento que podemos fazer a Jonathan Karp, o fundador e a força por trás da Editora Twelve, é testemunhar o quanto ele é verdadeiramente inovador no meio editorial. Publicando apenas doze livros por ano, ele é a quintaessência do investidor não diversificado. De tudo que Jon nos ensinou, o mais importante é que argumentássemos menos e contássemos mais histórias.

Com energia e criatividade, Cary Goldstein refletiu sobre quem poderia estar interessado neste livro e como chegar até esses leitores potenciais. Colin Shepherd foi meticuloso em todas as etapas da produção e persistente em nos recordar sobre o prazo final. Dorothea Halliday foi bastante serena e persistente na etapa de copidesque. Laura Lee Timko, Anne Twomey, Tom Whatley e Giraud Lorber – todos integrantes da equipe Twelve – foram imensamente colaborativos conosco.

Nunca houve um momento desperdiçado ao trabalhar com Ed Victor, nosso agente. Ao promover nossa proposta, a exemplo de tudo o que realiza, Ed era um exemplo de *chutzpah*. Don Epstein e Arnie Hermann foram também importantes e confiáveis conselheiros.

Como uma rara instituição de pesquisa verdadeiramente independente no seu campo, o Conselho de Relações Exteriores (CRE) é, de fato, um lugar especial. É uma honra para Dan integrar a equipe. Richard Haass, o presidente do CRE, ficou imediatamente entusiasmado com a ideia de um livro sobre a economia israelense. Ele contribuiu com sugestões importantes e nos ajudou a ter acesso aos conhecimentos especializados entre os diversos pesquisadores acadêmicos e membros do CRE. Também somos especificamente gratos a Isobel Coleman, do CRE, autora do livro *Paradise beneath her feet: women and reform in the Middle East* |Paraíso sob os seus pés: as mulheres e a reforma no Oriente Médio|, lançado pela Random House, por compartilhar conosco suas observações. Gary Samore, ex-integrante do CRE, orientou-nos desde o princípio. Jim Lindsay, diretor de estudos da instituição, fez várias sugestões importantes para melhorar o original. Em última análise, o pessoal do CRE se inclui entre os mais profissionais de qualquer organização com que tratamos nos setores privado, acadêmico ou público; gostaríamos de agradecer especificamente a Janine Hill, pela sua paciente assistência, e a Lisa Shields e à sua equipe de comunicações.

Parte do nosso livro foi escrita no eclético Instituto Van Leer, em Jerusalém, que nos prestou colaboração inestimável ao nos permitir acesso à sua biblioteca. Nossos profundos agradecimentos ao diretor Gabriel Motzkin e aos bibliotecários Yaffa Weingarten e Paul Maurer por toda a generosa assistência.

Estamos eternamente em dívida com a nossa diligente e criativa equipe de assistentes de pesquisa: Michal Lewin-Epstein, nosso pesquisador principal junto ao Conselho de Relações Exteriores; Dani Gilbert, que passou um verão inteiro ao nosso lado no CRE e depois continuou pesquisando em meio-período na Faculdade de Economia de Londres; Joshua Kram, que entrou para a nossa equipe para uma temporada depois de servir como conselheiro na campanha presidencial de Hillary Clinton; Talia Gordis, que trouxe sua própria experiência no serviço de informações das FDI; e Ian Mitch e Anton Ornstein, que também ajudaram na CRE quando iniciamos o projeto.

Várias pessoas que entrevistamos, assim como um de nossos pesquisadores, vieram de países árabes. Respeitamos seu pedido de anonimato, uma vez que a ligação com este livro poderia impedir-lhes de trabalhar em seus países; somos extremamente gratos pelas suas colaborações.

Com destreza e agilidade, nossa amiga Judy Heiblum, da Sterling Lord Literistic – e aluna da Unidade 8200 –, fez sugestões importantes sobre a estrutura do original.

Agradecemos a todos os amigos e familiares que leram o manuscrito; seu retorno perspicaz e espontâneo levou-nos algumas vezes de volta à estaca zero. Somos especialmente gratos a Dan Allen, Stephen Backer, Max Boot, Paul Bremer, Reed Dickens, Shane Dolgin, Jonathan Ehrlich, Annette Furst, Mark Gerson, Henry Gomez, Alan Isenberg, Terry Kassel, Roger Marrero, Roman Martinez, Jim Miller, Josh Opperer, Matt Rees, Helen Senor, Suzanne e Max Singer, Andrew Vogel e Pete Wehner, que leram o original, na íntegra, em curtíssimo tempo.

Dale e Bill Fairbanks (cunhados de Dan) proporcionaram a ele um refúgio tranquilo para escrever em seu estúdio artístico em Pensacola, Flórida, mantendo-o bem-alimentado, altamente cafeinado e intensamente concentrado por um bom período para que cumprisse os prazos do editor.

Um grupo de amigos e parceiros comerciais de Dan foi extremamente paciente enquanto o livro estava sendo elaborado. Devon Archer, Dan Burrell, David Fife, Chris Heinz e Jenny Stein merecem agradecimentos especiais. Paul Singer, embora nunca entrevistado diretamente para este livro, foi um verdadeiro professor de macroeconomia sem sequer perceber. Suas ferrenhas opiniões sobre a economia de inovação influenciaram nossas ideias sobre o contexto deste livro na economia mundial pós-quebra.

Entrevistamos mais de uma centena de pessoas para esta obra e desejamos agradecê-las pelo tempo que nos dedicaram e pelos seus conhecimentos. Em especial, os investidores de risco do Salão da Fama israelense Eli Barkat, Yigal Erlich, Yadin Kaufmann, Erel Margalit, Jon Medved, Chemi Peres e Yossi Vardi, que têm vivido e contado a história desse "país embrionário" desde muito tempo antes do nosso envolvimento; eles foram nossos guias. Jon Medved, em especial, lançou a economia israelense no mundo muito antes de o país sequer constar nos mapas. Outras pessoas extremamente ocupadas que passaram muito tempo conosco em diversas entrevistas foram Shai Agassi, Tal Dotan e Scott Thompson. Isaac "Yitz" Applbaum e Alan Feld deixaram de lado a rotina para se colocar à nossa disposição. O professor Shira Wolovsky Weiss ajudou-nos desde o princípio, assim como Ken Pucker.

Diversas empresas norte-americanas têm forte presença em Israel e verdadeiramente "compraram a ideia" de "país embrionário". Líderes atuais e anteriores de três delas, em especial, nos receberam em Israel e no Vale do Silício e nos permitiram acesso considerável: agradecemos a Eric Schmidt, David Krane, Yossi Mattias, Andrew McLaughlin e Yoelle Maarek, da Google; Shmuel Eden e David Perlmutter, da Intel; e Michael Laor e Yoav Samet, da Cisco.

Leon Wieseltier nos ofereceu sábios conselhos sobre as relações entre a história judaica e o *éthos** israelense moderno.

---

* Trata-se do conjunto dos costumes e hábitos fundamentais, tanto de caráter comportamental (instituições, afazeres etc.) como cultural (valores, ideias ou crenças), característicos de uma determinada coletividade, época ou região. (N.E.)

Stuart Anderson, um ex-colega de Dan da Subcomissão sobre Imigração do Senado, sempre foi uma fonte de análises fecundas sobre a reforma da imigração. Ele nos forneceu resultados de pesquisas importantes sobre o tema deste livro.

Somos gratos ao presidente de Israel, Shimon Peres, que nos concedeu metade do seu dia em seu gabinete. Ele não apenas nos ofereceu sua exclusiva perspectiva como personagem central ao longo de toda a história de Israel como, aos 85 anos de idade, ainda se encontra extremamente ocupado e trabalhando incessantemente para o lançamento de novos setores empresariais. Queremos também agradecer ao primeiro-ministro de Israel Benjamin Netanyahu, por passar um tempo considerável conosco durante um período muito agitado para ele em 2008.

Quando comparamos as experiências israelense e norte-americana, numerosos chefes militares dos EUA nos ajudaram a refletir sobre os contrastes. Em especial, queremos agradecer aos generais reformados John Abizaid, Jack Keane, Mark Kimmitt e Jim Newbold, além dos que estão na ativa, David Petraeus e H. R. McMaster.

Nossas esposas, Campbell Brown (Dan) e Wendy Singer, participaram ativamente das nossas discussões cotidianas sobre o livro desde que começamos a escrevê-lo e suportaram o impacto das semanas frenéticas que antecederam o prazo final.

Campbell teve seu primeiro filho, Eli, duas semanas antes de começarmos a redigir a proposta do livro, e o segundo, Asher, pouco antes de entregarmos o texto final, ao mesmo tempo que cuidava da casa e da família durante aquele período caótico. Wendy acompanhou nossas meninas — Noa, Tamar e Yarden — em viagens durante a semana para permitir que eu tivesse tranquilidade para cumprir os prazos. Nossas filhas aderiram à nossa empolgação acompanhando as histórias das últimas invenções israelenses com entusiasmo.

Este livro deve muito às críticas e aos conselhos de Campbell e Wendy e não teria sido finalizado sem o seu virtuosismo em realizar tantas tarefas ao mesmo tempo. Por isso, e por muito mais ainda, dedicamos o livro a elas.

Também dedicamos este livro a Jim Senor (pai de Dan) e a Alex Singer, meu irmão.

Jim trabalhou no Irã ajudando a organizar a comunidade judaica e, posteriormente, no Instituto Weizmann de Ciências, onde preparou as pesquisas para o seu programa pioneiro de energia solar. Poucos meses antes do grande avanço de 1985, com a instalação do campo de espelhos — atualmente ainda em atividade como instalação de pesquisa —, Jim faleceu.

Em 15 de setembro de 1987, quando comemoraria seu 25º aniversário, o tenente Alex Singer, das FDIs, voava de helicóptero no Líbano para interceptar terroristas em atividade em Israel quando foi morto tentando resgatar o comandante da companhia que fora abatido. Muitos que nunca o conheceram pessoalmente inspiram-se desde essa época na alegria e na paixão com que ele viveu. Em *Alex: building a life* [Alex: construindo uma vida], o livro que traz suas cartas, seus diários e trabalhos artísticos, sua vida é relatada.

As obras de Jim e Alex fazem parte desta história. Sentimos falta de suas ideias e de sua admiração pelo que veio a se tornar este "país embrionário".

Sumário

APRESENTAÇÃO À EDIÇÃO BRASILEIRA,
    PELO RABINO ADRIÁN GOTTFRIED . . . . **XV**
PREFÁCIO À EDIÇÃO BRASILEIRA, POR JAYME BLAY . . . . **XVI**
PREFÁCIO POR SHIMON PERES, PRESIDENTE DE ISRAEL . . . . . **XVIII**
MENSAGEM AO LEITOR BRASILEIRO,
POR RENATO FONSECA DE ANDRADE . . . . **XXI**
NOTA DOS AUTORES . . . . **XXIII**

INTRODUÇÃO **1**

PARTE 1 — O PEQUENO PAÍS QUE DEU CERTO **25**
CAPÍTULO 1: Persistência 27
CAPÍTULO 2: Empreendedores no campo de batalha 49

PARTE 2 — SEMEANDO UMA CULTURA DE INOVAÇÃO **65**
CAPÍTULO 3: O pessoal do Livro 67
CAPÍTULO 4: Harvard, Princeton e Yale 79
CAPÍTULO 5: Quando a ordem encontra o caos 99

PARTE 3 — OS PRIMÓRDIOS **119**
CAPÍTULO 6: Uma política industrial bem-sucedida 121
CAPÍTULO 7: Imigração: o desafio dos rapazes da Google 141
CAPÍTULO 8: A diáspora: roubando aviões 159
CAPÍTULO 9: O teste de Buffett 171
CAPÍTULO 10: Yozma: o fósforo 187

Nação empreendedora

PARTE 4 – UM PAÍS COM UM OBJETIVO **205**

CAPÍTULO 11: Traição e oportunidade 207

CAPÍTULO 12: De ogivas a gêiseres 215

CAPÍTULO 13: O dilema do xeque 227

CAPÍTULO 14: Ameaças ao milagre econômico 251

CONCLUSÃO – AGRICULTORES DE ALTA TECNOLOGIA **263**

POSFÁCIO À EDIÇÃO BRASILEIRA, POR BORIS TABACOF **277**

REFERÊNCIAS **285**

XIV

Apresentação à edição brasileira, pelo Rabino Adrián Gottfried

Tenho de reconhecer que, a despeito de todas as viagens que já fiz a Israel e de todo o meu vasto conhecimento sobre este país, fiquei surpreso com as revelações feitas por Dan Senor e Saul Singer nesta maravilhosa obra. A criatividade, a capacidade de inovação e o grau de prosperidade alcançados por esta nação em meio a tantos problemas de ordem global são simplesmente admiráveis.

Como é possível, afinal, que em meio a tamanha crise mundial a economia de Israel possa crescer? O Estado de Israel tem sido moldado por características que são únicas de suas Forças de Defesa e que, portanto, não são compartilhadas por outros exércitos. É uma nação de forte espírito democrático que busca incessantemente promover a responsabilidade individual. O principal traço de seu povo é o *chutzpa*, que incorpora a seguinte mensagem: "não aceitar não como resposta."

A cultura empreendedora israelense tem origem na história judaica. Independentemente de todas as condições adversas encaradas por esse país – os boicotes, as guerras, a imigração, os poucos recursos naturais – todos esses obstáculos sempre convergiram no sentido de formar uma cultura ao mesmo tempo inovadora e arrojada.

Segundo as palavras de Saul Singer: "Não há dúvida quanto a influência da história e das tradições judaicas sobre o empreendedorismo israelenses. Nós, judeus, adoramos perguntar e argumentar."

De acordo com o Major Farkash, um dos entrevistados nesta obra: "a atitude de questionar é inerente ao *éthos* nacional e à religião judaica que, aliás, é um livro aberto.

Nas palavras do autor israelense Amos Oz: "O judaísmo e o Estado de Israel têm sempre cultivado uma cultura de respeito à dúvida e à argumentação, além de promover um jogo aberto de interpretações, reinterpretações e inter-relações."

O judaísmo é uma religião sem doutrina, sem poder centralizado, sem um rabino chefe que se coloque acima de todos os judeus, e uma crença na qual a interpretação é mais sagrada do que o que está escrito em um pergaminho. O exército e as empresas *start-up* em Israel são o reflexo moderno de nossa antiga tradição.

O livro *Nação empreendedora: o milagre econômico de Israel e o que ele nos ensina* nos explica, com humor e profundidade, como um país menor que o estado de Sergipe, com apenas 7,6 milhões de habitantes e constantemente em guerra tornou-se um dos maiores celeiros tecnológicos do mundo.

A grande ironia revelada nesta obra – que, aliás, deveria ser leitura obrigatória para todos, judeus e não judeus –, está no fato de Israel ter transformado todos os desafios enfrentados em ativos que constituem os pilares de sua cultura inovadora.

RABINO ADRIÁN GOTTFRIED
RABINO SÊNIOR DA COMUNIDADE SHALOM DE SÃO PAULO
EX-PRESIDENTE DA ASSEMBLEIA RABÍNICA LATINO-AMERICANA

Prefácio à edição brasileira, por Jayme Blay

Ao completar 62 anos, Israel chega à maturidade confirmando o que já se prenunciava desde os primeiros anos de sua existência: sua capacidade de ajudar a construir e aprimorar o caminho para o desenvolvimento da humanidade, consolidando-se como uma nação moderna no panorama mundial. Quem está acostumado a acompanhar atentamente a evolução da alta tecnologia no contexto internacional certamente já percebeu que o Estado de Israel tem sido uma presença constante nas manchetes e reportagens sobre inovações, sejam elas na medicina, na agricultura ou em qualquer outra área. Este é um cenário no qual, cada vez mais, o espaço ocupado pelo país na mídia é inversamente proporcional à sua extensão geográfica. Israel é certamente uma nação pequena, mas suas realizações são gigantescas. Israel é definitivamente o país da tecnologia.

Ao traduzir a obra *Start-up nation – the story of Israel's economic miracle*, dos norte-americanos Dan Senor e Saul Singer, a Editora Évora oferece ao leitor brasileiro a oportunidade de se aprofundar no processo por meio do qual Israel transformou a escassez de recursos naturais, a situação geopolítica adversa e capital humano em uma economia fortemente direcionada para a tecnologia.

É preciso salientar a visão desses autores ao destacar tal processo e o modo como, durante décadas, sucessivos governos israelenses, desde sua criação até os dias atuais, e independentemente das diferenças ideológicas, fizeram dos investimentos em educação, ciência e tecnologia seus principais instrumentos no sentido de promover a sobrevivência do povo e o crescimento nacional. Isso foi o fio condutor para a solidificação da nação israelense no competitivo cenário internacional, e garantiu a qualidade de vida de sua população. Como disse o ex-primeiro-ministro David Ben-Gurion, em 1962: "A pesquisa científica e suas conquistas já não são mais um mero objetivo intelectual abstrato, mas um fator central na vida de todo povo civilizado".

Ao longo das seis últimas décadas, os responsáveis pelos destinos de Israel sempre consideraram a importância do investimento em capital humano para garantir seu crescimento. Desse modo, desde meados de 1920 e, portanto, 28 anos antes da própria fundação do Estado de Israel, todos se empenharam na construção de uma rede de ensino sólida e com a implantação das primeiras universidades. Desde cedo, o governo concentrou seus esforços e recursos no desenvolvimento de um sistema educacional e científico reconhecido internacionalmente.

A exemplo do que ocorre em outros países com vocação tecnológica, desenvolveu-se em Israel uma estreita parceria entre as principais instituições acadêmicas e a iniciativa privada, principalmente por meio da indústria. Estavam criadas, assim, as condições favoráveis para o surgimento do espírito empreendedor que molda o país.

O slogan "de ideias a novas empresas", criado em 1991 para a implantação do Programa de Incubadoras de Israel, reflete bem o espírito que norteia o país. O projeto responsável pelo salto de inovação tecnológica israelense, instalado simultaneamente ao processo de transferência tecnológica militar para aplicações civis, é uma das inúmeras iniciativas cujo início foi totalmente subsidiado pelo governo, mas que, atualmente, tem sua continuidade garantida por recursos privados.

A experiência israelense apresentada neste livro, com certeza, abre espaço para a análise do potencial que atualmente permeia o relacionamento entre Brasil e Israel. Esta obra abre caminho para um melhor entendimento da realidade econômica e produtiva israelense. Ela oferece a todos os leitores a oportunidade de conhecer a fundo o processo evolutivo de Israel e de, ao mesmo tempo, perceber sua aplicabilidade no empreendedorismo brasileiro.

Boa leitura,

JAYME BLAY
PRESIDENTE DA CÂMARA BRASIL ISRAEL DE COMÉRCIO E INDÚSTRIA

Prefácio por Shimon Peres, Presidente de Israel

Em geral, as pessoas preferem se lembrar a imaginar. A memória cuida de aspectos familiares; a imaginação trata do desconhecido e, por isso, pode ser assustadora — requer que se assuma o risco de afastar-se do que é familiar.

As sementes de um novo Israel brotaram da imaginação de um povo exilado. Tal exílio foi extremamente longo – durou cerca de 2.000 anos –, e deixou os judeus com uma prece, mas sem um país. Ainda assim, essa oração ininterrupta alimentou-lhes a esperança e estabeleceu uma forte ligação com a terra de seus antepassados.

Com a fundação do Estado de Israel, essa calorosa prece foi alocada em uma terra cujas dimensões eram pequenas. O solo era estéril e o ambiente hostil. Em nossa jornada do Egito para Israel, atravessamos um deserto imenso e, quando finalmente chegamos à nossa própria terra vimos que era também deserta. Tivemos de nos reinventar. Como um povo pobre que chegava à sua terra maldotada, tivemos de descobrir a riqueza em plena escassez.

O único capital à nossa disposição era o humano. A terra árida não produziria retorno às contribuições financeiras, somente aos pioneiros que se contentassem com pouco e aos muitos que se apresentassem como voluntários. Esses indivíduos inventaram novos modos de vida: kibbutz, moshav, núcleos de desenvolvimento e assentamentos. Entregaram-se a treinamentos para tornarem-se soldados e enfrentar a ação militar; trabalharam à exaustão e exigiram muito de si mesmos. Contudo, esses homens também sonharam e inovaram.

Embora fossem idealistas e intelectuais, escolheram lavrar a terra com as próprias mãos. Quando descobriram que a terra era improdutiva e a água insuficiente, voltaram-se para a invenção e a tecnologia.

Os kibbutzim tornaram-se incubadoras e os agricultores transformaram-se em cientistas. Em Israel, a alta tecnologia começou a brotar na agricultura. Com pouca área cultivável e menos água que seus vizinhos, Israel tornou-se um líder agrícola. Embora muitos equivocadamente ainda considerem a agricultura como síntese de atraso tecnológico, o que sustenta 95% da miraculosa produtividade agrícola desse país é justamente a tecnologia.

A hostilidade do ambiente não regrediu. Nos 62 aos de sua existência, Israel já foi atacado sete vezes e submetido a exaustivos embargos diplomáticos e econômicos. Nenhuma força militar estrangeira veio em seu auxílio. A única maneira de o país enfrentar a superioridade quantitativa de nossos oponentes em termos bélicos foi valendo-se da coragem de nosso povo e da tecnologia por ele produzida.

Israel desenvolveu uma criatividade proporcional não ao tamanho físico do país, mas aos perigos que ele enfrenta. Tal criatividade no domínio da segurança serviu de base para as indústrias civis. O desenvolvimento militar sempre ostenta duplo propósito. As descobertas no campo aeronáutico, por exemplo, são aplicáveis nos setores civil e militar. As forças armadas, em cooperação com as indústrias civis, tornaram-se uma incubadora tecnológica e propiciaram a muitos jovens a oportunidade de manusear equipamentos sofisticados e de se aventurar na gestão administrativa.

Israel será sempre um país pequeno em território e população, por isso jamais nos tornaremos um grande mercado ou desenvolveremos indústrias de grande porte. Entretanto, assim como o tamanho garante vantagens quantitativas, também a pequenez cria a oportunidade de especializar-se em qualidade. A única opção para Israel foi buscar essa qualidade tendo como base sua criatividade.

Segundo Bem-Gurion, "Todos os especialistas estão sempre voltados ao que já passou. Não existem especialistas naquilo o que ainda está por vir." Para tornar-se um "expert" em algo que ainda não aconteceu, a visão deve substituir a experiência.

Acredito que a próxima década será a mais surpreendente nos domínios científico e industrial. Será o resultado de uma evolução simultânea:

Em primeiro lugar, é preciso considerar o crescimento da inteligência artificial. Nos últimos 25 anos, os recursos na área de Tecnologia da Informática (TI) aumentaram um milhão de vezes.

Em segundo lugar, o número crescente de cientistas no mundo (principalmente na China e na Índia), paralelamente aos avanços tecnológicos, levarão a uma enxurrada de descobertas científicas.

Em terceiro lugar, o advento da nanotecnologia permitirá que o homem decifre o cérebro humano, a criação mais maravilhosa do cosmos. Isso irá revelar os potenciais humanos, inaugurar sistemas de comunicação e criar desafios sociais inimagináveis.

Seremos capazes de compreender fenômenos que se encontram além dos horizontes atuais; de curar e prevenir doenças; de contornar obstáculos; de viajar mais longe no espaço e mais fundo nos oceanos. Talvez penetremos os maiores mistérios entre todos: o código da existência humana e a história secreta da criatividade de nossa espécie.

Israel está se preparando para essa grande jornada, colaborando com outros viajantes e recebendo em troca sua colaboração.

Este livro é uma experiência esclarecedora. Deve ser considerado como um breve relato sobre a história de Israel, um país que é ele próprio um eterno empreendedor iniciante. Esta obra conta a história de indivíduos que desafiaram o que já existia e questionaram o convencional — pessoas que criaram o "segredo de Israel" e que levaram seu país a ocupar uma posição central na área de pesquisa e desenvolvimento, abrigando em seu território as principais empresas de tecnologia do mundo.

Na aurora de uma década que promete ser dinâmica e emocionante, Israel está criando a sua vantagem inicial, e contribuindo para uma nova era de descobertas.

Nação empreendedora

O próximo passo será dar continuidade ao compromisso que Israel tem no sentido de garantir um futuro melhor, e honrar sua decisão de assumir riscos em sua busca pela renovação. Esperamos que ao adotar essa nova fronteira, não estejamos apenas fazendo a nossa parte em promover a paz na região, mas também contribuindo ainda mais para a realização dos sonhos da humanidade, buscando mais saúde, prosperidade e liberdade para todos, em todo o globo.

SHIMON PERES
Presidente de Israel
19 de agosto de 2010

Mensagem ao leitor brasileiro, por Renato Fonseca de Andrade

Nesses tempos de globalização e hipervelocidade no intercâmbio de informações e conhecimentos, investir no desenvolvimento de empresas inovadoras tem sido a estratégia contemporânea adotada por países que buscam tornar-se mais competitivos.

Estimular a inovação significa não apenas tornar o ambiente de negócios mais propício ao florescimento da criatividade, da pesquisa aplicada e da transferência tecnológica, mas também, buscar uma posição de supremacia por meio do conhecimento, do poder intelectual e da influência na criação do futuro.

Quando esse fenômeno ocorre em escala e em diversos setores, a competitividade de um determinado país tende a aumentar.

Empresas inovadoras têm uma relação estreita com a tecnologia, especialmente quando o objetivo é ultrapassar a vanguarda em termos de desenvolvimento de novos produtos e serviços. Assim, para desenvolver a capacidade de inovação, uma nação deve constituir um arcabouço institucional favorável no sentido de proporcionar condições para a expansão do conhecimento e dos empreendimentos tecnológicos.

Nesse cenário, um pequeno país se destaca: Israel. É impressionante a pujança que esta nação consegue demonstrar nos negócios, na inovação e na tecnologia.

Mas como isso acontece? O que faz de Israel uma nação inovadora? De onde vem tamanha energia criativa e propensão para assumir riscos?

Em uma empolgante busca por respostas para essas e outras perguntas, os autores apresentam suas descobertas e estimulam o leitor brasileiro a se questionar: E agora, como aplicamos tudo isso por aqui?

Essa é a essência,

Boa viagem!

RENATO FONSECA DE ANDRADE

DOUTOR E MESTRE EM ENGENHARIA DE PRODUÇÃO PELA UNIVERSIDADE FEDERAL DE SÃO CARLOS.

ESPECIALISTA EM INOVAÇÃO, EMPREENDEDORISMO E REDES SOCIAIS.

AUTOR DO LIVRO *Conexões empreendedoras: entenda por que você precisa usar as redes sociais para se destacar no mercado e alcançar resultados.*

(*) Texto baseado na tese:

ANDRADE, R. F. *Análise das redes sociais de incubadoras de empresas localizadas em regiões de alta densidade tecnológica do Estado de São Paulo.* São Carlos, 2009. 253 f. Tese (Doutorado em Engenharia de Produção) – Universidade Federal de São Carlos. São Carlos, 2009.

Nota dos autores

Esta é uma obra sobre inovação e empreendedorismo. Ela discorre sobre o modo como um pequeno país chamado Israel conseguiu incorporar esses dois atributos.

Embora sejamos completamente fascinados pela alta tecnologia devido à sua significativa influência sobre o mundo moderno – e inúmeras empresas nessa área são citadas ao longo deste livro –, esta não é uma obra sobre tecnologia. Nosso foco é o ecossistema, que gera essencialmente novas ideias em empreendimentos.

Esta obra é uma mescla de pesquisa e análise, de argumentação e de uma coletânea de histórias. Talvez o leitor espere que o conteúdo esteja organizado cronologicamente; que gire em torno de empresas ou dos diversos componentes fundamentais identificados no modelo israelense de inovação. Ficamos tentados a adotar esses métodos de organização, mas acabamos por rejeitá-los em favor de um tratamento mais ao estilo mosaico.

Analisamos a história e a cultura e aproveitamos as informações obtidas sobre as empresas escolhidas para tentar entender não apenas de onde vem toda essa energia criativa, mas de que maneiras ela se expressa. Embora tenhamos entrevistado economistas e estudado cuidadosamente seus pontos de vista, sempre abordamos nosso tema como estudantes de História, de Administração e de Geopolítica. Enquanto

Nação empreendedora

um de nós (Dan) tem experiência no meio empresarial e na administração pública, o outro (Saul) está ligado à própria administração pública e ao jornalismo. Dan mora atualmente em Nova York e lá estudou, mas já viveu e trabalhou em Israel e no mundo árabe; Saul fez o caminho inverso – cresceu nos Estados Unidos e atualmente vive em Jerusalém.

Dan investiu em várias empresas israelenses. Apesar de nenhuma delas ser analisada neste livro, algumas pessoas com quem Dan investiu o são. Isso será indicado sempre que for o caso.

Ainda que nossa maior motivação para escrever este livro tenha sido, em grande parte, a grande admiração pela história não contada das grandes realizações econômicas de Israel, aproveitamos também para discutir os setores em que o país ficou para trás.

Nesta obra, dissecamos as ameaças à continuidade do sucesso de Israel – muitas delas provavelmente surpreendentes para o leitor, já que não estão relacionadas às normalmente relevantes para a imprensa internacional.

Tratamos, ainda que brevemente, de dois outros aspectos importantes:

Por que as inovadoras indústrias dos Estados Unidos não aproveitaram melhor as vantagens oferecidas pelo talento empreendedor dos seus próprios cidadãos, que receberam instrução e vivenciaram experiências nas forças armadas, em contraste com a prática adotada na economia israelense.

Por que motivo o mundo árabe enfrenta dificuldades para fomentar o empreendedorismo.

Na verdade, ambos os assuntos merecem tratamento aprofundado que vai além do alcance deste livro; obras inteiras poderiam ser escritas sobre cada um desses temas.

Finalmente, se existe um dado sobre Israel que tem sido amplamente esquecido – apesar da intensa cobertura da mídia sobre a região – é o fato de as medidas econômicas fundamentais demonstrarem que o país ostenta hoje, em nosso mundo, a maior concentração global em termos de inovação e empreendedorismo.

Este livro visa explicar tal fenômeno.

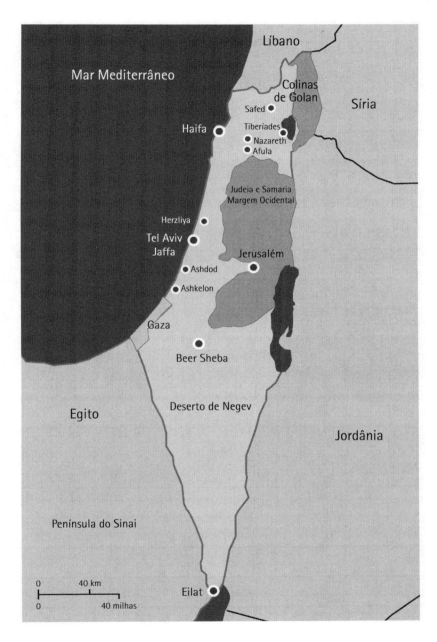

Israel. © 2003–2009 Koret Communications Ltd.
www.koret.com. Reimpresso sob permissão.

Nação empreendedora

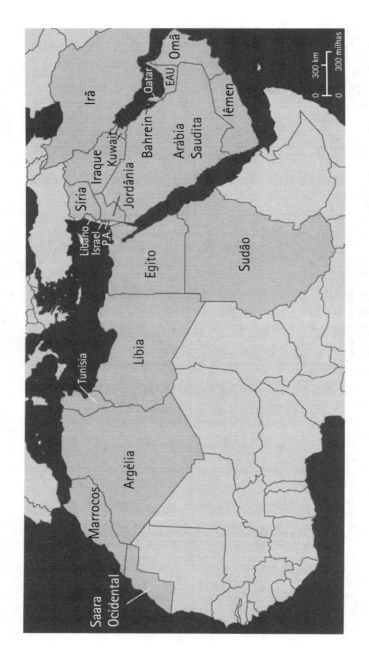

Israel e região. © 2003-2009 Koret Communications Ltd. www.koret.com. Reimpresso sob permissão.

Introdução

Belo discurso, mas o que exatamente você pretende fazer?
—Shimon Peres a Shai Agassi

Aqueles dois homens ali sentados, em uma elegante suíte do Sheraton Seehof, no alto dos Alpes suíços, certamente formavam uma estranha dupla. Não havia tempo para diminuir a tensão conversando sobre amenidades; eles simplesmente trocavam olhares nervosos. O mais velho, cuja idade era praticamente o dobro da do mais jovem, era um indivíduo que não se deixaria desencorajar facilmente, era o mais calmo entre os dois. O outro, que normalmente transpirava a autoconfiança resultante de ter sido sempre o mais inteligente daquele lugar, após sucessivas rejeições, começava a alimentar uma dúvida em sua mente: Será que conseguiria realmente reinventar três megassetores? Estava ansioso para que a próxima reunião começasse.

Não estava claro o motivo pelo qual aquele homem mais velho estaria se sujeitando a esse tipo de desgaste, assim como ao risco de humilhação. Na época, ele era o mais famoso israelense vivo; um erudito que havia sido duas vezes primeiro-ministro em seu país e detentor do Prêmio Nobel da Paz em 1994. Aos 83 anos de idade, Shimon Peres certamente não precisava de mais uma aventura; portanto, o simples fato de marcar aquelas reuniões já fora um desafio.

A presença de Shimon Peres no Fórum Econômico Mundial, de Davos, era sempre um acontecimento. Para a imprensa, esperar para ver se esse ou aquele potentado árabe apertaria a mão do israelense durante o evento era uma fonte inesgotável de notícias e especulações. Afinal, de outro modo, aquele encontro seria apenas mais uma conferência comercial.

Peres era um dos líderes mundiais que qualquer CEO gostaria de encontrar. Portanto, quando ele convidou os chefes das cinco maiores montadoras de veículos do planeta para uma reunião, esperava que todos comparecessem. Contudo, no início de 2007 a crise financeira mundial sequer estava no horizonte; o setor automotivo ainda não sentia a enorme pressão que o abalaria tão fortemente apenas um ano mais tarde; portanto, as três grandes montadoras norte-americanas – a GM, a Ford e a Chrysler – não se incomodaram em responder ao convite. Na verdade, um dos poucos executivos que compareceram passou 25 minutos explicando o motivo pelo qual a ideia de Peres nunca daria certo. Ele não estava realmente interessado em ouvir sobre o plano utópico do líder israelense de mudar o mundo investindo em veículos totalmente elétricos; aliás, mesmo que estivesse, nem sonharia em executá-lo em um país minúsculo como Israel.

— Olhe, eu li o relatório de Shai — disse o executivo a Peres, referindo-se ao estudo que lhe fora enviado junto com o convite. — Ele está fantasiando. Não existe um automóvel assim. Nós já tentamos, mas ele simplesmente não pode ser produzido. — Em seguida, passou a explicar que os automóveis híbridos eram a única solução realista.

Shai Agassi era o homem mais jovem que, ao lado de Peres, defendia suas ideias. Desde o ano 2000, ele trabalhava na SAP, a maior desenvolvedora de software empresarial do mundo, para a qual havia migrado depois que esta adquirira sua nova e promissora empresa israelense, a TopTier Software, por 400 milhões de dólares. A venda provara que, apesar do recente estouro da bolha tecnológica,* algumas empresas de Israel ainda significavam um bom investimento.

---

* Crise ocorrida no final dos anos 1990, quando os mercados foram iludidos pelo crescimento de empresas de internet, como a Amazon e a AOL. O preço das ações dessas e de outras empresas disparou quando foram lançadas na nova bolsa de valores Nasdaq – que apresenta índice específico para indústrias de tecnologia – apesar de apenas poucas delas terem apresentado algum lucro. Em março de 2000, a bolha estourou e em outubro o índice Nasdaq já acumulava queda de 78%. (N.E.)

Agassi fundara a TopTier aos 24 anos de idade e, quinze anos mais tarde, já chefiava duas subsidiárias da SAP. Era o integrante mais jovem e o único não alemão da diretoria da empresa, sendo, inclusive, cotado para CEO. Todos sabiam que mesmo que não ocupasse tal posição aos 39 anos, certamente isso ocorreria algum dia.

Não obstante, ali estava Agassi, ao lado daquele que se tornaria o próximo presidente de Israel, tentando convencer um executivo da área automotiva sobre o futuro da indústria automobilística, muito embora ele próprio começasse a imaginar se toda aquela ideia não seria um contrassenso, especialmente por ter surgido como uma simples elocubração teórica.

Dois anos antes, durante aquilo que Agassi denomina "Baby Davos" – o Fórum para Líderes Jovens –, ele desafiara seriamente os participantes a encontrar um meio de tornar o mundo um "lugar melhor" até 2030. A maioria dos participantes propôs mudanças em suas próprias empresas, mas Agassi surgiu com uma ideia tão ambiciosa que praticamente todos pensaram que ele fosse ingênuo. Ele disse: "Decidi que a coisa mais importante a fazer era descobrir como tornar um único país independente do petróleo."

Agassi acreditava que, se um único país fosse capaz de se tornar totalmente livre do petróleo, o mundo seguiria seu exemplo. O primeiro passo seria encontrar um meio de fazerem os automóveis funcionarem sem os derivados do petróleo.

A ideia em si não era revolucionária, e Agassi já havia estudado algumas tecnologias exóticas de alimentação de veículos, como as células combustíveis de hidrogênio. Contudo, todas pareciam demasiadamente distantes. Foi então que ele decidiu concentrar-se no sistema mais simples de todos: o dos veículos elétricos alimentados por bateria. O conceito fora rejeitado no passado como limitado e dispendioso demais, mas Agassi acreditava ter encontrado uma solução para tornar o automóvel elétrico não apenas viável para os consumidores, mas também preferível. Se os veículos elétricos pudessem ser tão baratos, convenientes e potentes quanto os movidos a gasolina, quem não optaria por um?

O fato de Israel ter se transformado em um país dilacerado pela guerra – ocupado por apenas um milésimo da população mundial – tornara seus habitantes completamente céticos em relação às explicações convencionais sobre possibilidades. Se a essência do israelense, como Peres nos contaria mais tarde, era ser eternamente "insaciável", então Agassi tipificava o *ethos* daquela nação.

Não fosse pelo apoio de Peres, contudo, talvez nem mesmo Agassi tivesse ousado persistir em sua ideia. Depois de ouvi-lo defender entusiasticamente seu conceito de independência em relação ao petróleo, Peres chamou-o e disse:

— Belo discurso, mas o que exatamente você pretende fazer?[1]

Até aquele momento, Agassi "estava meramente resolvendo um enigma". Para ele, o problema era apenas uma especulação hipotética. Mas Peres colocou o desafio diante dele em termos bem-definidos e perguntou:

— Você é realmente capaz de fazê-lo? Existe algo mais importante do que livrar o mundo da dependência do petróleo? Quem o fará se você não o fizer? — Finalmente Peres acrescentou: — O que posso fazer para ajudá-lo?[2]

E Peres falava sério quanto a ajudar. Já nos primeiros dias de 2007, ele orquestrou cerca de cinquenta reuniões entre Agassi, os principais líderes industriais e o governo de Israel, incluindo o primeiro-ministro do país. Segundo as palavras de Agassi: "Todas as manhãs nos reuníamos no gabinete dele e eu o informava sobre os encontros do dia anterior; ele então pegava o telefone e começava a agendar as reuniões do dia seguinte." Essas reuniões jamais teriam ocorrido sem Peres.

O futuro presidente de Israel também enviara cartas às cinco maiores montadoras de automóveis; a correspondência incluía também o estudo de Agassi, razão pela qual ele e Shimon Peres se encontravam naquele quarto de hotel, à espera daquela que provavelmente seria sua última oportunidade. "Até aquela primeira reunião," disse Agassi, "Peres somente ouvira falar do conceito por meu intermédio, um homem da área de softwares. O que eu sabia, afinal? Mas ele se arriscou." As reuniões de Davos ofereceram as primeiras oportunidades para Peres testar pessoalmente a ideia diante de indivíduos realmente ligados ao setor automobilístico. Contudo, o primeiro executivo do setor com o qual se reuniram não apenas demolira a ideia, mas passara a maior parte da reunião tentando convencer Peres a abandoná-la. Agassi sentiu-se mortificado. Ele explicou: "Eu havia envergonhado aquele estadista internacional, fazendo-o parecer que não sabia sobre o que estava falando."

Chegou o momento da segunda reunião. Carlos Ghosn, CEO da Renault e da Nissan, tinha no mundo empresarial a reputação de artífice de grandes viradas. Nascido no Brasil, filho de pais libaneses, ele ficara famoso no Japão por assumir o comando da Nissan, uma empresa com imensos prejuízos, e torná-la lucrativa em dois anos. Agradecidos, os japoneses retribuíram produzindo um livro em quadrinhos com base em sua vida.

Peres começou a falar em voz tão baixa que Ghosn mal conseguia ouvi-lo, mas Agassi estava admirado. Depois do golpe arrasador que tinham acabado de receber na reunião anterior, ele esperava que Peres fosse dizer algo como: "Shai tem essa ideia maluca para o desenvolvimento de uma rede elétrica. Vou deixar que ele explique e você poderá dizer-lhe o que pensa." Contudo, em vez de recuar, Peres mostrou-se ainda mais entusiasmado do que antes em sua exposição e procurou ser ainda mais convincente, dizendo:

— O petróleo está acabando; pode ser que ainda continue sendo extraído do solo, mas o mundo já não o quer mais. Pior do que isso é o fato de estar servindo para financiar o terrorismo e a instabilidade internacional. Não precisaremos nos defender dos foguetes Katyusha lançados sobre a nossa terra se pudermos simplesmente descobrir um meio de eliminar os financiamentos que permitem sua fabricação.

Então Peres tentou se prevenir contra o argumento de que a tecnologia alternativa simplesmente ainda não existia. Sabia que tudo o que as grandes empresas automobilísticas faziam era flertar com uma extravagante produção de mutações elétricas – híbridos simples, aqueles que precisavam ser ligados na tomada ou veículos elétricos minúsculos – mas nenhuma delas anunciava uma nova era na tecnologia dos veículos motorizados.

Foi então que, novamente, cerca de cinco minutos depois de iniciada a explanação de Peres, o visitante o interrompeu.

— Olhe, senhor Peres, eu li o estudo de Shai — Agassi e Peres tentaram não se encolher na cadeira, mas ambos acreditaram saber exatamente o rumo que aquela reunião estava tomando — e acredito que ele esteja absolutamente certo. Pensamos exatamente da mesma maneira. Achamos que o futuro é a eletricidade. Já criamos o automóvel e acreditamos possuir também a bateria.

Peres quase perdeu a fala. Apenas alguns minutos antes, eles tinham recebido um sermão impiedoso sobre os motivos pelos quais o automóvel totalmente elétrico nunca daria certo e por que os híbridos eram a solução. Todavia, Peres e Agassi sabiam que o conceito de híbrido não os levaria a lugar algum. Qual o sentido de um automóvel com dois sistemas de alimentação separados? Os híbridos existentes custavam uma fortuna e somente aumentavam a eficiência do combustível em 20%. Além disso, tais veículos não libertariam os países da dependência do petróleo. Na visão de Peres e de Agassi, os híbridos eram o mesmo que tratar um ferimento grave apenas com um *band-aid*. Nunca, porém, tinham ouvido algo tão encorajador de um verdadeiro fabricante de automóveis. Peres não pôde evitar questioná-lo:

— Então, o que você acha dos híbridos?

— Acho que não fazem o menor sentido — disse Ghosn confiante. — Um híbrido é como uma sereia: quando você quer um peixe, tem uma mulher; quando quer uma mulher, tem um peixe.

O riso de Peres e de Agassi foi genuíno e misturado a uma grande dose de alívio. Será que tinham encontrado um verdadeiro parceiro para a ideia? Então foi a vez de Ghosn revelar suas preocupações. Embora estivesse otimista, todos os obstáculos clássicos aos veículos elétricos continuavam existindo: as baterias eram caras demais, proporcionavam um alcance menor do que a metade de um tanque de gasolina e levavam horas para recarregar. Enquanto os consumidores tivessem de arcar com um acréscimo considerável no preço e com as inconveniências inerentes aos automóveis "limpos", estes continuariam a representar apenas um pequeno nicho de mercado.

Peres disse que tinha as mesmas apreensões até conhecer Agassi. Essa foi a deixa para que o jovem explicasse ao brasileiro como todas aquelas desvantagens poderiam ser superadas com o uso da tecnologia existente, independentemente de qualquer bateria milagrosa que somente pudesse ser disponibilizada em um futuro distante.

A atenção de Ghosn passou de Peres para Agassi, que se aprofundou ainda mais em suas explanações.

Agassi apresentou então sua ideia simples, mas, ao mesmo tempo, radical: os automóveis elétricos pareciam caros somente pelo fato de as baterias serem dispendiosas. Porém, vender automóveis a bateria seria como tentar comercializar veículos a gasolina com combustível suficiente para fazê-los rodar por vários anos. Quando os custos operacionais são descontados, os automóveis elétricos tornam-se realmente muito mais baratos – pouco mais que 4 centavos de dólar por quilômetro para os elétricos (incluindo tanto a bateria quanto a eletricidade para recarregá-la) contra pouco mais que 6 centavos por quilômetro para os automóveis a gasolina, considerando a gasolina a 70 centavos de dólar por litro. Porém, se o preço da gasolina fosse superior a 1 dólar por litro, tal diferença de custo se acentuaria cada vez mais. E se não fosse preciso, contudo, pagar pela bateria quando se comprasse o automóvel e – a exemplo do que acontece com qualquer combustível – o preço da bateria fosse distribuído ao longo da vida do automóvel? Os veículos elétricos poderiam se tornar pelo menos tão baratos quanto os automóveis a gasolina, e os custos da bateria mais o da eletricidade para carregá-la seriam significativamente mais baixos do que o valor habitualmente pago na bomba. De repente, as considerações econômicas em torno do automóvel elétrico dariam uma guinada de 180 graus. Além disso, em longo prazo, essa considerável vantagem do custo do automóvel elétrico certamente aumentaria conforme as baterias fossem ficando mais baratas.

Superar a barreira do preço era um enorme avanço, mas não o bastante para que os veículos elétricos se transformassem em "Automóveis 2.0"* – como Agassi os denominara – e substituíssem o modelo de

---

* O termo 2.0 tem sua origem na indústria de softwares e corresponde à segunda versão de programas disponíveis. Contudo, paulatinamente passou a ser usado para se referir a inovações em várias áreas e já é visto em expressões como: empreendedorismo 2.0, saúde 2.0, marketing 2.0 e outras. (N.E.)

transporte introduzido por Henry Ford quase um século atrás. Com cinco minutos para encher o tanque, um automóvel a gasolina consegue percorrer cerca de 500 quilômetros. Como poderia um automóvel elétrico competir com isso? — indagou Ghosn.

A solução de Agassi era a infraestrutura: eletrificar milhares de pontos de estacionamento, construir postos de troca de baterias e coordenar tudo isso dentro de uma nova "grade inteligente". Na maioria dos casos, abastecer o automóvel em casa e no trabalho seria provavelmente o suficiente para um dia. No caso de viagens mais longas, bastaria estacionar em um posto de troca e sair com uma bateria inteiramente carregada no tempo gasto para encher um tanque de gasolina. Ele contratara um general reformado do Exército israelense – com experiência na complexa logística militar – para se tornar o CEO local da empresa israelense e liderar o planejamento da grade e da rede nacional de postos de recarga.

A estratégia fundamental do modelo baseava-se no fato de que os consumidores seriam os proprietários dos automóveis, enquanto a empresa embrionária de Agassi, a Better Place, seria a dona das baterias. "Eis como a coisa funciona", explicou posteriormente. "Pense nos telefones celulares. Você vai a um fornecedor de aparelhos e, se quiser, pode pagar o preço integral pelo telefone e não assumir nenhum compromisso. Porém, a maioria das pessoas assina um plano de adesão por dois ou três anos e recebe um telefone subsidiado ou gratuito. Elas acabam pagando pelo telefone enquanto pagam pelos minutos consumidos nas ligações."[3]

"Os veículos elétricos", continuou Agassi, "funcionariam do mesmo modo: a Better Place seria como uma fornecedora de celulares. Você chegaria à revenda, assinaria a adesão a um plano por quilômetros em vez de minutos e sairia com um automóvel elétrico. Mas o consumidor não seria o proprietário da bateria do automóvel; ela pertenceria à Better Place. Desse modo, a empresa poderia distribuir o custo da bateria – e do próprio automóvel – ao longo de quatro anos ou mais. Pelo preço que os consumidores estão acostumados a pagar mensalmente pela gasolina, poderiam pagar pela bateria e pela eletricidade necessária para alimentá-la. É possível tornar-se totalmente 'verde' por menos do que custa comprar e usar um automóvel a gasolina", concluiu Agassi.

A próxima questão levantada foi: "Por que começar com Israel entre tantos outros lugares?", ao que Agassi respondeu:

— A primeira razão é o tamanho. Israel é o país "beta" perfeito para testar os automóveis elétricos. Não é apenas pequeno, mas, em razão da hostilidade de seus vizinhos, está completamente isolado. Considerando que os israelenses não podem dirigir além das fronteiras nacionais, as distâncias percorridas se mantêm dentro de um dos menores espaços geográficos nacionais do mundo. Isso limita o número de postos de troca de baterias que a Better Place precisará construir na fase inicial. Ao isolar Israel — comentou Agassi com um sorriso malicioso —, seus adversários criaram, na verdade, um laboratório perfeito para testar novas ideias.

Em segundo lugar, estão sendo considerados não apenas os custos financeiros e ambientais de os israelenses se manterem dependentes do petróleo, mas também os de segurança, já que, ao adquirir combustível, o país se vê forçado a "bombear" recursos para os cofres de regimes nada confiáveis. Em terceiro lugar, os israelenses são naturalmente predispostos às novidades – recentemente, o povo israelense foi considerado o primeiro do mundo em tempo investido na internet; o uso de telefones celulares no país já alcança 125%, o que significa que boa parte da população possui mais de um aparelho.

Não menos importante do que o exposto, Agassi sabia que em Israel encontraria os recursos de que precisaria para enfrentar o complicado desafio de desenvolver o software para criar a "grade inteligente" capaz de direcionar os automóveis para os pontos de recarga abertos e controlar o "reabastecimento" de milhões de veículos sem sobrecarregar o sistema. Israel, o país com a maior concentração de engenheiros e de gastos com pesquisa e desenvolvimento (P&D) do mundo, era um lugar natural para tal investida. Na verdade, Agassi queria ir mais além. Afinal, se a Intel produzia os seus chips mais sofisticados em massa naquele país, por que a Renault-Nissan não poderia produzir automóveis ali? A resposta de Ghosn foi que isso somente daria certo se fossem capazes de produzir no mínimo 50.000 automóveis por ano. Sem titubear, Peres comprometeu-se com uma produção anual de 100.000 veículos. Ghosn aceitou a proposta, desde que, obviamente, Peres cumprisse sua promessa.

Agassi sabia que dependia de um compromisso conjunto: precisava de um país, de uma empresa automobilística e de dinheiro, mas, para conseguir um deles, primeiro necessitaria dos outros dois. Quando Peres e Agassi foram procurar o então primeiro-ministro Ehud Olmert para firmar seu compromisso de tornar Israel o primeiro país a se libertar do petróleo, o chefe do governo impôs duas condições:

1. Conseguir um contrato com uma das cinco maiores montadoras de veículos.
2. Levantar os 200 milhões de dólares necessários para desenvolver a "grade inteligente", converter meio milhão de estacionamentos em pontos de recarga e construir os postos de troca.

Considerando que Agassi já havia fechado um acordo com uma montadora de veículos, era o momento de satisfazer à segunda condição de Olmert: o dinheiro.

Tendo ouvido o suficiente para acreditar que sua ideia poderia decolar, Agassi surpreendeu o mundo tecnológico pedindo demissão da SAP para fundar a Better Place. Foram necessárias quatro reuniões para convencer os dirigentes da empresa de que o jovem estava falando sério quanto à sua demissão.

Porém, os investidores do resto do mundo não se mostraram exatamente entusiasmados com um plano que envolvia repensar alguns dos maiores e mais poderosos setores industriais do planeta – automóveis, petróleo e eletricidade. Além disso, uma vez que os veículos seriam inúteis sem a infraestrutura, toda a grade de recarga precisaria estar desenvolvida e instalada antes de os automóveis serem produzidos em número representativo. Isso significava gastar a maior parte dos 200 milhões de dólares para eletrificar o país inteiro – um gasto enorme de capital suficiente para deixar atordoada a maioria dos investidores. Desde o rompimento da bolha tecnológica em 2000, os capitalistas tornaram-se pouco propensos a encarar grandes riscos e investir toneladas de dinheiro sem a certeza de ganhos futuros.

Havia, porém, um investidor – o bilionário israelense Idan Ofer, que acabara de fazer o maior investimento israelense de todos os tempos na China, adquirindo uma importante participação na montadora de automóveis chinesa, a Chery Automobile. Seis meses antes, Ofer comprara também uma importante refinaria de petróleo. Portanto, era alguém que tinha experiência nos setores automobilístico e de petróleo. Quando Mike Granoff, um dos primeiros investidores norte-americanos na Better Place, sugeriu recorrer a Ofer, Agassi disse: "Por que ele me ajudaria a comprometer seus dois mais novos negócios?" Mas, afinal, Agassi não tinha nada a perder.

Depois de 45 minutos de reunião, Ofer disse a Agassi que entraria com 100 milhões de dólares. Posteriormente, ele aumentaria sua participação em mais 30 milhões e mandaria sua empresa automobilística chinesa produzir automóveis elétricos.

Agassi levantou os 200 milhões de dólares, tornando a Better Place a quinta maior empresa iniciante da história.[4] Com Israel assumindo a dianteira e se transformando no local para os primeiros testes, outros países logo o seguiriam. Na verdade, enquanto este livro estava sendo redigido, a Dinamarca, a Austrália, a região da baía de San Francisco, o Havaí e Ontário – a maior província do Canadá – já anunciavam sua intenção de aderir ao plano da Better Place. A empresa foi, inclusive, a única estrangeira convidada a competir para o desenvolvimento de um sistema de veículos elétricos no Japão, uma iniciativa altamente incomum para o governo japonês, historicamente protecionista.

Havia, contudo, inúmeros céticos em todo o mundo. Entre eles estava Thomas Weber, chefe de P&D da Mercedes. Ele comentou que, em 1972, a empresa chegara a produzir um ônibus elétrico com uma bateria substituível, batizada de LE-306, mas descobrira que a mudança da bateria poderia causar eletrocussão e até incêndio.

A resposta da Better Place foi a inauguração de um posto de troca de bateria, cujo funcionamento seria similar ao de um lava-rápido mecanizado. Nele, como medida de segurança, somente depois que o motorista estacionasse, uma grande chapa de metal retangular – parecida com

Nação empreendedora

os elevadores encontrados nos caminhões de guincho – se elevaria por baixo do automóvel. Assim, o automóvel retrairia os ganchos de metal de 5 centímetros de espessura, responsáveis por prender a enorme bateria azul, liberando-a para que repousasse sobre a chapa. Em seguida, a placa tornaria a descer, levando a bateria usada, retornando com outra carregada e posicionando-a sob o automóvel. O tempo total para completar a troca automática seria 65 segundos.

Agassi orgulha-se do modo como sua equipe técnica resolveu o problema da troca da pesadíssima bateria – algumas centenas de quilogramas –, para que fosse feita com precisão, maior rapidez e total segurança. No processo, foram empregados os mesmos ganchos usados no carregamento de bombas nos caças da força aérea. Não havia lugar para erros no mecanismo de alimentação das bombas; portanto, a bateria também ficaria completamente segura e, ao mesmo tempo, seria facilmente removível nos automóveis elétricos.

Se o empreendimento for bem-sucedido, o impacto mundial da Better Place sobre a economia, a política e o meio ambiente poderá muito bem transcender o das mais importantes empresas de tecnologia do mundo, e a ideia se espalhará de Israel para todo o globo.

Empresas como a Better Place e empreendedores como Shai Agassi não aparecem todos os dias. Ainda assim, uma rápida olhada por Israel nos mostra por que a previsão feita pelo investidor Scott Tobin, da Battery Ventures de Boston, que "a próxima grande ideia virá de Israel", não surpreende.[5]

As empresas de tecnologia e os investidores mundiais estão todos rumando para Israel e descobrindo uma inigualável combinação de audácia, criatividade e dinamismo onde quer que procurem. Isso talvez explique a razão pela qual o país ostenta a maior densidade de *start-ups** do mundo (um total de 3.850 novas empresas – uma para cada 1.844 israelenses).[6] Além disso, o índice Nasdaq é composto por mais empresas israelenses do que pelo número total de empresas representantes de todo o continente europeu.

---

* Termo utilizado em inglês para empresas recém-criadas. (N.E.)

E não é apenas o mercado de ações de Nova York que se sente atraído por Israel, mas também a mais decisiva e fungível medida da promessa tecnológica: o capital de risco.

Em 2008, os investimentos *per capita* do capital de risco em Israel foram 2,5 vezes maiores do que nos EUA, mais de 30 vezes maiores do que na Europa, 80 vezes maiores do que na China e 350 vezes maiores do que na Índia. Comparando os números absolutos, Israel – um país de apenas 7,1 milhões de habitantes – atraiu perto de 2 bilhões de dólares em capital de risco, quase tanto quanto fluiu para os 61 milhões de cidadãos do Reino Unido ou para os 145 milhões de pessoas que vivem na Alemanha e na França.[7] Israel é o único país a apresentar um aumento significativo em capital de risco em 2007 e 2008, como demonstra a Figura I.1.[8]

Depois dos EUA, Israel tem mais empresas relacionadas no índice Nasdaq do que qualquer outro país do mundo, incluindo Índia, China, Coreia, Cingapura e Irlanda, como mostra a Figura I.2. E, como deixa claro a Figura I.3, Israel é o líder mundial no percentual da economia destinado a P&D.

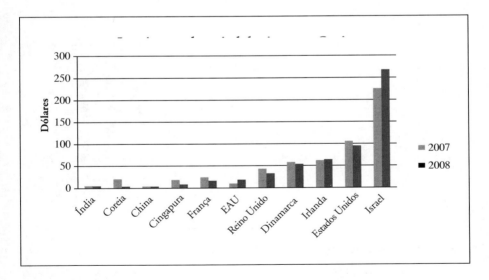

Figura I.1. Investimento de capital de risco *per capita*.
Fontes: Dow Jones, VentureSource; Thomson Reuteres; Agência Central de Informações (CIA) dos EUA, World Fact Book, 2007, 2008.

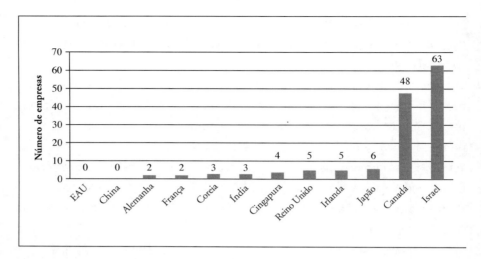

Figura I.2. Empresas não americanas na Nasdaq (2009).
Fontes: Nasdaq, www.nasdaq.com/asp/NonUsOutput.asp, maio 2009.

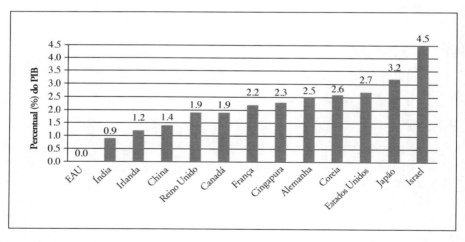

Figura I.3. Gastos civis com P&D (2000-2005).
Fonte: UNDP (Programa de Desenvolvimento das Nações Unidas). Relatório, 2007/2008.

A economia de Israel também cresceu mais rápido do que a média das economias desenvolvidas do mundo ao longo da maioria dos anos, desde 1995, como ilustra o gráfico da página 14 (Figura I.4).

Nem mesmo as guerras que Israel tem travado sucessivamente não retardaram o ritmo do país. Durante os seis anos seguintes a 2000, Israel foi atingido não somente pelo rompimento da bolha tecnológica mundial, mas também pelo mais intenso período de ataques terroristas de sua história e pela segunda guerra do Líbano. Ainda assim, a participação do país no mercado de capitais de risco mundial não caiu – de fato, ela mais do que dobrou, indo de 15% a 31%. As negociações de ações na bolsa de valores de Tel Aviv foram maiores no último dia da guerra do Líbano do que no primeiro, assim como depois das três semanas de operações militares na Faixa de Gaza em 2009.

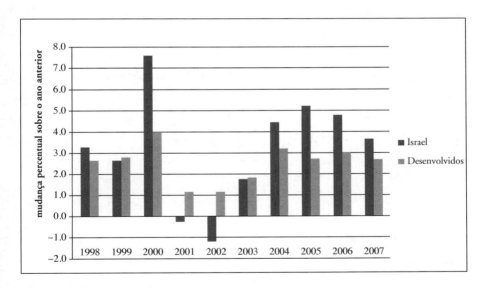

Figura I.4. Taxas de crescimento do PIB.

Fontes: "Miracles and Mirages", Economist, 13 de abril de 2008; "GDP growth rates by country and region, 1970-2007", Swivel, http://www.swivel.com/data_columns/spreadsheet/2085677.

Nação empreendedora

A história econômica israelense torna-se ainda mais curiosa quando se considera a situação calamitosa do país há apenas pouco mais de meio século. A família de Shai Agassi, proveniente do Iraque, emigrou para Israel em 1950, dois anos depois da fundação do país. Os Agassi faziam parte de uma torrente de 1 milhão de refugiados que fugiram dos violentos *pogroms** que, como uma onda, devastaram o mundo árabe depois da fundação do Estado de Israel. Na época, o nascente estado judeu encarou simultaneamente dois desafios aparentemente insuperáveis: travar uma guerra existencial pela independência e absorver as massas de refugiados do pós-guerra da Europa e dos países árabes vizinhos.

A população de Israel duplicou nos dois primeiros anos da sua existência, e, ao longo dos sete anos seguintes, o país cresceu mais um terço. Dois em cada três israelenses eram recém-chegados. Assim que desembarcavam, muitos refugiados recebiam armas, que sequer sabiam como usar, e eram mandados para a luta. Alguns dos que haviam sobrevivido aos campos de concentração nazistas pereceram em batalha antes mesmo de ter seu nome registrado no novo país. Proporcionalmente, mais israelenses morreram na guerra pelo estabelecimento do Estado do que norte-americanos nas duas guerras mundiais juntas.

Os que sobreviveram tiveram de lutar contra todas as dificuldades para prosperar numa economia estagnada. "Tudo era racionado", queixou-se um recém-chegado. "Recebíamos talões de cupons e um único ovo por semana; as filas eram longas."[9] O padrão médio de vida dos israelenses equiparava-se ao dos norte-americanos nos anos 1800.[10] Como, então, esse Estado "embrionário" não apenas conseguiu sobreviver, mas deixar de ser um local atrasado e sitiado e transformar-se em uma usina de alta tecnologia que, em apenas 60 anos, quintuplicaria seu crescimento econômico? Como uma comunidade de refugiados sem dinheiro converteu um território que Mark Twain chamara de "um país desolado [...]; uma vastidão taciturna e deplorável"[11] em uma das economias mais empreendedoras e dinâmicas do mundo?

---

* Palavra de origem russa. Movimento popular, quase sempre acompanhado de pilhagem e assassínios, contra uma comunidade étnica ou religiosa, especialmente os judeus. (N.E.)

16

O fato de essa questão ter sido tratada de maneira fragmentada é inacreditável para o economista político israelense Gidi Grinstein.

Vejam, conseguimos duplicar nossa situação econômica em relação aos Estados Unidos ao mesmo tempo que quintuplicávamos nossa população e travávamos três guerras. Não há precedente histórico para isso na economia mundial.

Segundo Grinstein, os empreendedores israelenses continuam a apresentar desempenhos inimagináveis.[12]

Embora a Terra Santa tenha atraído peregrinos ao longo de vários séculos, ultimamente o local tem sido inundado por buscadores de um tipo bem diferente. O CEO e presidente da Google, Eric Schmidt, nos conta, por exemplo, que os Estados Unidos são o primeiro lugar do mundo para os empreendedores, mas que "depois dos EUA, Israel é o melhor". Já Steve Ballmer, da Microsoft, considerando o tamanho e a importância de suas equipes israelenses, alega que a própria Microsoft é "uma empresa tanto israelense quanto norte-americana."[13] Warren Buffett, o apóstolo da aversão ao risco, rompeu seu jejum de décadas – durante as quais sempre defendeu a não aquisição de qualquer empresa estrangeira – comprando por 4,5 bilhões de dólares justamente uma empresa israelense, exatamente quando Israel começava sua participação na guerra do Líbano em 2006.

É impossível para as principais empresas de tecnologia ignorar Israel, e a maioria não o faz; quase metade das principais empresas de tecnologia do mundo já adquiriram empresas embrionárias ou abriram centros de P&D em Israel. Só a Cisco adquiriu nove empresas israelenses e já cogita comprar mais.[14]

"Em dois dias em Israel, vi mais oportunidades do que em um ano no resto do mundo," declarou Paul Smith, vice-presidente sênior da Philips Medical.[15] Gary Shainberg, vice-presidente de tecnologia e inovação da British Telecom, explica:

Nação empreendedora

Há atualmente mais ideias inovadoras – do que ideias recicladas, ou seja, velhas em uma nova roupagem – provenientes de Israel do que oriundas do Vale [do Silício]. E isso não tem diminuído durante os declínios econômicos mundiais.[16]

Embora a história tecnológica de Israel esteja se tornando mais amplamente conhecida, os que entram em contato com ela pela primeira vez invariavelmente mostram-se perplexos. Uma vice-presidente da NBC Universal enviada a Israel para observar as empresas locais de mídia digital indagou: "Por que isso tudo está acontecendo em Israel? Nunca vi tanto caos e tanta inovação reunidos em um lugar tão minúsculo."[17]

Esse é justamente o mistério que este livro pretende esclarecer. Por que Israel e não outro lugar?

Uma explicação para isso é o fato de a adversidade, assim como a necessidade, fomentar a inventividade. Outros países pequenos e ameaçados, tais como a Coreia do Sul, Cingapura e Taiwan, também podem exibir registros de crescimento tão impressionantes quanto os de Israel, mas nenhum deles produziu uma cultura empreendedora – para não mencionar uma série de novas empresas – que possa ser comparada à de Israel.

Algumas pessoas conjecturam sobre a existência de algo especificamente judaico em tudo isso. A noção de que os judeus são "inteligentes" tornou-se profundamente entranhada na psique ocidental. Testemunhamos isso pessoalmente: quando contamos às pessoas que estávamos escrevendo um livro sobre a razão para Israel ser um país tão inovador, muitos reagiram: "É simples – os judeus são inteligentes, portanto não é de surpreender que Israel seja um país inovador." Mas explicar o sucesso de Israel com base em um estereótipo pode "mais" ocultar fatos do que revelá-los.

Para os que iniciaram o país, a ideia de uma judeidade unitária – seja genética ou cultural – pareceria ter pouca aplicabilidade a uma nação que, embora pequena, está entre as mais heterogêneas do mundo. A minúscula população de Israel é constituída de cerca de setenta diferentes nacionalidades. Um refugiado judeu do Iraque e outro da Polônia ou da Etiópia não têm em comum o idioma, a educação, a cultura ou a história

18

– pelo menos não em relação aos dois milênios anteriores. Como nos explica o economista irlandês David McWilliams: "Israel é completamente o oposto de um país judaico unidimensional [...]. É um cadinho monoteísta de uma diáspora que trouxe consigo culturas, línguas e costumes dos quatro cantos da Terra."[18]

Embora o fato de ter nas mãos um mesmo livro de orações e compartilhar um legado comum de perseguições tenha contribuído até certo ponto, não era absolutamente esperado que um grupo tão disparatado fosse capaz de formar um país que funcionasse, ainda mais um Estado que chegasse à excelência em matéria de trabalho em equipe e inovação – entre várias outras coisas.

Na realidade, o segredo de Israel parece estar não apenas no talento dos indivíduos. Há muitos lugares com pessoas talentosas; certamente tais localidades possuem muitas vezes o número de engenheiros e técnicos que Israel consegue disponibilizar. Os estudantes cingapurenses, por exemplo, são os líderes mundiais em notas altas em testes de Ciências e Matemática. Países como a Índia e a Irlanda abrigam inúmeras multinacionais. Contudo, segundo um executivo norte-americano da eBay:

Não estabelecemos funções críticas de nossas empresas naqueles países. Aliás, nem a Google, a Cisco, a Microsoft, a Intel ou muitas outras. O segredo mais bem-guardado nessas empresas é o fato de que todas dependem fundamentalmente do trabalho de suas equipes israelenses. Trata-se muito mais do que apenas uma terceirização de centros de atendimento ao consumidor na Índia ou do estabelecimento da prestação de serviços de TI na Irlanda. O que fazemos em Israel é diferente do que fazemos em qualquer outro lugar do mundo.[19]

Outro fator comumente citado para o sucesso de Israel é a indústria bélica e de defesa do país, que tem produzido empresas subsidiárias bem-sucedidas. Isso é parte da resposta, mas não explica por que outros países que têm alistamento compulsório e forças armadas numerosas não testemunham um impacto semelhante sobre os seus setores

Nação empreendedora

privados. Porém, apontar para as forças armadas apenas altera a pergunta: O que há nas forças armadas israelenses que parece fomentar o empreendedorismo? E, mesmo com a influência das forças armadas, por que as empresas de defesa, de contraterrorismo e de segurança interna representam atualmente menos de 5% do PIB de Israel?

A resposta, a nosso ver, deve ser mais ampla e profunda. Deve estar nas histórias de empreendedores individuais como Shai Agassi, que são emblemáticos do Estado propriamente dito. Como demonstraremos, essa é uma história não apenas de talento, mas de tenacidade, de questionamento insaciável da autoridade e de informalidade determinada, tudo somado a uma atitude singular em relação ao trabalho em equipe, ao sentido de missão, à disponibilidade para o risco e à criatividade interdisciplinar. Israel está repleto de histórias assim, mas os próprios israelenses estão ocupados demais constituindo suas empresas embrionárias para interromper sua trajetória e tentar reunir os motivos pelos quais isso aconteceu ou para pensar sobre o que os outros — governos, grandes empresas e empreendedores de novas organizações — podem aprender com a sua experiência.

Seria difícil imaginar uma época em que entender a história do milagre econômico de Israel poderia ser mais relevante. Embora os EUA continuem a ser classificados como a economia mais competitiva do mundo, há um senso amplamente disseminado de que algum detalhe fundamental deu errado.

Mesmo antes da crise financeira mundial iniciada em 2008, os observadores da corrida pela inovação já alertavam. "Índia e China são *tsunamis* prestes a nos engolfar", previu Curtis Carlson, do Instituto de Pesquisas de Stanford. Ele estima que os setores de TI, de serviços e de instalações médicas estejam à beira da derrocada, o que custaria "milhões de empregos [...], como o ocorrido na década de 1980 quando os japoneses tomaram a dianteira". A "única saída", diz Carlson, é "aprender a usar os instrumentos da inovação" e forjar setores inteiramente novos e com base no conhecimento das áreas de energia, biotecnologia e outros setores científicos.[20]

"Estamos rapidamente nos tornando a Detroit gorda e complacente das nações", afirma o ex-professor da Faculdade de Administração de Harvard,

John Kao. "Estamos [...] ordenhando vacas velhas à beira do esgotamento total [...] e perdendo nosso sentido de propósito coletivo, nosso ânimo, nossa ambição e nossa determinação para alcançar resultados."[21]

O declínio econômico apenas acentuou a preocupação com a inovação. A crise financeira foi, afinal, provocada pelo colapso dos preços dos imóveis, inflados por empréstimos bancários descuidados e pelo crédito barato. Em outras palavras, a prosperidade mundial se mostrava dependente de uma bolha especulativa, não de aumentos na produtividade que, segundo os economistas, são a base do crescimento econômico sustentável.

De acordo com a obra pioneira de Robert Solow, detentor do Prêmio Nobel de Ciências Econômicas em 1987, a inovação tecnológica é a fonte suprema da produtividade e do crescimento.[22] Trata-se da única maneira comprovada de as economias obterem vantagem de modo sistemático – especialmente pela inovação gerada pelas novas empresas. Dados recentes do Censo norte-americano demonstram que a maioria dos ganhos salariais líquidos nos EUA no período entre 1980 e 2005 partiu de empresas com menos de cinco anos de atividade. Sem as novas empresas, a taxa média do crescimento anual dos ganhos salariais foi, na realidade, negativa. O economista norte-americano Carl Schramm, presidente da Fundação Kaufman, que analisa economias empreendedoras, nos conta que "para os EUA sobreviverem e para que continuemos na liderança econômica mundial, devemos encarar o empreendedorismo como nossa vantagem comparativa mais fundamental. Nada mais pode nos dar o impulso produtivo necessário".[23]

É verdade que existem muitos modelos de empreendedorismo, como, por exemplo, o microempreendedorismo (o lançamento de empresas familiares) e o estabelecimento de pequenas empresas que preencham determinado nicho e nunca tentem ir além dele. Israel é, no entanto, um país especializado no empreendedorismo de alto crescimento – de novas empresas que acabam transformando setores inteiros em todo o globo. O empreendedorismo de alto crescimento distingue-se por usar o talento especializado – de engenheiros, técnicos, cientistas, executivos e profissionais de marketing – na comercialização de uma ideia radicalmente inovadora.

Isso não significa que os israelenses sejam imunes à taxa universalmente elevada de falência de novas empresas, mas a cultura e as regulamentações israelenses refletem uma atitude singular em relação à quebra, pois têm sucessivamente conseguido trazer de volta ao sistema os empreendedores falidos para que usem construtivamente sua experiência em uma nova tentativa em vez de deixá-los definitivamente estigmatizados e marginalizados.

De acordo com um relatório recente do Monitor Group, uma instituição mundial de consultoria administrativa, "quando |os empreendedores| são bem-sucedidos, eles revolucionam os mercados; quando fracassam, eles ainda |permanecem| em atividade sob a constante pressão competitiva e assim estimulam o progresso". O estudo do Monitor Group mostra ainda que o empreendedorismo é o principal instrumento da economia para "evoluir e se regenerar".[24]

A questão – como ressaltado em uma capa da revista BusinessWeek – é: "Conseguirão os EUA inventar sua virada?"[25] A revista observou que "em meio ao abatimento, os economistas e os líderes empresariais de todo o espectro político estão paulatinamente chegando a um acordo: a inovação é a melhor maneira – e talvez a única – de os EUA conseguirem sair do seu buraco econômico."

Em um mundo em busca do segredo da inovação, Israel é o lugar natural a ser observado. O Ocidente precisa de inovação, e Israel a possui. Entender de onde vem essa energia empreendedora, para onde ela vai, como mantê-la e como outros países podem aprender com a quintaessência desse país embrionário é uma tarefa simplesmente decisiva para o nosso tempo.

NOTAS

1. As informações nesta passagem foram amplamente tiradas de uma entrevista com Shimon Peres, presidente de Israel, dezembro de 2008; e as entrevistas com Shai Agassi, fundador e CEO da Better Place, março de 2008 e março de 2009.

2. Blogue de Shai Agassi, Tom Friedman's column, 26 de julho de 2008, http://shaiagassi.typepad.com/.

3. As informações sobre a Better Place foram amplamente tiradas de entrevistas com Shai Agassi.

4. Daniel Roth, "Driven: Shai Agassi's audacious plan to put electric cars on the road", *Wired*, v. 16, n. 9 (18 de agosto de 2008).

5. Haim Handwerker, "U.S. entrepreneur makes aliyah seeking 'Next Big Invention'", Haaretz, 28 de agosto de 2008.

6. Israel Venture Capital Research Center, www.ivc-on-line.com.

7. Cálculos dos autores com base em dados de capital de risco do Dow Jones, VentureSource.

8. Dow Jones, VentureSource.

9. Donna Rosenthal, *The israelis: ordinary people in an extraordinary land* (Nova York: Free Press, 2005), p. 111.

10. Dados comparativos de padrão de vida disponíveis em www.gapminder.com.

11. Mark Twain, *The innocents abroad: or the new pilgrims progress* (Hartford: American Publishing Company, 1870), p. 488 (do original).

12. Entrevistas com Gidi Grinstein, fundador e presidente, Reut Institute, maio e agosto de 2008.

13. Entrevista com Eric Schmidt, presidente e CEO, Google, junho de 2009; Maayan Cohen e Reuters, Microsoft CEO. in Herzliya: our company almost as israeli as american, Haaretz, 21 de maio de 2008.

14. The Global 2000, Forbes.com, 29 de março de 2007; <www.forbes.com/lists/2007/18/biz_07forbes2000_The-Global-2000_IndName.html>; e "Recent international mergers and acquisitions", <www.investinisrael.gov.il/NR/exeres/F0FA7315-4D4A-4FDCA2FA-AE5BF294B3C2.htm>; e Augusto Lopez-Claros e Irene Mia, "Israel: factors in the emergence of an ICT powerhouse, <www.investinisrael.gov.il/NR/rdonlyres/61BD95A0-898B-4F48-

A795-5886 B1C4F08C/0/israelcompleteweb.pdf>, p. 8. Entre as principais empresas de software e tecnologia que se encontram entre as as 2.000 maiores empresas públicas relacionadas na Forbes, quase metade adquiriu empresas israelentes ou inauguraram um centro de P&D em Israel.

15. Paul Smith, vice-presidente sênior da Philips Medical, citado em *Invest in Israel*, "Life sciences in Israel: inspiration, invention, innovation" (Israel Ministry of Industry, Trade and Labor, Investment Promotion Center, 2006).

16. Entrevistas com Gary Shainberg, vice-presidente de tecnologia e inovação, British Telecom, maio e agosto de 2008.

17. Entrevista com Jessica Schell, vice-presidente, NBC Universal, Inc., abril e junho de 2008.

18. David McWilliams, We're all israelis now, 25 de abril de 2004, <www.david-mcwilliams.ie/2004/04/25/were-all-israelis-now>.

19. Entrevista não oficial com o executivo sênior do eBay.

20. Curtis R. Carlson, CEO do Stanford Research Institute International, We are all innovators now, *Economist intelligence unit*, 17 de outubro de 2007.

21. John Kao, *Innovation nation: how America is losing its innovation edge, why It matters and what we can do to get it back* (Nova York: Free Press, 2007), p. 3.

22. Robert M. Solow, "Growth theory and after", discurso no Prêmio Nobel, 8 de dezembro de 1987, <http://nobelprize.org/nobel_prizes/economics/laureates/1987/solow-lecture.html>.

23. Entrevista com Carl Schramm, presidente da Kauffman Foundation, março de 2009.

24. Paths to Prosperity: Promoting Entrepreneurship in the Twenty-first Century, Monitor Company, janeiro de 2009.

25. Michael Mandel, Can America invent its way back? *Business-Week*, 11 de setembro de 2008.

PARTE 1

O PEQUENO PAÍS QUE DEU CERTO

Capítulo 1
Persistência

Quatro sujeitos estão parados numa esquina:
um norte-americano, um russo, um chinês e um israelense.
Um repórter aproxima-se do grupo e diz:
"Com licença... Qual a sua opinião sobre a escassez de carne?"
O norte-americano diz: "O que é escassez?"
O russo diz: "O que é carne?"
O chinês diz: "O que é opinião?"
O israelense diz: "O que é 'Com licença...'?"
—Mike Leigh, Two thousand years[1]

Scott Thompson olhou para seu relógio de pulso* e percebeu que estava atrasado. Tinha uma extensa lista de afazeres até o fim daquela semana, mas já era quinta-feira. Como presidente e ex-diretor de tecnologia da PayPal, o maior sistema mundial de pagamentos pela internet, ele dirige a alternativa da rede para o uso de cheques e cartões de crédito. Embora fosse um homem ocupado, Thompson prometera conceder vinte minutos a um garoto que alegava ter uma solução para o problema dos golpes contra os pagamentos on-line, fraudes com cartões de crédito e furtos de identidade eletrônica.

---

* Peça escrita em 2005. Título em português: *Dois mil anos*. (N.E.)

Thompson sabia que Shvat Shaked não tinha a agressividade de um empreendedor, o que afinal não seria um problema para ele, já que a maioria das empresas embrionárias não ia mesmo muito longe. Ele também não parecia ter a coragem nem a determinação de um típico engenheiro iniciante da PayPal. Mas Thompson não se negou a atendê-lo, mesmo porque essa fora uma solicitação da Benchmark Capital.

A Benchmark fizera um investimento de risco logo no início das atividades do eBay, num momento em que esta usava o apartamento dos fundadores como um inesperado local para a troca de embalagens colecionáveis de confeitos. Atualmente, a eBay é uma empresa de capital aberto de 18 bilhões de dólares com 16.000 funcionários no mundo todo. É também a empresa controladora da PayPal. A Benchmark estava considerando a possibilidade de investir na empresa de Shaked, a Fraud Sciences, sediada em Israel. Para ajudar no procedimento de análise das informações da empresa, visando avaliar os riscos efetivos e potenciais do investimento, os sócios da Benchmark pediram a Thompson, que era experiente em matéria de fraudes no comércio eletrônico, que sondasse Shaked.

— Então, qual é o seu modelo, Shvat? — Thompson perguntou, ansioso para acabar logo com a reunião.

Remexendo-se na cadeira como alguém não muito à vontade com a sua ensaiada "apresentação de elevador", Shaked começou em voz baixa:

— Nossa ideia é simples. Acreditamos que o mundo se divide entre pessoas boas e pessoas más; o truque para impedir fraudes é distingui-las na rede.

Thompson reprimiu a frustração. Aquilo era demais, mesmo como um favor à Benchmark. Antes da PayPal, Thompson fora um executivo de alto nível na gigante de cartões de créditos Visa, uma empresa ainda maior e não menos obcecada em combater fraudes. Grande parte da equipe da maioria das empresas de cartões de créditos e de vendas on-line dedica-se a analisar os antecedentes dos novos clientes, combater as fraudes e identificar furtos, porque é nisso que se baseiam em maior grau as margens de lucros e com que se constrói ou se perde a confiança do cliente.

A Visa e os bancos com que operava contavam com dezenas de milhares de pessoas trabalhando para combater fraudes. Somente a PayPal contava com 2.000 engenheiros, incluindo cerca de cinquenta dos seus melhores profissionais com Ph.D., imbuídos na tarefa de se manter à frente dos vigaristas. E aquele garoto vinha falar sobre "bons e maus sujeitos" como se fosse o primeiro a descobrir o problema.

— Parece bom — disse Thompson, não sem algum constrangimento. — Como vocês fazem isso?

— As pessoas boas deixam pistas de si mesmas na internet... pegadas digitais... porque não têm nada a esconder — continuou Shvat com seu inglês carregado de sotaque. — As pessoas más não deixam pistas, porque tentam se esconder. Tudo o que fazemos é procurar as pegadas. Se puder encontrá-las, você será capaz de minimizar o risco a um nível aceitável e endossá-lo. É realmente simples assim.

Thompson estava começando a pensar que aquele sujeito de nome estranho não vinha de outro país, mas de outro planeta. Será que aquele rapaz não sabia que combater fraudes é um processo laborioso que envolve a verificação de antecedentes; que o progresso é lento e difícil por entre históricos creditícios; que depende da elaboração de sofisticados algoritmos para determinar a confiabilidade? Não se pode entrar na NASA e dizer: "Para que construir todas essas espaçonaves sofisticadas quando tudo o que precisam é de um estilingue."

Ainda assim, por respeito à Benchmark, Thompson pensou que poderia conceder mais alguns minutos a Shaked.

— E onde vocês aprenderam a fazer isso? — indagou.

— Caçando terroristas — respondeu Shaked indiferente. — A nossa unidade no exército tinha como objetivo ajudar a capturar terroristas rastreando suas atividades on-line. Os terroristas movimentam dinheiro na rede com identidades fictícias. O nosso trabalho era encontrá-los on-line.

Thompson já ouvira o bastante daquele "caçador de terroristas", na verdade, até demais, mas tinha uma saída simples.

— Vocês experimentaram isso alguma vez?

— Sim — disse Shvat com uma segurança imperturbável. — Experimentamos o método em milhares de transações e acertamos todas as vezes, a não ser em quatro ocasiões.

Nação empreendedora

"Ah, sei", pensou Thompson consigo. Mas não pôde evitar mais um pouquinho de curiosidade. E quanto tempo isso demorou? — perguntou.

Shaked disse que sua empresa havia analisado 40 mil transações ao longo de cinco anos desde que fora fundada.

— Muito bem, façamos o seguinte — disse Thompson ao propor um teste para Shvat. A PayPal daria à Fraud Sciences 100 mil transações para que fossem reanalisadas. Eram operações de clientes reais que a PayPal já havia processado. Alguns dados pessoais precisariam ser obviamente omitidos por razões de privacidade legal, o que dificultaria ainda mais o trabalho do jovem. Thompson concluiu, dizendo: — Veja o que pode fazer e nos devolva o material. Então, faremos a comparação dos resultados.

Uma vez que a empresa iniciante de Shvat levara cinco anos para analisar suas primeiras 40 mil transações, Thompson calculou que não tornaria a ver o garoto tão cedo. Mas não estava pedindo nada injusto. Aquele era o tipo de escala necessário para determinar se o sistema aparentemente estranho valeria alguma coisa no mundo real.

As 40 mil transações que a Fraud Sciences processara anteriormente haviam sido trabalhadas manualmente. Shaked sabia que, para vencer o desafio da PayPal, precisaria automatizar seu sistema para ser capaz de manipular todo aquele volume de informações sem comprometer a confiabilidade do processo, destrinchando as transações em tempo recorde. Isso significava pegar o sistema testado ao longo de cinco anos e simplesmente virá-lo de cabeça para baixo rapidamente.

Thompson entregou os dados das transações a Shvat em uma quinta-feira. "Pensei que tivesse escapado da Benchmark", recordou ele. "Nunca mais ouviríamos falar de Shvat novamente, ou, pelo menos, por alguns meses." Então, ele ficou surpreso quando recebeu um e-mail de Israel já no domingo, com uma única palavra: "Terminamos."

Thompson não acreditou. Na segunda-feira pela manhã, a primeira coisa que fez ao chegar na empresa foi entregar os resultados da Fraud Sciences para que sua equipe de Ph.Ds os analisasse; o grupo demoraria mais de uma semana para comparar os resultados com os da PayPal, mas já na quarta-feira os técnicos de Thompson estavam impressionados com o que tinham testemunhado até ali. Shaked e sua pequena equipe tinham produzido resultados mais precisos do que a PayPal num período menor e partindo de dados incompletos. A diferença foi particularmente mais pronunciada nas transações mais problemáticas para a PayPal – a categoria de candidatos a clientes que a PayPal inicialmente rejeitara – nas quais a Fraud Sciences alcançou um desempenho 17% melhor. "A rejeição daqueles possíveis clientes poderia ser corrigida agora que a PayPal tinha acesso a relatórios de crédito mais recentes", disse Thompson, admitindo o erro. "Eles são bons clientes. Nunca devíamos tê-los rejeitado. Nosso sistema os deixara escapar. Mas como, afinal, não haviam escapado do sistema de Shaked?"

Thompson percebeu que estava diante de uma ferramenta verdadeiramente original contra fraudes. Com menos dados ainda do que a PayPal, a Fraud Sciences era capaz de prever com maior exatidão quem se revelaria ou não um bom cliente. "Fiquei ali sentado, sem saber o que dizer", recordou-se Thompson. "Não conseguia entender. Éramos os melhores no gerenciamento de riscos. Como é que aquela empresa com 55 pessoas em Israel, com uma teoria maluca sobre 'bons e maus sujeitos', conseguira nos superar?" Thompson calculou que a Fraud Sciences encontrava-se cinco anos à frente da PayPal em eficácia do sistema. A empresa em que estivera anteriormente, a Visa, nunca seria capaz de chegar a tal raciocínio mesmo que tivesse dez a quinze anos para trabalhar no assunto.

Thompson sabia o que precisava dizer à Benchmark: a PayPal não poderia correr o risco de permitir que a concorrência tivesse acesso àquela avançada tecnologia. A Fraud Science não era uma empresa na qual a Benchmark devesse investir, mas uma companhia que a própria PayPal precisaria adquirir imediatamente.

Thompson procurou a CEO do eBay, Meg Whitman, para deixá-la a par do que estava acontecendo. "Eu disse ao Scott que era impossível", contou-nos Whitman. "Éramos a empresa líder do mercado. De onde, afinal, surgira aquela empresa minúscula?" Thompson e sua equipe de Ph.Ds mostraram-lhe os resultados. Ela ficou assombrada.

Naquele momento, Thompson e Whitman tinham nas mãos um problema verdadeiramente inesperado. O que diriam a Shvat? Se Thompson

Nação empreendedora

dissesse àquele jovem empreendedor que ele e sua empresa haviam conseguido superar a líder do setor, eles logo perceberiam que tinham nas mãos algo de valor inestimável. Thompson sabia que a PayPal precisava comprar a Fraud Sciences, mas como comunicaria os resultados do teste a Shvat sem fazer com que o preço da empresa disparasse, prejudicando a posição da PayPal na negociação?

Então ele procurou ganhar tempo. Respondeu aos e-mails ansiosos de Shvat dizendo que a PayPal precisava de mais tempo para análise. Finalmente, alegou que participaria os resultados pessoalmente da próxima vez que a equipe da Fraud Sciences fosse a San Jose, esperando conseguir mais tempo. Contudo, poucos dias depois Shvat batia à porta de Thompson.

O que Thompson não sabia, porém, era que os fundadores da Fraud Sciences — Shaked e Saar Wilf, que haviam servido juntos no exército de Israel, numa unidade de informações de elite chamada 8.200 — não estavam interessados em vender a sua empresa para a PayPal. Eles só queriam a aprovação de Thompson enquanto analisavam uma lista de requisitos de análise de informações comerciais para avaliar os riscos efetivos e potenciais do investimento para a Benchmark Capital.

Thompson voltou a Meg:

— Precisamos tomar uma decisão. Eles estão aqui.

Ela lhe deu sinal verde:

— Vamos comprá-la.

Depois de uma rápida avaliação, eles ofereceram 79 milhões de dólares. Shaked declinou. A diretoria da Fraud Sciences, que incluía a empresa de investimento de risco israelense BRM Capital, acreditava que a empresa valesse no mínimo 200 milhões de dólares.

Eli Barkat, um dos sócios fundadores da BRM, explicou-nos a sua teoria por trás do valor futuro da empresa: "A primeira geração de tecnologia de segurança oferecia proteção contra a invasão de PCs por um vírus. A segunda geração desenvolveu uma barreira batizada como *firewall* contra hackers." Barkat conhecia bem tais ameaças, já que fundara e desenvolvera empresas que ofereciam proteção contra elas. Uma dessas empresas, a Checkpoint — uma companhia israelense também iniciada por jovens egressos da Unidade 8.200 –, vale hoje 5 bilhões de dólares, é negociada publicamente no Nasdaq e inclui entre seus clientes a maioria das 100 empresas listadas na Fortune e a maioria dos governos de todo o mundo. A terceira geração da segurança oferecia proteção contra a atividade dos hackers na atividade do comércio eletrônico. "E esse seria o maior mercado já existente", contou-nos Barkat, "porque, até então, os hackers estavam somente se divertindo – era um hobby. Entretanto, com a decolagem do comércio eletrônico, eles poderiam ganhar dinheiro de verdade."

Barkat também acreditava que a Fraud Sciences tinha a melhor equipe e a melhor tecnologia para a defesa contra fraudes na internet e nos cartões de crédito. "Você precisa entender a mentalidade israelense", disse ele. "Quando se está acostumado a desenvolver tecnologias para achar terroristas – quando inúmeras vidas inocentes pesam na balança – encontrar ladrões torna-se bem mais simples."

Depois de negociações que duraram apenas alguns dias, eles chegaram a um acordo no valor de 169 milhões de dólares. Thompson contou-nos que a equipe da PayPal pensava que poderia safar-se com um preço baixo. Quando o processo de negociação começou, e Shaked ficou firme no número mais alto, Thompson presumiu que fosse apenas um blefe. "Nunca tinha visto uma expressão tão convincente nem mesmo em um jogador de pôquer. Ele estava totalmente sério. Os sujeitos da Fraud Sciences tinham uma ideia perfeita de quanto valia sua empresa. Não eram profissionais de vendas, mas não estavam exagerando. Shaked simplesmente não se desviou da proposta. Em suma, ele nos disse: 'Trata-se da nossa solução, e sabemos que é a melhor. É isso o que achamos que a empresa vale, e ponto final.' Aquele rapaz transmitia uma segurança e um nível de autenticidade raramente vistos."

Pouco tempo depois, Thompson estava em um avião para visitar a empresa que acabara de comprar. Durante a última etapa do voo de 24 horas que partira de San Francisco, cerca de 45 minutos antes de pousar, enquanto bebericava um cafezinho para acordar, ocorreu-lhe olhar para a tela no anteparo onde se exibia a trajetória do avião sobre um mapa. Ali acompanhou a figura do aviãozinho em sua trajetória final antes de pousar em Tel Aviv. Estava tudo bem até ele perceber o que mais havia naquele mapa, que agora mostrava apenas os lugares que estavam bem próximos. Ali estavam visíveis os nomes dos países da região e de suas capitais, distribuídos em um círculo ao redor de Israel: Beirute, Líbano; Damasco, Síria; Amã, Jordânia; e Cairo, Egito. Por um instante, ele entrou em pânico: "Comprei uma empresa ali? Estou voando para uma zona de guerra!" É claro que ele sabia de antemão quem eram os vizinhos de Israel, mas não se dera conta de como Israel era pequeno e como aqueles vizinhos estavam próximos. "Foi como se eu estivesse voando para Nova York e de repente visse o Irã onde deveria ser Nova Jersey", recordou ele.

Contudo, depois que desembarcou do avião, não demorou muito para se sentir mais à vontade naquele lugar chocantemente pouco familiar, mas que o recebeu com algumas surpresas agradáveis. A sua primeira impressão mais forte foi no estacionamento da Fraud Sciences, onde todos os automóveis exibiam um adesivo da PayPal no para-choque. "Jamais se vê esse tipo de orgulho ou entusiasmo em uma empresa norte-americana", comentou.

Outra coisa que sensibilizou Thompson foi o comportamento dos funcionários da Fraud Sciences durante a reunião geral na qual ele se pronunciaria. Todos os rostos se mantiveram fixos nele. Não se via ninguém ao celular, distraído ou sonolento. A intensidade aumentou ainda mais quando ele deu início à sessão de debate: "Todas as perguntas eram inteligentes. Eu realmente comecei a ficar nervoso naquele momento. Nunca ouvira tantas observações não convencionais em sequência. E não se tratava de pessoas do meu nível hierárquico ou de supervisores, mas de funcionários da base da empresa. Eles não mostravam nenhuma inibição em questionar a lógica por trás da maneira como vínhamos fazendo as coisas na PayPal ao longo dos anos. Nunca tinha visto aquele tipo de atitude totalmente desprendida, desembaraçada e concentrada. Surpreendi-me pensando: 'Quem trabalha para quem?'"

O que Scott Thompson estava vivenciando era a sua primeira dose do *chutzpah* israelense. De acordo com a explicação do erudito judeu Leo Rosten para o termo em iídiche – a língua eslavo-germânica ainda bem viva da qual o hebraico tomou emprestada a palavra –, *chutzpah* significa "desplante, atrevimento, ousadia, incrível firmeza de caráter, além de um misto de presunção e arrogância a que nenhuma outra palavra, em nenhuma outra língua, pode fazer justiça".[2] Alguém de fora identificaria o *chutzpah* por toda parte em Israel – na maneira como os estudantes universitários falam com os professores, os funcionários desafiam os chefes, os sargentos questionam os generais e os secretários advertem ministros do governo. Para os israelenses, porém, isso não é *chutzpah*, mas seu jeito natural de ser. Em algum momento da vida –, em casa, na escola ou no exército –, os israelenses aprendem que a assertividade é a norma, enquanto a indecisão é algo que pode deixá-lo para trás.

Isso fica evidente até mesmo nas formas populares de tratamento em Israel. Jon Medved, um empreendedor e investidor de capital de risco em Israel, gosta de citar o que chama de "barômetro do apelido": "Pode-se inferir muito sobre uma sociedade com base no modo como |seus integrantes| se referem às suas elites. Israel é o único lugar do mundo onde todos que ocupam posição de poder – incluindo primeiros-ministros e generais das forças armadas – têm um apelido usado por todos, incluindo as massas."

O atual e o ex-primeiro-ministro de Israel, Benyamin Netanyahu e Ariel Sharon, são, respectivamente, "Bibi" e "Arik". Um ex-líder do Partido Trabalhista é Benyamin "Füad" Ben-Eliezer. Um recente ex-chefe do Estado-Maior das Forças de Defesa de Israel (FDI) é Moshe "Papão" Yaalon. Na década de 1980, o lendário chefe das FDI era Moshe "Moshe Ve'hetzi" (Moshe-e-Meio) Levi – ele tinha 1,86 metro de altura. Outros ex-chefes das FDI na história israelense foram Rehavam "Ghandi" Zeevi, David "Dado" Elazar e Rafael "Raful" Eitan. O fundador do Partido Shinui é Yosef "Tommy" Lapid. Um dos principais ministros do atual governo israelense é Isaac "Besourinho" Herzog. Esses apelidos não são usados pelas costas dessas autoridades, mas abertamente, e por todo mundo. "Isso", sustenta Medved, 'representa o nível de informalidade de Israel'.

A atitude e a informalidade israelenses decorrem também de uma tolerância cultural ao que alguns israelenses chamam de "falhas construtivas" ou "falhas inteligentes". A maioria dos investidores locais acredita que, sem tolerar um grande número dessas falhas, é impossível inculcar a verdadeira inovação. Nas forças armadas israelenses, há uma

Nação empreendedora

tendência a tratar todo desempenho – bem ou malsucedido – em treinamentos ou simulações, e às vezes até mesmo em batalha, como um valor neutro. Desde que se assuma o risco com inteligência, e não de maneira descuidada ou imprudente, sempre haverá algo a aprender.

Como diz o professor Loren Gary, da Faculdade de Administração de Empresas de Harvard, é fundamental distinguir entre "um experimento bem-planejado e uma rodada de roleta-russa".[3] Em Israel, essa distinção é estabelecida desde cedo na instrução militar. "Não incentivamos excessivamente ninguém a ter um bom desempenho; em contrapartida, não 'queimamos' ninguém permanentemente por um mau desempenho", contou-nos um instrutor da Força Aérea.[4]

Na verdade, um estudo de 2006 da Faculdade de Administração de Harvard mostra que os empreendedores que fracassaram num empreendimento anterior têm quase um quinto de chance de sucesso em sua próxima iniciativa – índice de sucesso superior ao dos empreendedores de primeira viagem e apenas ligeiramente inferior ao dos empreendedores que têm um histórico de sucesso.[5]

Em A *geografia da felicidade: uma viagem por quatro continentes para descobrir os segredos da alegria de viver* (Agir, 2009), o escritor Eric Weiner cita outro país com uma elevada tolerância ao fracasso – como "uma nação de ressuscitados, embora não no sentido religioso".[6] Isso certamente se aplica às leis israelenses em relação à falência e à constituição de novas empresas, o que faz do país o lugar mais fácil do Oriente Médio – e um dos mais fáceis do mundo – para criar uma nova empresa, mesmo que a sua anterior tenha ido à falência. Mas isso também contribui para uma sensação de que os israelenses estão sempre apressados, esfalfando-se à procura de uma nova oportunidade.

Os recém-chegados a Israel geralmente acham o seu povo rude. Sem constrangimento, os israelenses perguntam a idade a pessoas que mal conhecem, quanto custou o seu automóvel ou apartamento; chegam mesmo ao ponto de dizer aos pais de crianças pequenas – em geral totais estranhos na calçada ou no mercado – que não estão vestindo os filhos adequadamente de acordo com o clima. O que se diz a respeito dos judeus – dois judeus, três opiniões – certamente se aplica aos israelenses.

As pessoas que não gostam desse tipo de franqueza podem achar Israel desinteressante, mas as outras consideram o país estimulante e curioso, além de sincero.

"Nós agimos à moda israelense; discutimos o problema até esgotá-lo completamente."[7] É assim que Shmuel "Mooly" Eden (ele também tem um apelido) resume eloquentemente uma discussão histórica entre os altos executivos da Intel em Santa Clara e sua equipe israelense. Esse também foi um estudo de caso relativo ao *chutzpah*.

A sobrevivência da Intel dependeria dos seus resultados. Mas aquela disputa feroz durante meses não dizia respeito apenas à Intel; ela determinaria se o onipresente computador portátil (laptop) — atualmente considerado um instrumento básico — chegaria a existir.

Eden é um líder da operação israelense da Intel — o maior empregador do setor privado do país — que atualmente exporta 1,53 bilhão de dólares ao ano.[8] Ele nos contou a história da Intel em Israel e comentou sobre as batalhas dessa empresa com o país.

Ao longo da maior parte da história da computação moderna, a velocidade do processamento de dados — quanto tempo o seu computador leva para fazer qualquer operação — foi determinada pela velocidade dos transistores de um chip (circuito integrado). Os transistores são dispositivos que ligam e desligam, e a ordem na qual fazem isso produz um código — um sistema muito semelhante ao modo como se usam as letras para formar palavras. Em conjunto, as milhões de alternâncias entre ligado e desligado podem registrar e manipular dados de inúmeras maneiras. Quanto mais rápido os transistores forem ligados e desligados (a "velocidade de operação" dos transistores), mais potentes são os softwares que podem ser utilizados. Isso transformou os computadores de glorificadas calculadoras em máquinas de entretenimento e empreendimentos multimídia.

No entanto, até a década de 1970, os computadores eram usados predominantemente por cientistas espaciais e grandes universidades. Alguns computadores ocupavam salas inteiras ou até mesmo prédios. A ideia de ter um computador em cima da escrivaninha, no escritório ou em casa era coisa de ficção científica. Mas tudo isso começou a mudar em

Nação empreendedora

1980, quando a equipe de Haifa, da Intel, desenvolveu o chip 8.088, cujos transistores eram capazes de ligar/desligar quase 5 milhões de vezes por segundo (4,77 mega-hertz) e eram pequenos o bastante para permitir a criação de computadores que cabiam tanto em casa quanto no escritório.

A IBM escolheu o chip 8.088 de Israel como o cérebro do seu primeiro "computador pessoal", o PC (de *personal computer*), inaugurando uma nova era da computação. Aquilo foi também um importante avanço para a Intel. De acordo com o jornalista Michael Malone, "com o contrato da IBM, a Intel ganhou a guerra dos microprocessadores".[9]

Daí em diante, a tecnologia da computação continuou a se utilizar de mecanismos cada vez menores e a se tornar cada vez mais rápida. Em 1986, a única fábrica estrangeira de chips da Intel produzia o chip 386. Construído em Jerusalém, sua velocidade de processamento era de 33 mega-hertz. Embora com uma pequena fração da velocidade dos chips atuais, a Intel o chamou de "fulgurante" – ele era mais de seis vezes mais rápido do que o 8.088. A empresa estava firmemente no caminho imaginado por um dos seus fundadores, Gordon Moore, que previu que o setor encolheria os transistores à metade do seu tamanho a cada dezoito ou 24 meses, praticamente duplicando a velocidade do processador. Essa redução constante foi apelidada de "Lei de Moore", e a indústria do chip desenvolveu-se em torno desse desafio produzindo chips cada vez mais rápidos. A IBM, a Wall Street e a imprensa especializada também entenderam o conceito – a velocidade de operação e o tamanho passaram a ser o seu modo de mensurar o valor dos novos chips.

Essa situação persistiu até bem próximo de 2000, quando outro fator entrou na composição: a energia. Os chips estavam ficando cada vez menores e mais rápidos, exatamente como Moore previra, mas, conforme isso acontecia, eles também consumiam mais energia e geravam mais calor. O superaquecimento dos chips logo tornou-se um problema decisivo. A solução óbvia foi um ventilador, mas, no caso dos laptops, o ventilador necessário para resfriar os chips seria grande demais para se adaptar. Os especialistas do setor apelidaram esse beco sem saída de "a barreira da energia".

A equipe israelense da Intel foi o primeiro grupo dentro da empresa a perceber tal oportunidade. Nas instalações da Intel em Haifa, muitas noites foram enfrentadas com cafezinhos quentes, comida para viagem totalmente fria e sessões de *brainstorming* dedicadas única e exclusivamente a descobrir como contornar a barreira da energia. A equipe israelense preocupava-se mais do que ninguém com o que o setor chamava de "mobilidade" e projetava chips para laptops e, por fim, para todos os tipos de aparelhos portáteis de fácil mobilidade. Percebendo tal tendência, a Intel atribuiu à sua filial israelense a responsabilidade de projetar chips para os aparelhos portáteis de toda a empresa.

Mesmo com essa responsabilidade, os israelenses ainda resistiram a se enquadrar no estilo predominante na Intel. "O grupo de desenvolvimento em Israel, mesmo antes de ser definido como responsável pela mobilidade, insistia em ideias que contrariavam o pensamento vigente na Intel", explicou o chefe da Intel de Israel, David "Dadi" Perlmutter, formado no Technion (o MIT israelense), que começou projetando chips na Intel israelense em 1980.[10] Uma daquelas ideias não convencionais era uma maneira de contornar a barreira da energia. Rony Friedman era um dos engenheiros de alto escalão da Intel de Israel na época. Somente por diversão, ele vinha se dedicando à mecânica de produção de chips de baixa energia, o que contrariava frontalmente a ortodoxia prevalecente de que o único modo de produzir chips mais rápidos era fazendo passar mais energia pelos seus transistores. Aquilo, pensava ele, era mais ou menos como fazer um automóvel andar mais rápido aumentado as revoluções do seu motor. Definitivamente, havia uma relação entre a velocidade do motor e a velocidade do automóvel, mas a certa altura o motor funcionaria rápido demais, esquentaria excessivamente e o automóvel precisaria reduzir a velocidade.[11]

Friedman e a equipe israelense perceberam que a solução para o problema era algo parecido com o sistema de engrenagens de um automóvel: se fosse possível mudar as engrenagens, seria possível fazer o motor funcionar mais lentamente enquanto o automóvel andaria mais rápido. Em um chip, isso seria alcançado de maneira diferente, dividindo as instruções nele introduzidas. O efeito, porém, seria semelhante: os transistores dos chips de baixa energia da Intel de Israel não precisavam ligar e desligar tão rápido, ainda que, num processo análogo a aumentar

Nação empreendedora

a marcha do automóvel, fossem capazes de fazer funcionar mais rapidamente o programa de computador.

Quando apresentaram euforicamente sua inovação à sede da empresa em Santa Clara, os integrantes da equipe da Intel de Israel pensaram que os seus chefes ficariam empolgados. O que poderia ser melhor do que um automóvel que anda mais rapidamente sem superaquecer? Ainda assim, o que a equipe israelense via como um bem – o motor girando mais lentamente – a sede via como um grande problema. Afinal, todo o setor media a potência dos chips pela rapidez com que o motor girava: sua velocidade operacional.

Não importava que os chips israelenses fizessem os programas funcionar mais rápido. O motor do computador – composto dos transistores dos seus chips – não ligava e desligava rapidamente o bastante. Os analistas de Wall Street opinavam sobre a atratividade (ou repulsividade) das ações da Intel com base no desempenho segundo este parâmetro: velocidade operacional mais rápida... compre; velocidade operacional mais lenta... venda. Tentar persuadir o setor e a imprensa de que essa métrica era obsoleta não teria a menor chance de sucesso. Esse era especialmente o caso por que a própria Intel criara – por meio da Lei de Moore – o vínculo pavloviano* do setor à velocidade operacional. Era o mesmo que tentar convencer a Ford a desistir de sua busca por mais cavalos-vapor ou dizer à Tiffany's que o número de quilates em um anel não importa.

"Não seguíamos o pensamento dominante de que a velocidade operacional era soberana, portanto, estávamos fora", recordou-se Rony Freidman, de Israel.[12]

O chefe da divisão de chips da Intel, Paul Otellini, tentou suspender todo o projeto. A doutrina da velocidade operacional era venerada pela cúpula da empresa, que simplesmente não se disporia a conduzir um seminário reunindo os grupos para decidir sobre sua eventual mudança.

O "seminário" faz parte de uma cultura que os israelenses conhecem bem e que remonta à fundação do Estado. Durante aproximadamente dois meses, do fim de março até o final de maio de 1947, David Ben Gurion –

---

* Referência ao fisiologista russo Ivan Petrovich Pavlov, ganhador do Prêmio Nobel de Medicina em 1904. Ele é o responsável por estabelecer o conceito de Condicionamento Básico. (N.E.)

o George Washington de Israel – conduziu uma investigação minuciosa sobre a prontidão militar da Palestina judaica, num ato de precaução em face da guerra que sabia que aconteceria quando Israel declarasse sua independência. Ele passou dias e noites reunindo-se com os militares, sondando e ouvindo todos os níveis da hierarquia. Mais de seis meses antes de os EUA aprovarem o seu plano de partilha para a divisão da Palestina em um Estado judeu e outro árabe, Ben Gurion estava perfeitamente consciente de que a fase seguinte no conflito árabe-israelense seria muito diferente da guerra em que as milícias a favor do Estado judeu haviam lutado; seria preciso recuar no meio da luta em andamento e estudar as ameaças que se avizinhavam contra sua existência.

Ao final do encontro, Ben Gurion escreveu sobre a confiança dos homens na sua prontidão: "Precisamos realizar um trabalho difícil – desentranhar do coração dos homens que estão próximos à questão a crença de que têm alguma coisa. Na verdade, eles não têm nada, apenas boa vontade e recursos ocultos, mas precisam saber: para fazer um sapato é preciso estudar as técnicas de sapataria."[13]

Otellini, da Intel, não sabia, mas sua equipe israelense estava lhe dando um recado parecido. Seus integrantes viam que a Intel estava dominada pela "barreira da energia" e, em vez de esperar para se chocar contra ela, os israelenses queriam que Otellini a evitasse recuando, descartando o pensamento convencional e considerando uma mudança fundamental no ponto de vista tecnológico da empresa.

Os executivos de Santa Clara já estavam prontos para "esganar" a equipe israelense, de acordo com alguns daqueles que foram alvo do "aporrinhamento" da Intel de Israel. Os israelenses viajavam com tamanha frequência entre Tel Aviv e a Califórnia que parecia que estavam sempre lá, prontos para encurralar um executivo no corredor ou no banheiro – tudo para defender o seu ponto de vista. David Perlmutter passava uma semana por mês na sede de Santa Clara e usava grande parte do seu tempo para insistir na defesa da equipe israelense.[14]

Uma questão que os israelenses tentavam defender era que, embora fosse um risco abandonar a doutrina da velocidade operacional, prender-se a ela era um risco ainda maior. Dov Frohman, o fundador da Intel

Nação empreendedora

israelense, declarou posteriormente que, quando se cria uma verdadeira cultura de inovação, "o medo de perder geralmente parece mais forte do que a esperança de ganhar".

Frohman, já há um longo tempo, tentava cultivar uma cultura de questionamento e discussão na Intel Israel e tinha esperança de que esse *éthos* contagiasse Santa Clara: "A meta de um líder", disse ele, "deve ser maximizar a resistência – no sentido de encorajar o questionamento e o não conformismo. Quando uma organização está em crise, a falta de resistência pode ser um grande problema. Ela pode significar que a mudança que você está tentando criar não é radical o bastante ou que a oposição passou a ser clandestina. Se você nem mesmo estiver ciente de que as pessoas na organização discordam do seu ponto de vista, estará em enormes dificuldades."

Na época, os israelenses resistiram mais – e questionaram mais – do que os seus supervisores norte-americanos. "Cada vez que os israelenses apareciam, tinham pesquisas e dados mais apurados", recordou-se um executivo da Intel. Logo, eles tinham um caso aparentemente indestrutível sobre os rumos do setor. Segundo os israelenses, ou a Intel seguia naquela direção ou se tornaria obsoleta.

Finalmente, já então como CEO, Otellini mudou de opinião. Tornara-se impossível refutar as esmagadoras pesquisas dos israelenses – para não mencionar a sua persistência. Em março de 2003, o novo chip – apelidado Banias, em referência a uma fonte natural ao norte de Israel – foi disponibilizado e distribuído como chip Centrino para laptops. Sua velocidade operacional era apenas um pouco maior do que a metade dos 2,8 giga-hertz dos soberanos chips Pentium para PCs, mas eram comercializados por mais que o dobro do preço, já que proporcionavam aos usuários de laptops a portabilidade e a velocidade de que precisavam.

A mudança para o modelo criado pelos israelenses veio a ser conhecida na Intel, e em todo o setor, como a "grande guinada", uma vez que se tratava de uma mudança brusca no modelo clássico de simplesmente procurar uma velocidade operacional cada vez maior sem considerar o subsequente aquecimento ou as exigências de energia. A Intel começou a aplicar o paradigma da "grande guinada" não somente aos chips para laptops, mas também àqueles destinados aos PCs. Em retrospectiva, o mais impressionante a se considerar na campanha da Intel de Israel em favor do novo modelo é o fato de que ela estava apenas fazendo o seu trabalho. Seu pessoal se preocupava com o futuro da empresa como um todo; a luta não era para vencer uma batalha dentro da Intel, mas para vencer a guerra contra a concorrência.

Em consequência disso, o novo modelo criado pelos israelenses, uma vez originado dentro da empresa, foi um sucesso fenomenal, que se tornou a base de um crescimento de 13% nas vendas de 2003 a 2005. Porém, a Intel ainda não percebia com clareza as ameaças do setor. Apesar do sucesso inicial, em 2006, um nova competição fez com que a participação da Intel no mercado despencasse 42%, ao mesmo tempo que a empresa abaixava seus preços para manter sua posição dominante.[15]

O desfecho positivo, porém, ocorreu no final de julho de 2006 quando do Otellini apresentou os chips Core 2 Duo, os sucessores da Intel para o Pentium. Os Core 2 Duo aplicavam o conceito israelense da "grande guinada", além de outra invenção israelense denominada "processamento dual core", que acelerava ainda mais os chips. "Esses são os melhores microprocessadores que já desenvolvemos e fabricamos", disse ele a um público de quinhentas pessoas em uma barraca festiva na sede da Intel em Santa Clara. "Não se trata apenas de uma mudança incremental; trata-se de um salto revolucionário." As telas iluminaram--se com as imagens dos engenheiros e técnicos orgulhosos por trás do novo chip; eles participavam da comemoração via satélite, de Haifa, Israel. Embora as ações da Intel tivessem caído 19% ao longo de todo o ano, elas apresentaram um salto positivo de 16% após o anúncio de julho. Dentro de um período de cem dias, a Intel passou a distribuir quarenta novos tipos de processadores, a maioria deles com base na criação da equipe israelense.

"É inacreditável que, apenas alguns anos antes, estivéssemos desenvolvendo algo que ninguém queria", diz Friedman, que continua sediado em Haifa, mas que atualmente chefia as equipes de desenvolvimento da Intel ao redor do mundo. "Atualmente, produzimos processadores que devem gerar a maior parte da receita da Intel — não podemos falhar."

O que começara com um posto avançado a um oceano de distância tinha se tornado a tábua de salvação da Intel. Como observou Doug Freedman, um analista da American Technology Research, "a equipe israelense salvou a empresa". Se os desenvolvedores de nível médio da fábrica de Haifa não tivessem contestado seus superiores dentro da empresa, atualmente a posição mundial da Intel seria muito reduzida.

A busca da Intel de Israel por um meio de contornar a barreira da energia também produziu outro dividendo. Não costumamos pensar que os computadores gastem uma grande quantidade de eletricidade – afinal nós os deixamos ligados o tempo todo – mas, coletivamente, eles gastam. O executivo da área de "ecotecnologia" da Intel, John Skinner, calculou a quantidade de energia que os chips da Intel consumiriam se a empresa os continuasse desenvolvendo da mesma maneira em vez de dar a "guinada à direita" ao adotar o modelo de baixa energia da equipe israelense: uma economia de 20 tera-watts-hora de eletricidade ao longo de um período de dois anos e meio. Essa é a quantidade de energia necessária para acionar 22 milhões de bulbos de 100 watts durante um ano inteiro, 24 horas por dia, 7 dias por semana.

> Calculamos uma economia de cerca de 2 bilhões de dólares em gastos com eletricidade. [...] Isso equivale a um pequeno número de usinas elétricas alimentadas a carvão ou a tirar alguns milhões de automóveis das ruas. [...] Estamos muito orgulhosos por conseguir reduzir drasticamente as marcas de dióxido de carbono deixadas pela nossa empresa.[16]

A importância histórica da Intel de Israel não está, porém, apenas no fato de a equipe de Haifa ter encontrado uma solução revolucionária que produziu uma guinada na empresa. Uma boa ideia sozinha não poderia ter saído vitoriosa contra uma equipe administrativa aparentemente intransigente. Foi preciso haver a disposição de envolver as autoridades superiores em vez de simplesmente seguir as diretrizes estabelecidas de modo vertical. De onde veio essa ousadia?

Dadi Perlmutter lembra-se do choque de um colega norte-americano ao tomar contato com a cultura empresarial israelense pela primeira vez. "Quando saímos todos [da nossa reunião], de rosto afogueado depois de tanto gritar, ele me perguntou o que havia saído errado. Eu respondi: 'Nada. Chegamos a algumas boas conclusões'."

Esse tipo de discussão acalorada é um anátema nas outras culturas empresariais, mas para os israelenses costuma ser encarado como a melhor maneira de solucionar um problema. "Quando você consegue superar a primeira ofensa ao ego", contou-nos um investidor norte-americano em novas empresas israelenses, explicando:

> Isso o liberta imensamente. Você raramente vê as pessoas falando das outras por trás nas empresas israelenses. E sempre sabe seu modo de pensar em relação a todo mundo. Isso elimina todo aquele tempo perdido com bobagens.

Tempos depois, Perlmutter se mudaria para Santa Clara para se tornar o vice-presidente-executivo da Intel, responsável pela computação móvel. Sua divisão produz cerca da metade da receita da empresa. Ele diz: "Toda vez que volto a Israel, é como se estivesse voltando para a velha cultura da Intel. As coisas são mais fáceis em um país onde a cortesia é menos valorizada."

As diferenças culturais entre Israel e os EUA realmente são tão grandes que, para superá-las, a Intel começou a promover "seminários interculturais". "Depois de morar nos EUA por cinco anos, posso dizer que o mais interessante em relação aos israelenses é a sua cultura. Os israelenses não têm uma cultura muito disciplinada. Desde que nascemos, somos educados para questionar o óbvio, fazer perguntas, discutir tudo, inovar", diz Mooly Eden, que conduz esses seminários.

Em consequência disso, acrescenta ele, "é mais complicado gerenciar cinco israelenses do que cinquenta norte-americanos, porque eles [os israelenses] irão questioná-lo o tempo todo – começando com a pergunta básica: 'por que você é o meu gerente e eu não sou o seu gerente?'"[17]

Nação empreendedora

Notas

1. As informações sobre a parte a seguir foram tiradas de entrevistas com Scott Thompson, presidente da PayPal, outubro de 2008 e janeiro de 2009; Meg Whitman, ex-presidente e CEO do eBay, setembro de 2008; e Eli Barkat, presidente e cofundador, BRM Group, e investidor original na Fraud Sciences, janeiro de 2009.
2. Leo Rosten, *The joys of yiddish* (Nova York: McGraw-Hill, 1968), p. 5.
3. Loren Gary, The right kind of failure, *Harvard Management Update*, 1° de janeiro de 2002.
4. Entrevista não oficial com o instrutor *trainer* da Força Aérea israelense, maio de 2008.
5. Paul Gompers, Anna Kovner, Josh Lerner e David S. Scharfstein, Skill vs. luck in entrepreneurship and venture capital: evidence from serial entrepreneurs, relatório de estudo 12592, National Bureau of Economic Research, outubro de 2006, <http://imio.haas.berkley.edu/ williamsonseminar/scharfstein041207.pdf>.
6. Eric Weiner, *The geography of bliss: one grump's search for the happiest places in the world* (Nova York: Twelve, 2008), p. 163.
7. Ian King, How Israel saved Intel, *Seattle Times*, 9 de abril de 2007.
8. Shahar Zadok, Intel dedicates fab 28 in kiryat gat, *Globes On-line*, 1° de julho de 2008.
9. Michael S. Malone, *Infinite loop: how apple, the world's most insanely great computer company, went insane* (Nova York: Doubleday Business, 1999); citado em Inside Intel: the art of Andy Grove, *Harvard Business School Bulletin*, dezembro de 2006.
10. David Perlmutter. "Intel beyond 2003: looking for its third act", de Robert A. Burgelman e Philip Meza, *Stanford Graduate School of Business*, 2003.
11. Entrevista com Shmuel Eden, vice-presidente e gerente geral, Mobile Platforms Group, Intel, novembro de 2008.
12. Ian King, Intel's israelis make chip to rescue company from profit plunge, *Bloomberg.com*, 28 de março de 2007.
13. Eliot A. Cohen, *Supreme command: soldiers, statesmen, and leadership in wartime* (Nova York: Free Press, 2002), p. 144.
14. Dov Frohman e Robert Howard, *Leadership the hard way: why leadership can't be taught and how Yyou can learn It anyway* (San Francisco: Jossey-Bass, 2008), p. 7.

15. Esta passagem baseia-se no artigo de Ian King, Intel's israelis make chip to rescue company from profit plunge, *Bloomberg.com*, 28 de março de 2007.

16. Energy savings: the right hand turn, apresentação em vídeo de John Skinner, Intel website, <http://video.intel.com/?fr_story=542de663 c9824ce580001de 5fba31591cd5b5cf3&rf=sitemap>.

17. Entrevista com Shmuel Eden.

Capítulo 2
Empreendedores no campo de batalha

O comandante de tanque israelense que lutou em uma das guerras sírias é o melhor executivo de engenharia do mundo. Os comandantes de tanque são operacionalmente os melhores e são extremamente preocupados com os detalhes. Essa constatação baseia-se em vinte anos de experiência — trabalhando com eles e observando-os.

—Eric Schmidt

Em 6 de outubro de 1973, enquanto o país inteiro estava parado no dia mais especial e santo do ano judeu, os exércitos do Egito e da Síria desencadearam a Guerra do Yom Kippur com um ataque em massa de surpresa. Em algumas horas, as forças egípcias romperam a linha defensiva de Israel ao longo do canal de Suez. A infantaria egípcia já dominava as bases de tanques para as quais as forças armadas israelenses deveriam correr em caso de ataque e centenas de tanques inimigos avançavam em seguida a esse assalto inicial.

Passaram-se apenas seis anos desde a maior vitória militar de Israel, a Guerra dos Seis Dias, uma campanha improvável que atraíra a atenção do mundo inteiro. Pouco antes daquela guerra, em 1967, parecia que o Estado judeu, com apenas dezenove anos de idade, seria esmagado pelos exércitos árabes, posicionados para invadir em todas as frentes. Então,

Nação empreendedora

em seis dias de batalha, Israel derrotou simultaneamente as forças egípcias, jordanianas e sírias e expandiu suas fronteiras com a tomada das colinas de Golan, da Síria, da Margem Ocidental e da Jerusalém Oriental, da Jordânia e da Faixa de Gaza e da península do Sinai, no Egito.

Isso tudo deu aos israelenses uma sensação de invencibilidade. Depois do que acontecera, ninguém imaginaria os estados árabes arriscando-se em outro ataque com todas as suas forças. Mesmo entre os militares, o sentimento era de que, se os árabes ousassem atacar, Israel venceria os seus exércitos tão rapidamente como fizera em 1967.

Assim, naquele dia de outubro de 1973, Israel não estava preparado para a guerra. A escassa linha de fortificações israelenses de frente para o canal de Suez não era páreo para a esmagadora invasão egípcia que se anunciava.

Atrás da linha de frente destruída, três brigadas de tanques israelenses posicionavam-se entre o avanço do exército egípcio e a região central israelense. Havia apenas uma brigada em posição próxima para o contra-ataque, e esta precisaria defender uma frente de 200 quilômetros com apenas 56 tanques.

Tal brigada era comandada pelo coronel Amnon Reshef. Quando ele partiu com os seus homens ao encontro dos egípcios invasores, Reshef viu seus tanques serem atingidos um após o outro. O mais estranho era o fato de não haver tanques inimigos egípcios ou armas antitanque à vista. Então, que tipo de dispositivo estaria eliminando seus homens?

A princípio, ele imaginou que os tanques estivessem sendo atingidos por granadas de lança-foguetes, ou RPGs*, o armamento manual clássico antitanque usado pelas forças de infantaria. Reshef e seus homens recuaram um pouco, como haviam aprendido no treinamento, de modo a ficar fora do alcance das RPGs. Mas os tanques continuavam explodindo. Os israelenses concluíram que estavam sendo atingidos por outro objeto – algo aparentemente invisível.

À medida que a batalha recrudescia, surgiu uma pista. Os operadores dos tanques que sobreviveram ao impacto relataram aos outros que não

---

* Sigla em inglês para *rocket-propelled grenades*. (N.T.)

50

viram nada, mas os que estavam próximo a eles testemunharam uma luz vermelha movendo-se na direção dos tanques alvejados. Os comandantes haviam descoberto a arma secreta egípcia: o Sagger.

Projetado por Sergei Pavlovich Nepobedimyi, cujo último nome significa literalmente "invencível" em russo, o Sagger foi criado em 1960. Inicialmente, a nova arma fora fornecida apenas aos países do Pacto de Varsóvia, mas posteriormente foi colocada em uso sistemático pelos exércitos egípcios e sírios durante a Guerra do Yom Kippur. O relato das FDI sobre suas perdas nas frentes tanto do sul quanto do norte incluiu 400 tanques destruídos e 600 incapacitados que somente retornaram à batalha depois de reparos. Dos 290 tanques da divisão do Sinai, 180 foram postos fora de combate no primeiro dia. O golpe à aura de invencibilidade das FDI foi considerável. Cerca de metade das perdas foram causadas pelas RPGs e a outra metade, pelo Sagger.

O Sagger era um míssil teleguiado por fibra óptica que podia ser disparado por um único soldado deitado no chão. Seu alcance – a distância na qual podia atingir e destruir um tanque – era de 3.000 metros, dez vezes mais que o de uma RPG. O Sagger era também muito mais potente.[1]

Cada atirador podia operar sozinho e não precisava sequer de um arbusto para se esconder – uma depressão rasa na areia do deserto bastava. O atirador somente precisava disparar na direção de um tanque e usar um controle do tipo joystick para guiar a luz vermelha na traseira do míssil. Desde que o soldado pudesse ver a luz vermelha, o equipamento de fibra ótica que permanecia conectado ao míssil permitiria que ele o guiasse com precisão e a uma grande distância do alvo.[2]

O serviço de informações israelense já sabia sobre os Saggers antes da guerra e até mesmo os encontrara nos ataques egípcios às fronteiras durante a Guerra de Atrito, que começara logo depois da guerra de 1967. Porém, na época, o alto escalão achou que se tratasse meramente de outro armamento antitanque, não qualitativamente diferente daqueles contra os quais já haviam lutado com sucesso na guerra de 1967. Assim, considerou que a capacidade para enfrentá-los já existia e nenhum procedimento específico foi desenvolvido para tratar especificamente da ameaça representada pelo Sagger.

Reshef e seus homens tiveram de descobrir por si mesmos que tipo de arma os estava atingindo para somente então enfrentá-la. Isso teria de ocorrer no calor da batalha.

Com base nos relatos dos homens, os oficiais remanescentes de Reshef perceberam que os Saggers tinham alguns pontos fracos: eles voavam relativamente devagar e dependiam de o atirador conseguir manter contato visual com os tanques adversários. Assim, os israelenses criaram uma nova estratégia: quando algum tanque avistasse uma luz vermelha, todos começariam a se mover ao acaso e, ao mesmo tempo, disparariam em conjunto na direção do atirador invisível.

A poeira levantada pelos tanques em movimento obscureceria a visão do atirador em relação à mortal luz vermelha do míssil; o fogo de resposta também poderia impedir que o inimigo continuasse acompanhando o deslocamento da luz.

Essa estratégia inteiramente nova revelou-se bem-sucedida e depois da guerra acabou sendo adotada pelas forças da OTAN. Ela não fora aperfeiçoada ao longo dos anos de exercícios simulados nas escolas de guerra nem prescrita em um manual de contingência, mas improvisada pelos soldados na frente de combate.

Como de costume entre as forças armadas israelenses, a inovação tática surgiu de baixo para cima – dos comandantes de tanques e dos seus oficiais. Provavelmente, nunca ocorreu a esses soldados que devessem consultar os seus superiores para resolver a questão, ou que poderiam não ter a autoridade para solucioná-lo. Tampouco eles perceberam qualquer problema em assumir a responsabilidade por inventar, adotar e disseminar novas táticas em tempo real, no calor do momento.

Ainda assim, o que aqueles soldados estavam fazendo era estranho. Se estivessem trabalhando em uma empresa multinacional, poderiam não ter tomado atitudes desse tipo – pelo menos não por conta própria. Como observa o historiador Michael Oren, que serviu nas FDI como oficial de ligação entre outros militares, "o tenente israelense provavelmente tem maior liberdade de decisão de comando do que seu correspondente em qualquer exército do mundo."[3]

Essa liberdade de ação, evidenciada na cultura corporativa analisada no capítulo anterior, é igualmente prevalente, senão mais, entre as forças armadas israelenses. Normalmente, quando se imagina uma cultura militar, pensa-se em hierarquias estritas, em uma obediência incontestes aos superiores e em uma aceitação do fato de que cada soldado é como um pequeno e desinformado dente da engrenagem maior. Mas as FDI não se enquadram nessa caracterização. Vale também lembrar que em Israel praticamente todos servem nas forças armadas, em que tal cultura é inculcada nos cidadãos durante o período de dois a três anos de serviço compulsório.

A delegação descendente da responsabilidade nas FDI existe tanto por necessidade como por desígnio. "Todos os militares defendem a importância da improvisação: leia o que os militares chineses, franceses ou britânicos dizem – todos falam de improvisação. Mas suas palavras nada significam", disse Edward Luttwak, historiador e estrategista militar, autor de *The Pentagon and the art of war* |O Pentágono e a arte da guerra| e coautor de *The israeli army* |As forças armadas israelenses|. "É preciso observar a estrutura."[4]

Para chegar a essa conclusão, Luttwak começou a enumerar as proporções do pessoal alistado nas forças armadas de outros países em todo o mundo, terminando com Israel, cuja pirâmide nas forças armadas é excepcionalmente estreita no alto. "Deliberadamente, as FDI têm menos pessoas nos níveis superiores. Isso é intencional. Significa que há menos oficiais superiores para dar ordens", diz Luttwak. "Menos oficiais superiores significa mais iniciativa pessoal nas hierarquias inferiores."

Luttwak observa que o exército israelense tem pouquíssimos coronéis e um grande número de tenentes. A proporção de oficiais superiores para os soldados em combate no exército norte-americano é de 1 para 5, em comparação com 1 para 9 nas FDI. O mesmo se aplica à Força Aérea Israelense (FAI), que, embora maior do que as forças aéreas francesa e britânica, tem menos oficiais superiores. As FAI são chefiadas por um general de duas estrelas, uma hierarquia abaixo do que é característico em outras forças armadas ocidentais.

Nação empreendedora

No caso dos EUA, o peso maior na hierarquia superior pode ser realmente necessário; afinal, as forças armadas daquele país são muito maiores e acostumadas a travar guerras a mais de 12 mil quilômetros da terra natal, onde enfrentam desafios incomparáveis de logística e de comando em termos de mobilização.

Ainda assim, independentemente de cada força ter o tamanho e a estrutura certa para as tarefas que enfrenta, o fato de as FDI serem mais leves no topo da hierarquia tem consequências importantes. Tal benefício nos foi esclarecido por Gilad Farhi, um major de 30 anos de idade das FDI. Seu percurso na carreira foi bastante típico: de soldado de unidade tática aos 18 anos de idade a comandante de pelotão, depois de uma companhia de infantaria foi, em seguida, designado como porta-voz do Comando do Sul. Depois disso, tornou-se o subcomandante de Haruv, um batalhão de infantaria. Atualmente, está no comando de uma classe recém-criada de um dos mais novos regimentos de infantaria das FDI.

Encontramo-nos com ele em uma base numa das margens estéreis do vale do rio Jordão. Enquanto caminhava em nossa direção, nem sua juventude nem seu traje (um amarrotado uniforme padrão da infantaria) o destacaria como comandante da base. Nós o entrevistamos na véspera da chegada do seu novo grupo de recrutas. Durante os sete meses seguintes, Farhi seria responsável pelo treinamento básico de 650 soldados, a maioria deles recém-saída do colegial, mais cerca de 120 oficiais, comandantes de grupo, sargentos e pessoal administrativo.[5]

"O pessoal mais interessante aqui são os comandantes de companhia", contou-nos Farhi. "Eles são pessoas absolutamente incríveis. São uns garotos – os comandantes de companhia têm 23 anos. Cada um deles é responsável por 100 soldados, 20 oficiais e sargentos e três veículos. Isso significa 120 fuzis, metralhadoras, bombas, granadas, minas e mais o que for necessário. É uma tremenda responsabilidade."

O comandante de companhia também é o posto mais baixo da hierarquia a assumir a responsabilidade por um território. Como observou Farhi: "Se um terrorista se infiltra naquela área, há um comandante de companhia cujo nome está associado a ela. Não acredito que existam jovens de 23 anos em qualquer outra parte do mundo vivendo sob esse tipo de pressão."

54

Farhi ilustrou um desafio bem típico com o qual esses rapazes de 23 anos se deparam. Durante uma operação na cidade de Nablus, na Margem Ocidental, uma das companhias de Farhi teve um soldado ferido e preso em uma casa ocupada por terroristas. O comandante de companhia tinha três ferramentas à sua disposição: um cão de ataque, seus soldados e um trator de remoção de terra.

Se enviasse os soldados, havia um risco elevado de novas baixas; se optasse pelo trator para destruir a casa, arriscaria ainda mais a vida do soldado ferido.

Para complicar ainda mais a situação, a casa dividia uma de suas paredes com uma escola palestina, e as crianças ainda estavam ali dentro. Do teto da escola, jornalistas documentavam toda a cena. O terrorista, enquanto isso, atirava em todas as direções.

Ao longo de praticamente todo o impasse, o comandante de companhia permaneceu por sua conta e risco. O próprio Farhi poderia ter tentado assumir o controle a distância, mas sabia que precisava dar liberdade de ação ao seu subordinado. "Aquele jovem comandante estava diante de inúmeros dilemas. E não havia uma solução regulamentar." Os soldados conseguiram resgatar o homem ferido, mas o terrorista continuava escondido dentro da casa. O comandante sabia que, apesar do perigo em permanecer na escola, os professores e funcionários temiam retirar as crianças dali, pois não queriam ser marcados como "colaboradores" pelos terroristas. Era óbvio também que os jornalistas não deixariam a cobertura do prédio para não perder o furo de reportagem. A solução encontrada pelo comandante foi esvaziar a escola usando granadas de fumaça.

Depois que alunos, professores e jornalistas saíram em segurança, o comandante decidiu que era seguro enviar o trator para obrigar o terrorista a sair do prédio ao lado. Quando o trator começou a destruir a casa, o comandante soltou o cão de guerra para neutralizar o criminoso. Enquanto o trator abria caminho, porém, outro terrorista sobre o qual os israelenses não tinham conhecimento saiu da escola vizinha. Os soldados do lado de fora atiraram nele e o mataram. Toda a operação durou quatro horas. "Aquele comandante de 23 anos de idade esteve por sua própria conta na maior parte do tempo até eu chegar lá", contou-nos Farhi.

55

Nação empreendedora

"Depois de um acontecimento desse tipo, o comandante de companhia volta para a base e os seus soldados o veem de maneira diferente", continuou Farhi.

E ele próprio está diferente. Ele está fazendo seu trabalho – é responsável pela vida de muitas pessoas: seus soldados, os escolares palestinos e os jornalistas. Veja, ele não conquistou a Europa Oriental ou algo parecido, mas teve de encontrar uma solução criativa para uma situação muito complexa. E isso com apenas 23 anos de idade.

Então ouvimos o relato de um general-de-brigada sobre Yossi Klein, um piloto de helicóptero de 20 anos de idade na guerra do Líbano de 2006. Ele recebeu uma ordem para resgatar um soldado ferido atrás das linhas no sul do país inimigo. Quando chegou ao campo de batalha, percebeu que o soldado ferido jazia sobre uma maca cercada por uma densa concentração de arbustos, que impediam o helicóptero de pousar ou de pairar próximo o bastante do chão para alçar a maca.[6]

Não havia manuais sobre como lidar com uma situação desse tipo, mas, se houvesse, certamente não teriam recomendado a atitude de Klein. Ele usou o rotor da cauda do helicóptero como um cortador de grama voador para desbastar a folhagem. A qualquer momento, o rotor poderia ter-se avariado, causando a queda da aeronave. Mas Klein conseguiu podar os arbustos o bastante para pairar próximo ao solo e recolher o soldado ferido. Este foi levado às pressas para o hospital em Israel e sua vida foi salva.

Falando dos comandantes de companhia que serviram sob as suas ordens, Farhi perguntou: "Quantos dos seus colegas nos primeiros anos de faculdade passaram por um teste desse? [...] Como se treina e amadurece um rapaz de 20 anos de idade para carregar tanta responsabilidade sobre os ombros?"

O grau em que a autoridade é transferida a alguns dos mais novos integrantes das forças armadas às vezes surpreende até mesmo os líderes israelenses. Em 1974, durante o primeiro mandato de primeiro-ministro de Yitzhak Rabin, uma jovem militar da Unidade 8.200 das FDI – a mesma unidade na qual serviriam posteriormente os fundadores da Fraud Sciences – foi sequestrada por terroristas. O general Aharon Farkash, que comandava a unidade – o equivalente israelense à Agência de Segurança Nacional americana – recordou-se da descrença de Rabin: "A garota sequestrada era sargento. Rabin pediu-nos para fornecer a ele uma lista de tudo o que ela sabia. Ele estava preocupado com o tipo de informações sigilosas que poderiam ser arrancadas dela à força. Quando leu o resumo das informações, Rabin disse-nos que precisávamos de uma investigação imediata; era impossível que uma sargento tivesse conhecimento de tantos segredos decisivos para a segurança de Israel. Como era possível uma coisa dessas?"

A reação de Rabin foi especialmente surpreendente, uma vez que ele fora o chefe do Estado-Maior das FDI de Israel durante a Guerra dos Seis Dias. Farkash continuou a contar a história: "Então eu disse a ele: 'Senhor primeiro-ministro, essa sargento não está sozinha em seus conhecimentos. Mas isso não significa que tenhamos cometido um erro. Todos os soldados da Unidade 8.200 devem possuir tais informações, pois, se as limitássemos demais, simplesmente não teríamos pessoas suficientes para fazer o trabalho necessário – não temos um número suficiente de oficiais.' Na verdade, o sistema nunca foi mudado porque é simplesmente impossível fazê-lo, considerando as limitações de mão de obra para desenvolver um sistema diferente."[7]

Farkash, que atualmente dirige uma empresa que fornece sistemas de segurança inovadores para instalações comerciais e residências, ironizou que, em comparação com as principais potências, Israel carece de apenas quatro tipos de "generais" – "o general território, o general mão de obra, o general tempo e o general orçamento". Nada pode ser feito em relação ao general mão de obra, diz Farkash. "Não podemos designar tantos oficiais como fazem outros países, portanto precisamos de sargentos que realmente façam o trabalho de tenentes-coronéis."

Essa escassez de pessoal também é responsável pelo que talvez seja a característica mais peculiar das FDI: o papel de suas forças da reserva. Ao contrário de outros países, as forças da reserva são a espinha dorsal das forças armadas de Israel.

Na maioria das forças armadas, as forças da reserva são desenvolvidas como apêndices do exército na ativa, que é a principal linha de defesa do país. Israel, porém, é tão pequeno e possui um contingente tão menor do que seus inimigos que, como se evidenciou desde o começo, nenhum exército na ativa poderia ser grande o bastante para defender o país contra um ataque em massa. Pouco depois da Guerra da Independência, os líderes israelenses decidiram sobre uma estrutura militar peculiar, de modo que os reservistas não somente preencheriam unidades inteiras como também seriam comandados por oficiais também da reserva. As unidades de reserva de outras forças armadas são comandadas por oficiais do exército na ativa e recebem semanas ou mesmo meses de treinamento, recapitulando o que aprenderam anteriormente e se aperfeiçoando antes de serem enviadas para a batalha. "Nenhum exército, contudo, já havia dependido de homens que haviam sido enviados para o combate um ou dois dias depois da sua convocação para a composição de suas tropas", diz Luttwak.

Ninguém sabia realmente se o sistema peculiar de reserva de Israel funcionaria, porque nunca fora testado. Ainda hoje, o exército israelense é o único do mundo a manter esse sistema. Como nos contou o historiador militar norte-americano, Fred Kagan: "Na verdade, é uma maneira espantosa de comandar um exército. Mas os israelenses são excelentes nisso, mesmo porque não tinham outra escolha".[8]

O sistema reservista de Israel não é apenas um exemplo da inovação do país, mas um catalisador para ela. Uma vez que a hierarquia naturalmente diminui quando motoristas de táxi passam a comandar milionários e rapazes de 23 anos passam a treinar seus tios, o sistema de reserva ajuda a reforçar esse *éthos* caótico e anti-hierárquico, encontrado em todos os aspectos da sociedade israelense, do teatro da guerra à sala de aula e até mesmo à diretoria de uma empresa.

Nati Ron é advogado na vida civil e um major que comanda uma unidade do exército da reserva. "O posto quase não significa nada entre o pessoal reservista", diz ele, com estranha naturalidade. "Um soldado raso pode dizer a um general em exercício: 'O senhor está fazendo isso errado, deveria fazê-lo de outro modo.'"[9]

Amos Goren, um investidor de capital de risco junto à Apax Partners em Tel Aviv, concorda. Ele serviu em tempo integral na tropa de elite das forças especiais israelenses por cinco anos e ficou na reserva durante os 25 anos seguintes. "Ao longo de todo esse tempo, nunca bati continência para ninguém. E eu não era nem mesmo oficial. Era apenas um soldado raso."[10]

Luttwak diz que "nas formações da reserva, o clima permanece resolutamente civil, independentemente de todas as insígnias da vida militar".

Isso não significa que não se espera que os soldados obedeçam a ordens. Mas, como nos explicou Goren, "os soldados israelenses não se identificam pelo posto, mas por aquilo em que são bons". Ou, como disse Luttwak, "as ordens são dadas e obedecidas no espírito de homens que têm um trabalho a fazer e o fazem de boa vontade, mas a hierarquia dos postos tem pouca importância, especialmente quando muitas vezes enfrenta diferenças de idade e de status social".

Quando perguntamos ao general-de-brigada Farkash por que as forças armadas de Israel são tão anti-hierárquicas e abertas ao questionamento, ele nos disse que isso não acontece apenas nos meios militares, mas em toda a sociedade e na história israelense. "Nossa religião é um livro aberto", disse ele, com um sutil sotaque europeu que remonta aos seus primeiros anos na Transilvânia. O "livro aberto" ao qual ele se refere é o Talmude – um denso registro de centenas de anos de discussões rabínicas sobre como interpretar a Bíblia e obedecer às suas leis – e a atitude correspondente de questionamento é entranhada não somente na religião judaica, mas também no *éthos* nacional de Israel.

Como disse o escritor israelense Amós Oz, o judaísmo e Israel sempre cultivaram "uma cultura de dúvida e discussão, um jogo sem um fim determinado de interpretações, contrainterpretações, reinterpretações, interpretações opostas. Desde o mais remoto início da sua existência, a civilização judaica identificou-se pela sua capacidade de argumentar".[11]

Na realidade, a falta de hierarquia nas FDI está presente e exerce influências práticas na vida civil. Ela pode até mesmo eliminar hierarquias civis. "O professor ganha o respeito do seu aluno, o chefe, do seu funcionário de alto escalão. [...] Todo israelense tem seus amigos 'da reserva' com quem, de outro modo, poderia não ter nenhum tipo de contato social", diz

Luttwak. "Dormindo em barracas ou tendas sem conforto algum, comendo a insípida comida do exército, geralmente sem tomar banho por vários dias, os reservistas de origens sociais amplamente diferentes acham-se em situação de igualdade; Israel ainda é uma sociedade com menos diferenças de classes do que a maioria, e o sistema da reserva tem contribuído para que continue assim."

A diluição da hierarquia e dos postos, além disso, não é típica de outras forças armadas. O historiador e oficial da reserva das FDI, Michael Oren – atualmente servindo como embaixador de Israel nos EUA –, narrou uma cena típica em uma base militar israelense quando esteve em uma unidade militar de ligação: "Nós nos sentávamos para tomar café junto com um grupo de generais israelenses. Quem estivesse mais próximo do bule era quem servia. Não importava quem fosse – era comum os generais servirem café para seus soldados e vice-versa. Não existe protocolo em relação a isso. Mas, se você estivesse com capitães norte-americanos e um major entrasse, todos ficariam em posição de sentido. E então entraria um coronel e o major ficaria em posição de sentido. Os EUA são extremamente rígidos e hierárquicos. O posto é muito, muito importante. Como dizem nas forças armadas norte-americanas: 'Cumprimenta-se o posto, não a pessoa'".[12]

Nas FDI, existe até uma maneira extremamente não convencional de questionar os oficiais em posto superior. "Estive em unidades do exército israelense em que simplesmente retirávamos os oficiais do comando", contou-nos Oren, "nas quais as pessoas simplesmente se reuniam e votavam pela saída deles. Testemunhei isso pessoalmente duas vezes. Eu realmente gostava do sujeito, mas tive o meu voto vencido. Votaram pela saída de um coronel." Quando perguntamos, incrédulos, a Oren como isso funcionava, ele explicou: "Era apenas ir lá e dizer: 'Não queremos mais você. Você não é bom.' E isso todo mundo se tratando pelo primeiro nome [...] Bastava ir até o seu superior e dizer que o sujeito tinha de sair. [...] Tudo se relacionava mais com o desempenho do que com o posto na hierarquia."

O general reformado das FDI, Moshe "Bogey" Yaalon, que atuou como chefe do Estado-Maior do exército durante a segunda intifada, contou-nos uma história semelhante à da segunda guerra do Líbano. "Estava em andamento uma operação conduzida por uma unidade de reserva na aldeia libanesa de Dabu. Nove dos nossos soldados e oficiais foram mortos e outros ficaram feridos, incluindo o meu sobrinho. Os soldados sobreviventes culparam o comandante do batalhão por ter sido incompetente na condução da operação. Os soldados ao nível da companhia procuraram o comandante da brigada para se queixar sobre o comandante do batalhão. Então, o comandante da brigada, é claro, fez sua própria investigação. Mas o comandante do batalhão acabou sendo forçado a deixar o comando em razão de um processo iniciado pelos seus subordinados."[13]

Yaalon acredita que esse traço peculiar das forças armadas de Israel seja decisivo para a sua eficácia: "O segredo da liderança é a confiança dos soldados em seu comandante. Se você não acredita nele, não confia nele, não pode segui-lo e, nesse caso, o comandante do batalhão fracassou. Poderia ser um fracasso profissional, como nesse caso. Poderia ser um fracasso moral em outro. De qualquer maneira, o soldado precisa saber que é perfeitamente aceitável — e até encorajado — que ele tome a iniciativa e se manifeste sobre o assunto."

Fred Kagan, ex-professor da academia militar norte-americana de West Point, admite que os EUA têm muito a aprender com os israelenses. "Não acho que seja saudável para um comandante estar constantemente preocupado se os seus subordinados vão passar por cima dele, como fazem nas FDI", ele nos contou. "Em contrapartida, as forças militares norte-americanas poderiam se beneficiar de algum tipo de avaliação em 360 graus durante a junta de avaliação para promoção dos oficiais. No momento, em nosso sistema os incentivos são todos unilaterais. Para ser promovido, um oficial apenas precisa agradar mais oficiais da hierarquia superior. Os sujeitos abaixo do seu posto não têm influência alguma."

A conclusão a que Oren chega das demonstrações do que a maioria dos militares — e Fred Kagan — chamaria de insubordinação é que as FDI são, na verdade, "muito mais consensuais do que o exército dos Estados Unidos". Isso poderia parecer estranho, uma vez que o exército norte-americano é chamado de "voluntário" (não que não seja remunerado, apenas não é obrigatório), ao passo que as FDI se constituem com base em alistamento compulsório.

Ainda assim, como explica Oren, "neste país, vigora um contrato social não escrito: vamos servir nesse exército desde que o governo e o exército sejam responsáveis em relação a nós. [...] O exército israelense é muito mais semelhante, eu diria, ao Exército Continental de 1776 do que ao Exército norte-americano de 2008. [...] E, a propósito, George Washington sabia que o seu posto de "general" não significava grande coisa, que ele precisava ser um ótimo general e que, basicamente, as pessoas estavam lá por vontade própria".

O Exército Continental foi um exemplo extremo do que Oren explicara, uma vez que os seus soldados decidiam quase diariamente se continuavam sendo voluntários ou não. Mas aquele era um "exército do povo", e assim são as FDI. Como esclarece Oren, assim como o Exército Continental, as FDI têm uma característica desconexa, menos formal, mais consensual porque estiveram ou estão lutando pela existência do seu país, e suas hierarquias são compostas por representantes de uma ampla e variada amostra do povo pelo qual estão lutando.

É fácil imaginar como soldados despreocupados com a hierarquia têm menos escrúpulos quanto a dizer ao seu superior: "Você está errado." Esse *chutzpah*, moldado ao longo de anos de serviço nas FDI, nos oferece uma ideia de como Shvat Shaked pôde ter feito uma preleção ao presidente da PayPal sobre a diferença entre "sujeitos bons e maus" na rede ou como os técnicos da Intel de Israel decidiram fomentar uma revolução não apenas para derrubar o modelo fundamental do principal produto de sua empresa como também para mudar a maneira como o setor calculava seu valor. Assertividade *versus* insolência; pensamento crítico e independente *versus* insubordinação; ambição e visão *versus* arrogância – as palavras escolhidas dependem da sua perspectiva, mas, coletivamente, elas caracterizam o típico empreendedor israelense.

Notas

1. Entrevista com Abraham Rabinovich, historiador, dezembro de 2008.
2. Azriel Lorber, *Misguided weapons: technological failure and surprise on the battlefield* (Dulles, Va.: Potomac Books, 2002), pp. 76–80.
3. Entrevista com Michael Oren, associado sênior, Shalem Center, maio de 2008.
4. Entrevista com Edward Luttwak, associado sênior, Center for Strategic and International Studies, dezembro de 2008.
5. Esta parte baseia-se em uma entrevista com o major Gilad Farhi, comandante, unidade de infantaria de Kfir, FDI, novembro de 2008.
6. Entrevista com o brigadeiro-do-ar Rami Ben-Ephraim, chefe da Divisão de Pessoal, Força Aérea israelense, novembro de 2008. O nome do piloto é fictício, uma vez que as FDI não permitem a publicação dos nomes da maioria dos pilotos.
7. Entrevista com general-de-divisão (res.) Aharon Zeevi-Farkash, ex-chefe da 8.200, FDI, maio de 2008.
8. Entrevista com Frederick W. Kagan, historiador militar e pesquisador adjunto, American Enterprise Institute for Public Policy Research (AEI), dezembro de 2009.
9. Entrevista com Nathan Ron, procurador e tenente-coronel das FDI (res.), Ron-Festinger Law Offices, dezembro de 2008.
10. Entrevista com Amos Goren, sócio de empresa de risco, Apax, janeiro de 2009.
11. Amos Oz, discurso na Conferência Presidencial Israelense, Jerusalém, 14 de maio de 2008.
12. Entrevista com Michael Oren.
13. Entrevista com general (res.) Moshe Yaalon, integrante do Likud no Knesset e ex-chefe do Estado-Maior, FDI, maio de 2008.

PARTE 2

SEMEANDO UMA CULTURA DE INOVAÇÃO

Capítulo 3
O pessoal do Livro

Vá longe, permaneça lá por muito tempo, observe tudo profundamente.
—Revista *Outside*

La Paz, na Bolívia, eleva-se a mais de 3.300 metros de altitude e El Lobo fica ainda um andar acima. El Lobo é um restaurante, albergue e clube social, além do único lugar onde se encontra comida israelense na cidade. O local é administrado por seus fundadores, Dorit Moralli e seu marido, Eli, ambos de Israel.[1]

É provável que quase todo andarilho israelense passe por El Lobo; não apenas pela comida com sabor da terra natal, mas para falar em hebraico e conhecer outros israelenses. Eles sabem que encontrarão algo mais ali, algo ainda mais valioso: o Livro. Embora tratado no singular, não se trata realmente de um único livro, mas de uma coleção amorfa e sempre crescente de diários, que se estendem até alguns dos mais remotos locais do mundo. Cada diário é como uma "Bíblia" manuscrita que oferece conselhos de um viajante para outro. E embora o Livro já não seja exclusivamente israelense, seus autores e leitores tendem a ser originários de Israel.

Na forma como é conhecido, o Livro foi criado em 1986, recorda-se Dorit, apenas um mês depois da inauguração do restaurante. Quatro mochileiros israelenses entraram e perguntaram: "Onde está o Livro?" Ela os olhou sem saber o que responder e eles explicaram que se referiam a um livro no qual as pessoas podiam deixar recomendações e avisos para outros viajantes. Então, aqueles jovens saíram, compraram e doaram ao restaurante um diário em branco para que fosse completado pelos demais visitantes, mas já contendo a sua primeira nota, em hebraico, sobre uma remota cidade na selva que provavelmente seria apreciada por outros israelenses.

O Livro precedeu a internet — esta que, na verdade, teve início em Israel na década de 1970 — mas, mesmo em um mundo de blogues, salas de bate-papo e mensagens instantâneas, essa instituição primitiva, à base de caneta e papel, continua forte. El Lobo tornou-se um centro regional do Livro, agora com seis volumes: um sucessor ao original foi iniciado em 1989, juntamente com Livros independentes no Brasil, no Chile, na Argentina, no Peru e na região norte da América do Sul. Existem outros Livros distribuídos por toda a Ásia. Embora o original tenha sido escrito apenas em hebraico, os atuais são escritos em uma grande variedade de idiomas.

> Os registros poliglotas eram aleatórios, inúteis e, ao mesmo tempo, belíssimos, um verdadeiro carnaval de ideias, pedidos, fanfarrices e números de telefone obsoletos", relatou a revista Outside sobre o venerável volume de 1989. "Uma página recomendava as 'lindas garotas' de determinada discoteca; a seguinte indicava determinada caverna de gelo como 'o máximo' (pelo menos até que alguém rabiscasse um imenso 'NÃO!' por cima da inscrição). A isso se seguia meia página em japonês e uma densa passagem em alemão, com gráficos de curvas de nível e desenhos de diversas plantas. [...] Depois disso vinha uma página inteira rabiscada dedicada à compra de uma canoa nas florestas tropicais do Parque Nacional de Manu, no Peru, com sete anotações entre parênteses e um pós-escrito que se espalhava pelas margens dos dois lados; havia ainda uma advertência contra o cuscuz preparado por uma tal pessoa; e um desenho ornamental em quatro cores de um tucano chamado Felipe.

Embora tenha se internacionalizado, o Livro continua sendo um fenômeno basicamente israelense. Versões locais do Livro ainda perduram, enquanto outras surgem pelo mundo, fazendo com que a "onda" siga em frente – o que Darya Maoz, socióloga da Universidade Hebraica, chama de mudanças da moda nos destinos de viagens israelenses. Muitos jovens andarilhos do país simplesmente seguem, de Livro em Livro, o fluxo de conselhos de um grupo internacional de buscadores de aventuras; o hebraico parece ser uma das línguas mais comuns entre eles.

Uma piada bem conhecida sobre viajantes israelenses se aplica igualmente bem no Nepal, na Tailândia, na Índia, no Vietnã, no Peru, na Bolívia ou no Equador. Um funcionário do hotel vê um hóspede apresentar um passaporte israelense e pergunta: "A propósito, quantos vocês são?" Quando o jovem israelense responde: "Sete milhões", o funcionário do hotel insiste: "E quantos ainda estão em Israel?"

Não é de surpreender que as pessoas em muitos países pensem que Israel deva ser quase tão grande e populoso quanto a China, a julgar pelo número de israelenses que aparecem. "Mais do que qualquer outra nacionalidade", afirma a revista Outside, "[Os israelenses] absorveram ferozmente a ética do andarilho internacional: Vá longe, permaneça lá por muito tempo, observe tudo profundamente".

A sede de viagens dos israelenses não está relacionada apenas a ver o mundo; suas causas são mais profundas. Uma delas é simplesmente a necessidade de se soltar depois de anos de confinamento no serviço militar. Yaniv, um israelense com quem conversou um repórter da Outside, era típico viajante israelense: "Ele compensou exageradamente os anos de cortes de cabelo no estilo militar deixando-o crescer o quanto pôde: seu queixo era um tufo de pelos e o cabelo descorado pelo sol enrolava-se em um misto de madeixas e mechas ortodoxas, todas revoltas no melhor estilo 'lobisomem'. 'O cabelo é por causa do exército', admitiu Yaniv. 'Primeiro o cabelo, depois a viagem'".

Mas o motivo para viajar não é apenas o exército. Afinal, esses jovens israelenses provavelmente não se comparam com muitos veteranos de outros exércitos, já que o simples cumprimento do serviço militar não induz seus colegas estrangeiros a viajar. Outro fator psicológico entra em ação – uma reação ao isolamento material e diplomático. "Aqui subsiste a sensação de uma prisão mental, cercada pelos inimigos", diz Yair Qedar, editor da revista de viagens israelense Masa Acher. "Quando o céu se abre, você simplesmente sai."

Até recentemente, os israelenses não podiam viajar a nenhum país vizinho, embora Beirute, Damasco, Amã e Cairo estejam a menos de um dia de viagem de automóvel de Israel. Os tratados de paz com o Egito e a Jordânia não mudaram muito essa situação, embora atualmente muitos israelenses curiosos tenham visitado esses países. Em todo caso, essa ligeira abertura não diminuiu a ânsia de se livrar da "camisa de força" que tem sido parte da história de Israel desde o princípio – aliás, desde antes do princípio.

Muito tempo antes de existir um Estado de Israel, o isolamento já imperava, sendo possível identificar um boicote econômico em 1891, quando os árabes locais pediram aos governantes otomanos que impedissem a imigração judaica e a venda de terras aos judeus. Em 1922, o Quinto Congresso Árabe-Palestino invocou o boicote a todas as empresas pertencentes a judeus.[2]

O boicote oficial por parte dos 22 países da Liga Árabe, que baniu a compra de "produtos da indústria judaica na Palestina", foi promulgado em 1943, cinco anos antes da fundação de Israel. Esse banimento estendeu-se às empresas estrangeiras de qualquer país que comprasse de Israel ou vendesse à nação (o boicote "secundário") e até mesmo a empresas que negociassem com as empresas da lista negra (o boicote "terciário"). Quase todos os fabricantes de automóveis japoneses e coreanos – incluindo Honda, Toyota, Mazda e Mitsubishi – atenderam ao boicote secundário; seus produtos não eram encontrados nas estradas israelenses. Uma exceção notável foi a Subaru, que por muito tempo se manteve próxima do mercado israelense, mas foi impedida de vender ao mundo árabe.[3]

Todos os governos da Liga Árabe tinham um Departamento de Boicotagem, que obrigava o cumprimento do boicote primário, monitorava o comportamento dos alvos secundários e terciários e identificava novas perspectivas. De acordo com o professor Christopher Joyner, da Universidade

George Washington: "De todos os boicotes contemporâneos, o da Liga dos Estados Árabes contra Israel é, ideologicamente, o mais virulento; organizacionalmente, o mais sofisticado; politicamente, o mais amplo; e, legalmente, o mais polêmico."[4]

O boicote às vezes se volta contra alvos incomuns. Em 1974, a Liga Árabe incluiu em sua lista negra todo o bahaísmo, já que o templo bahaísta em Haifa é uma atração turística de sucesso que tem gerado renda para Israel. O Líbano proibiu a apresentação da produção A *bela adormecida*, de Walt Disney, simplesmente porque o cavalo do filme recebe o nome hebraico de Sansão.[5]

Nesse contexto, é natural que os jovens israelenses procurem tanto sair do mundo árabe que os colocou no ostracismo quanto desafiar tal rejeição – seu lema, por assim dizer, é: "Quanto mais vocês tentam me prender, mais eu lhes mostro que posso sair." Pela mesma razão, é natural que os israelenses tenham se interessado tanto por campos como a internet, os programas de computador, os próprios computadores e as telecomunicações. Nesses setores, as fronteiras, as distâncias e os custos de remessa são praticamente irrelevantes. Como nos contou uma capitalista de risco israelense, Orna Berry: "A tecnologia de ponta tornou-se praticamente um esporte nacional, pois nos ajuda a resistir à claustrofobia de viver em um país pequeno cercado de inimigos."[6]

Isso não era uma questão de mera preferência ou conveniência, mas de necessidade. Pelo fato de Israel ter sido forçado a exportar para mercados distantes, os empreendedores israelenses desenvolveram uma aversão a mercadorias manufaturadas volumosas, prontamente identificáveis e com altos custos de transporte; ao mesmo tempo, surgiu grande atração por componentes pequenos e anônimos e por programas de computador. Isso, por sua vez, preparou o país para uma guinada mundial rumo às economias com base no conhecimento e na inovação, tendência que ainda se mantém.

É difícil calcular quanto custaram a Israel nos últimos sessenta anos o boicote árabe e outros embargos internacionais – como o banimento militar por parte da França – em termos de mercados perdidos e dificuldades impostas ao desenvolvimento econômico do país. As estimativas

Nação empreendedora

chegam até o elevado montante de 100 bilhões de dólares. Ainda assim, o oposto é igualmente difícil de calcular: qual é o valor dos atributos que os israelenses desenvolveram para resistir aos esforços internacionais constantes para coibir o desenvolvimento de sua nação?

Atualmente, as empresas israelenses estão firmemente integradas nas economias da China, da Índia e da América Latina. Como diz Orna Berry, pelo fato de as telecomunicações terem se tornado uma prioridade para Israel, todas as principais empresas telefônicas da China dependem de equipamentos de telecomunicação e de software israelenses. E o terceiro maior website de relacionamento da China, que atende 25 milhões dos usuários jovens da rede do país, é, na verdade, uma empresa embrionária israelense chamada Koolanoo, que significa "todos nós", em hebraico. Ela foi fundada por um israelense cuja família emigrou do Iraque.

Na suprema demonstração de agilidade israelense, os capitalistas de risco, que investiram na Koolanoo quando esta era apenas um site de relacionamento social judaico, transformaram completamente sua identidade, mudando toda sua administração para a China, onde jovens executivos israelenses e chineses trabalham conjuntamente.

Gil Kerbs, um egresso da Unidade 8.200, também passa grande parte do seu tempo na China. Quando saiu das FDI, ele decidiu mudar-se para Pequim para estudar chinês com um instrutor pessoal – cinco horas por dia durante um ano inteiro –, ao mesmo tempo que trabalhava em uma empresa chinesa, desenvolvendo internamente uma rede de relacionamentos comerciais. Atualmente, ele é um capitalista de risco em Israel, especializado no mercado chinês. Uma de suas empresas oferece tecnologia biométrica de voz para o maior banco de varejo da China. Ele nos disse que, na verdade, os israelenses têm mais facilidade de negociar na China do que na Europa. "Em primeiro lugar, estamos na China antes da chegada dos 'turistas'", diz ele, referindo-se àqueles que somente nos últimos anos reconheceram o país oriental como um mercado em crescimento. "Em segundo lugar, na China não existe o legado de hostilidade contra os judeus. Portanto, para nós, aquele é verdadeiramente um ambiente mais acolhedor."[7]

Os israelenses estão muito à frente dos seus concorrentes mundiais quanto à penetração desses mercados, em parte porque precisaram dar um grande salto sobre o Oriente Médio e sair à procura de novas oportunidades. A relação entre os jovens mochileiros israelenses dispersos ao redor do planeta e a penetração dos empreendedores de tecnologia israelenses em mercados estrangeiros é óbvia. Quando ultrapassam 20 anos de idade, a maioria dos israelenses não apenas é mais preparada para descobrir oportunidades exóticas no exterior como também não receia adentrar ambientes desconhecidos e envolver-se com culturas radicalmente diferentes da sua. Na realidade, o historiador militar Edward Luttwak calcula que muitos israelenses visitam mais de uma dúzia de países até os 35 anos de idade e após deixarem as forças armadas.[8] Muitos israelenses prosperam em novas economias e territórios desconhecidos em parte pelo simples fato de muitas vezes saírem pelo mundo em busca do Livro.

Um exemplo desse internacionalismo ávido é a Netafim, uma empresa israelense que se tornou a maior fornecedora de sistemas de irrigação por gotejamento do mundo. Fundada em 1965, a Netafim é um caso raro de empresa que aproxima o passado agrícola israelense de baixa tecnologia ao atual rápido crescimento na área de tecnologia limpa.

A Netafim foi criada por Simcha Blass, o idealizador de um dos maiores projetos de infraestrutura executados nos primeiros anos do Estado. Nascido na Polônia, participou ativamente das unidades de autodefesa judaicas organizadas em Varsóvia durante a Primeira Guerra Mundial. Pouco depois de chegar a Israel, na década de 1930, tornou-se o engenheiro-chefe da Mekorot, a empresa nacional de abastecimento de água, e planejou o aqueduto e o canal que levaria água do rio Jordão e do mar da Galileia para o árido Negev.

Blass teve a ideia para a irrigação por gotejamento inspirando-se no crescimento de uma árvore no quintal de um vizinho, aparentemente sem água. A árvore gigantesca, como se revelou depois, era abastecida por um lento vazamento de água em um encanamento subterrâneo. Quando os plásticos modernos começaram a ser produzidos na década de 1950, Blass percebeu que a irrigação por gotejamento era tecnicamente viável.

Desse modo, patenteou sua invenção e fechou um acordo com um assentamento cooperativo localizado no deserto de Negev, o *Kibbutz* Hatzerim, para produzir a nova tecnologia.

A Netafim foi pioneira não apenas por desenvolver um meio inovador de aumentar a produção das colheitas em até 50% usando 40% menos de água, mas também por ser uma das primeiras indústrias sediadas em um *kibbutz*. Até então, os *kibbutzim* (plural de *kibbutz* – comunidades coletivas) baseavam-se na agricultura. A ideia de uma fábrica em um *kibbutz* que exportasse para o mundo foi algo inteiramente novo.

A verdadeira vantagem da Netafim, porém, foi não ter inibição quanto a viajar a lugares distantes em busca de mercados que precisassem desesperadamente de seus produtos, lugares aos quais, nas décadas de 1960 e 1970, os empreendedores ocidentais simplesmente não viajavam. Em consequência disso, a Netafim atualmente está presente em 110 países de mais de cinco continentes. Na Ásia, tem escritórios no Vietnã, em Taiwan, na China (dois escritórios), na Índia, na Tailândia, no Japão, nas Filipinas, na Coreia e na Indonésia; na Oceania, está presente na Nova Zelândia e na Austrália; na América Latina, marca presença na Argentina, no Brasil, no México, no Chile, na Colômbia, no Equador e no Peru. A Netafim também tem onze escritórios na Europa e na ex-União Soviética e um na América do Norte.

Uma vez que a tecnologia da Netafim tornou-se tão indispensável, vários governos estrangeiros que historicamente eram hostis a Israel começaram a abrir canais diplomáticos. A Netafim tem atividade em Estados muçulmanos outrora pertencentes ao ex-bloco soviético, como o Azerbaijão, o Cazaquistão e o Uzbequistão. Isso levou tais países ao estreitamento de suas relações com o governo de Israel depois da dissolução da União Soviética. Em 2004, o então ministro do Comércio, Ehud Olmert, acompanhou uma viagem da Netafim à África do Sul na esperança de ali formar novas alianças estratégicas. A viagem resultou em 30 milhões de dólares em contratos para a empresa israelense, além de um Memorando de Entendimento entre os dois governos sobre agricultura e desenvolvimento de terras áridas.

Os empreendedores e executivos israelenses têm se tornado conhecidos por se envolver em missões diplomáticas independentes em nome do Estado. Muitos dos empresários israelenses que viajam pelo mundo não são apenas pregadores da tecnologia, mas se esforçam também para "vender" a economia israelense como um todo. Jon Medved – o inventor do "barômetro do apelido" para medir a informalidade dos povos – é um desses exemplos.

Criado na Califórnia, Medved formou-se não em Engenharia, mas em ativismo político. Sua primeira carreira foi como organizador sionista. Ele se mudou para Israel em 1981, onde vivia modestamente, viajando para fazer palestras sobre o futuro desse país. Porém, uma conversa que teve em 1982 com um executivo da Rafael, uma das maiores empreiteiras na área de defesa do país, rompeu a bolha de Medved. Ele foi informado, sem a menor cerimônia, de que o que estava fazendo era um desperdício de tempo e energia. Israel não precisava de mais sionistas profissionais nem de políticos, disse-lhe francamente o executivo, mas de empresários. O pai de Medved iniciara uma pequena empresa na Califórnia, a qual fabricava transmissores e receptores óticos. Então, Medved começou a promover o produto do pai em Israel. Em vez de ir de *kibbutz* em *kibbutz* para vender o futuro do sionismo, ele passou a visitar empresas para comercializar tecnologia ótica.

Mais tarde, entrou no negócio de investimentos e fundou a Israel Seed Ventures, uma empresa de capital de risco, usando sua própria garagem na cidade de Jerusalém. Seu fundo de investimentos alcançou mais de 260 milhões de dólares; Medved investia em sessenta empresas israelenses, incluindo a Shopping.com, que foi comprada pela eBay, a Compugen e a Answers.com, as quais abriram o capital no Nasdaq. Em 2006, Medved deixou a Israel Seed Ventures para lançar e administrar uma nova empresa – a Vringo, pioneira na produção de toques especiais para telefones celulares, que penetrou rapidamente nos mercados europeu e na euro-asiática República da Turquia.

No entanto, suas próprias empresas se mantêm em segundo plano. Independentemente do que Medved esteja fazendo pelas suas

Nação empreendedora

organizações, ele continua a investir grande parte do seu tempo – seus investidores queixam-se de que seja tempo demais – pregando sobre a economia israelense. Em toda viagem ao exterior, Medved carrega consigo um projetor portátil e um laptop carregado com uma memorável apresentação de slides sobre as conquistas do setor tecnológico israelense. Em suas palestras – ou em conversas com qualquer um que se disponha a ouvir –, Medved comemora todos os marcantes "êxitos" israelenses nos quais as empresas foram compradas ou abriram seu capital e relaciona dezenas de tecnologias "*made in* Israel".

Em suas apresentações ele diz, de modo brincalhão, que se Israel seguisse o exemplo do "Intel Inside" – campanha de marketing da Intel para destacar a onipresença dos seus chips em praticamente todos os mercados – e se utilizasse de adesivos semelhantes com os dizeres "Israel Inside", o nome do país apareceria em quase tudo o que as pessoas tocam em todo o mundo. Ele inclusive cita alguns exemplos: computadores a telefones celulares, aparelhos médicos, medicamentos milagrosos, redes sociais na internet, fontes de última geração de energia limpa, alimentos e até máquinas registradoras para supermercados.

Em seguida, Medved sugere aos representantes de multinacionais presentes que é provável que estejam perdendo tempo e dinheiro se ainda não estiverem instalados em Israel. Antes de cada reunião, ele se informa sobre os executivos das empresas que estarão na plateia e, depois, faz questão de mencionar quais dos seus concorrentes já se encontram em Israel, completando: "A razão pela qual Israel está dentro de praticamente tudo o que tocamos é o fato de quase toda empresa com a qual conversamos estar dentro de Israel. Você está?", indaga ele, observando um por um na plateia.

Medved assumiu um papel que, em qualquer outro país, tipicamente pertenceria à Câmara de Comércio local, ao ministro do Comércio ou ao secretário de Relações Exteriores.

Não obstante, as novas empresas que Medved defende em suas apresentações raramente são aquelas nas quais investe. Ele sempre se divide quando se prepara para essas palestras: "Será que falo sobre a Vringo entre as novas empresas promissoras surgidas em Israel? Não é

difícil responder, certo? Trata-se de uma boa exposição para a empresa."
Mas resiste ao impulso: "Meu discurso é sobre Israel. Meus investidores
norte-americanos me criticam por isso — 'Você insiste em destacar seus
concorrentes, mas não a sua própria empresa.' Eles estão certos. Mas
não entendem a questão maior."

Medved encontra-se em perpétuo movimento. Essa mesma apresentação tem sido repetida cinquenta vezes a cada doze meses nos últimos quinze anos. Em conjunto, foram quase 800 palestras, seja em conferências sobre tecnologia ou em universidades ao redor do mundo, em mais de quarenta países, e também para um bom número de dignitários internacionais em visita a Israel.

Alex Vieux, CEO da revista Red Herring, contou-nos que já compareceu a um milhão de conferências sobre alta tecnologia em diversos continentes e que sempre vê israelenses como Medved fazendo apresentações. Contudo, enquanto os colegas estrangeiros repetem seus discursos em defesa de suas próprias empresas, os israelenses fazem sempre uma apologia ao seu país."[9]

Nação empreendedora

NOTAS

1. As informações desta parte são de Patrick Symmes, *The book*, Outside, agosto de 2005; de uma entrevista com Darya Maoz, antropóloga, junho de 2009; e de uma entrevista com Dorit Moralli, proprietária do restaurante e pousada El Lobo em La Paz, Bolívia, março de 2009.

2. Aaron J. Sarna, *Boycott and blacklist: a history of arab economic warfare against Israel* (Totowa, N.J.: Rowman & Littlefield, 1986), apêndice.

3. Chaim Fershtman e Neil Gandal, The effect of the arab boycott on Israel: the automobile market, *Rand Journal of Economics*, v. 29, n. 1 (primavera de 1998), p. 5.

4. Christopher Joyner, citado em Aaron J. Sarna, *Boycott and blacklist: a history of arab economic warfare against Israel*, p. xiv.

5. Sarna, *Boycott and blacklist*, pp. 56–57.

6. Entrevista com Orna Berry, sócia de empresa de risco, Gemini Israel Funds, janeiro de 2009.

7. Entrevista com Gil Kerbs, capitalista de risco colaborador da Forbes, janeiro de 2009.

8. Entrevista com Edward Luttwak.

9. Entrevista com Alex Vieux, CEO do Red Herring, maio de 2009.

CAPÍTULO 4
Harvard, Princeton e Yale

Aqui o gráfico social é muito simples.
Todo mundo conhece todo mundo.
—YOSSI VARDI

David Amir nos recebeu em sua casa em Jerusalém, envergando seu uniforme de piloto; nada, contudo, nos fazia lembrar Top Gun. Mesmo em seu traje de piloto, aquele homem de fala mansa, introspectivo e extremamente modesto mais parecia um liberal estudante de Letras norte-americano do que um piloto, cuja postura militar promete ser dura e seca. Ainda assim, enquanto explicava com orgulho como a Força Aérea Israelense incluía em seus treinamentos os melhores pilotos do mundo – de acordo com diversas competições internacionais bem como pelos seus feitos em batalha –, tornou-se fácil entender o lugar dele.[1]

Enquanto os estudantes de outros países estão preocupados em se decidir sobre qual universidade frequentar, os israelenses avaliam os méritos de diferentes unidades militares. Do mesmo modo como os alunos de nível colegial em praticamente todo o globo pensam nos requisitos necessários para adentrar as melhores e mais conceituadas faculdades, muitos israelenses preparam-se arduamente para terem a chance de ser recrutados pelas unidades de elite das FDI.

Quando tinha apenas doze anos de idade, Amir decidiu que queria aprender árabe; sabia desde cedo que a fluência naquele idioma poderia ajudá-lo a ser admitido nas melhores unidades do serviço de informações.

A pressão para ingressar nessas unidades, entretanto, é realmente muito forte quando os israelenses chegam aos dezessete anos de idade. Todos os anos, a expectativa aumenta entre os alunos do colegial em todo o país. Quem, afinal, será chamado para a seleção ao curso de piloto? Quem será convocado para se agregar às *sayarot*,* às unidades das forças especiais da marinha, à tropa de paraquedistas, às brigadas de infantaria e à mais seletiva de todas, a Sayeret Matkal – a unidade das forças especiais da chefia do Estado-Maior?

Quais desses jovens serão chamados para o processo de seleção para as unidades de informação de elite, como a 8.200, em que Shvat Shaked e seu cofundador da Fraud Sciences serviram? Quem irá para o Mamram, a divisão de sistemas de computação das FDI? E quem será considerado para a Talpiot, uma unidade que combina a formação tecnológica com a experiência em todas as operações das unidades das forças especiais de elite?

Em Israel, cerca de um ano antes de chegar à idade do recrutamento militar, todos os rapazes e garotas de dezessete anos de idade são chamados a se apresentar aos centros de recrutamento das FDI para uma pré-avaliação de um dia, que inclui exames de aptidão e psicológicos, entrevistas e uma avaliação do perfil médico. No fim do dia, está definida uma classificação em termos de saúde e psicometria, e as possibilidades de serviço são apresentadas ao jovem candidato em uma entrevista pessoal. Os candidatos adequados, que atendem às exigências de saúde, aptidão e personalidade, têm a oportunidade de passar por novos testes de qualificação para o serviço em uma das unidades e divisões de elite das FDI.

Os testes para a brigada de paraquedistas, por exemplo, acontecem três vezes ao ano, geralmente meses antes das datas programadas de recrutamento dos candidatos. Esses jovens civis submetem-se a um rigoroso teste físico e mental de dois dias, no qual um grupo inicial de cerca de 4 mil candidatos é dividido em grupos de 400 futuros convocados para diferentes unidades. Esses 400 paraquedistas podem se apresentar

---

* Trata-se do plural de *sayeret*, cujo significado é "unidade de reconhecimento". (N.E.)

para participar no teste de campo e no processo de avaliação para as forças especiais, que se constitui em uma série intensiva em cinco dias de onze exercícios repetidos, cada um com várias horas de duração e sempre conduzidos sob severas limitações de tempo e crescente pressão física e mental. Durante todo o tempo, os períodos de descanso são curtos e o sono praticamente inexiste; a comida é controlada, e o tempo para ingeri-la é curto. Os participantes caracterizam os cinco dias como um longo e difuso período, em que praticamente não se distingue o dia da noite. Não são permitidos relógios nem telefones celulares – os avaliadores querem tornar a experiência a mais desorientadora possível. Ao fim dos cinco dias, todos os soldados são classificados hierarquicamente.

Os vinte soldados com a melhor classificação para cada unidade iniciam imediatamente um período de treinamento de vinte meses. Os que terminam o treinamento juntos continuam como uma equipe ao longo de todo o serviço regulamentar e na reserva. Sua unidade se transforma em uma segunda família. Todos permanecerão na reserva até entrarem na faixa dos 40 anos.

Embora seja difícil ingressar nas melhores universidades israelenses, o equivalente do país a Harvard, Princeton e Yale são as unidades de elite das FDI. A unidade em que um candidato serviu informa a um possível empregador por qual tipo de processo de seleção ele passou e que conhecimentos técnicos e experiências relevantes poderá levar consigo.

"Em Israel, seu histórico acadêmico é, portanto, menos importante do que o histórico militar. Segundo Gil Kerbs, egresso de uma unidade de informações que, depois de sair em busca do Livro, engajou-se no setor de capital de risco em Israel, especializado no mercado de tecnologia da China, uma das perguntas feitas em toda entrevista de admissão a um emprego é: "Onde você serviu nas forças armadas?" "Há ofertas de emprego na internet e anúncios que dizem especificamente: 'queremos ex-integrantes da 8.200.'" Atualmente, a associação dos ex-integrantes da 8.200 mantém um encontro nacional. Porém, em vez de usar o tempo juntos para refletir sobre as batalhas do passado e curtir a nostalgia militar, essas reuniões são voltadas para o futuro. Os ex-integrantes preocupam-se com suas redes de relacionamentos profissionais. Empresários de sucesso egressos da 8.200 fazem apresentações na reunião sobre suas empresas ou setores."[2]

Nação empreendedora

Como vimos, a força aérea e as unidades das forças especiais de elite de Israel são bem-conhecidas pela sua seletividade, sofisticação e dificuldade do seu treinamento e, finalmente, pela qualidade dos seus alunos. As FDI, todavia, têm uma unidade que eleva o processo de seletividade e de treinamento intensivo a um nível ainda mais alto, especificamente no campo da inovação tecnológica. Essa unidade é chamada de *Talpiot*.

O nome *Talpiot* foi inspirado em um versículo do Cântico dos Cânticos, da Bíblia, que se refere aos torreões de um castelo e sugere, portanto, o ponto mais alto da realização pessoal. A Talpiot se distingue das demais unidades por ser extremamente seletiva e expor seus militares ao mais longo período de treinamento das FDI – 41 meses, ou seja, mais tempo do que todo o serviço militar prestado pela maioria dos jovens. Os que ingressam no curso estão habilitados a um período adicional de seis anos nas forças armadas; portanto, o tempo mínimo de serviço é de nove anos.

O curso foi uma criação dos professores Felix Dothan e Shaul Yatziv, ambos cientistas da Universidade Hebraica. Eles tiveram a ideia depois da Guerra do Yom Kippur em 1973. Naquela época, o país ainda cambaleava não apenas por ter sido pego desprevenido por um ataque surpresa, mas também por consequência das baixas sofridas. A guerra foi um amargo lembrete de que Israel precisaria buscar uma compensação para seu tamanho e população reduzidos no estabelecimento e na manutenção de uma vantagem qualitativa e tecnológica. Na ocasião, os professores procuraram o chefe do Estado-Maior das FDI, Rafael "Raful" Eitan, com uma ideia simples: escolher, entre os jovens mais talentosos de Israel, um grupo específico e proporcionar-lhes a formação mais intensiva em tecnologia que as universidades e também as forças armadas pudessem lhes oferecer.

Iniciado como uma experiência de um ano, o curso tem sido ministrado ininterruptamente ao longo de trinta anos. A cada doze meses, os 2% de colegiais israelenses de mais alto nível – 2.000 alunos – são convidados a participar do processo seletivo. Desses, apenas um em cada dez passam pela bateria de testes, principalmente nas áreas de Física e Matemática.

Os duzentos estudantes restantes passam, então, por dois dias de testes intensivos de personalidade e aptidão.

Depois de admitidos no curso, os cadetes da Talpiot passam rapidamente por um curso universitário acelerado em Matemática ou Física ao mesmo tempo que são informados das necessidades tecnológicas e de todas as ramificações das FDI. A instrução acadêmica que recebem vai além daquela à qual têm acesso os universitários médios de Israel ou de qualquer outro lugar – eles estudam mais em menos tempo. Eles também passam por uma instrução básica com os paraquedistas. A ideia é dar-lhes uma visão geral de todas as ramificações principais das FDI para que compreendam suas necessidades tanto tecnológicas quanto militares – e, especialmente, a relação entre elas.

Oferecer aos alunos essa vasta gama de conhecimentos não é, porém, a meta suprema do curso. Ao contrário, visa-se transformá-los em líderes de missões e solucionadores de problemas.

Isso é feito designando-os para missões subsequentes, com o mínimo de orientações. Algumas são triviais, como organizar uma conferência para seus colegas cadetes, coordenando os oradores, as instalações, o transporte e a alimentação. Outras são tão complicadas quanto penetrar na rede de telecomunicações de uma célula terrorista em tempo real.

O mais característico é forçar os soldados a encontrar soluções interdisciplinares para problemas militares específicos. Por exemplo, uma equipe de cadetes precisava resolver um problema das fortes dores nas costas de que sofrem os pilotos de helicóptero das FDI em virtude das vibrações ao longo dos extensos percursos. Inicialmente, os cadetes da Talpiot decidiram como medir o impacto das vibrações dos helicópteros sobre as vértebras humanas. Eles criaram um assento especialmente projetado, instalaram-no no simulador do helicóptero e fizeram um orifício no encosto. Em seguida, puseram uma caneta nas costas do piloto, pediram-lhe para "voar" no simulador e usaram uma câmara de alta velocidade colocada no furo do encosto para fotografar as marcas produzidas pelas diferentes vibrações. Finalmente, depois de estudar os movimentos e analisar os dados computadorizados gerados pelas informações sobre os movimentos nas fotos, eles reprojetaram os assentos dos helicópteros.

Supondo que "sobrevivam" aos dois ou três primeiros anos do curso, esses cadetes tornam-se Talpions, título que confere prestígio tanto na vida militar quanto na civil.

O curso da Talpiot como um todo subordina-se à Mafat, o braço interno de pesquisa e desenvolvimento das FDI, que corresponde à DARPA (agência norte-americana de Projetos de Pesquisas Avançadas de Defesa). A Mafat tem a cobiçada e sensível tarefa de designar cada Talpion para uma unidade específica nas FDI durante os seis anos seguintes de serviço regulamentar.

Desde o início, o hiperelitismo do curso da Talpiot tem atraído críticas. O curso quase não saiu do papel porque os líderes militares consideraram que não valeria a pena investir tanto em um grupo tão pequeno. Recentemente, alguns detratores alegaram que o curso é um fracasso porque a maioria dos graduados não permanece nas forças armadas além dos nove anos exigidos e não entra para as fileiras mais graduadas das FDI.

Entretanto, embora a formação na Talpiot seja otimizada para manter a vantagem tecnológica das FDI, a mesma combinação de prática de liderança e conhecimento técnico é ideal para a criação de novas empresas. Embora o curso tenha produzido apenas cerca de 650 formandos em trinta anos, esses tornaram-se os acadêmicos de mais alto nível de Israel e os fundadores das empresas de maior sucesso do país. A NICE Systems, a empresa mundial por trás dos sistemas de monitoramento de chamadas usado por 85 das 100 maiores empresas da revista Forbes, foi fundada por uma equipe de Talpions. O mesmo se deu com a Compugen, líder na decodificação do genoma humano e no desenvolvimento de medicamentos. Muitas das empresas israelenses de tecnologia negociadas no Nasdaq ou foram fundadas por um Talpion ou têm alguns deles como responsáveis por funções estratégicas.

Portanto, os idealizadores da Talpiot, Dothan e Yatziv, rejeitam energicamente as críticas. Primeiro, afirmam que a competição pelos Talpions entre os serviços dentro das FDI — a qual às vezes precisa da interferência do primeiro-ministro — fala por si mesma. Segundo, eles dizem que os Talpions compensam facilmente o investimento durante os seis anos de serviço exigidos. Terceiro, e talvez mais importante, os dois terços dos graduados da

Talpiot que terminaram nos meios acadêmicos ou nas empresas de tecnologia continuam a prestar enorme contribuição à economia e à sociedade israelenses, fortalecendo, dessa maneira, o país de vários modos.

Os Talpions podem representar a elite da elite nos meios militares israelenses, mas a estratégia existente por trás da criação do curso – oferecer uma instrução ampla e profunda para produzir uma solução adaptável e inovadora de problemas – é evidente na maioria das forças armadas e parece fazer parte do *éthos* israelense: ensinar pessoas a serem realmente exímias em várias atividades em vez de buscarem a excelência apenas em tarefas específicas.

A vantagem igualmente dispersa obtida pela economia e pela sociedade israelense com tal experiência militar nos foi apresentada não por um israelense ou um norte-americano. Gary Shainberg se parece mais com um marinheiro (do tipo forte e corpulento) do que com um fanático por tecnologia; talvez isso se explique pelo fato de ser um veterano com dezoito anos investidos na marinha britânica. Atualmente vice-presidente de tecnologia e inovação da British Telecom, Shainberg encontrou-se conosco tarde da noite em um bar de Tel Aviv. Ele estava em uma de suas muitas viagens de negócios a Israel, a caminho do golfo – na realidade, de Dubai.

"Existe alguma coisa no DNA da inovação israelense que é inexplicável", disse Shainberg. Contudo, ele parecia já ter um esboço de teoria a esse respeito. "Acho que isso se relaciona à maturidade. Em nenhum outro lugar do mundo as pessoas trabalham em um centro de inovação tecnológica e prestam serviço militar paralelamente."[3]

Aos dezoito anos, os israelenses vão para o exército por períodos que variam de dois a três anos, no mínimo. Se não continuarem, é comum irem para a universidade. "Há uma enorme porcentagem de israelenses que vão para a universidade depois do exército em comparação com qualquer outro lugar do mundo", disse Shainberg.

Na verdade, de acordo com a Organização para a Cooperação e o Desenvolvimento Econômico (OCDE),* 45% dos israelenses têm formação

---

* Trata-se de uma organização internacional e intergovernamental, com sede em Paris, que agrupa os países mais industrializados da economia do mercado. Na OCDE, os representantes dos países membros se reúnem para trocar informações e definir políticas com o objetivo de maximizar o crescimento econômico e o desenvolvimento dos países membros. (N.E.)

universitária, índice que se situa entre os mais elevados do mundo, e, de acordo com um recente anuário publicado pelo International Institute for Management Development (IMD)* sobre competitividade mundial, cujo objetivo era definir se "a formação universitária nacional atende às necessidades de uma economia competitiva", Israel classificou-se em segundo lugar entre sessenta países desenvolvidos.[4]

Na época em que os estudantes terminam a faculdade, eles estão com mais ou menos 25 anos de idade, alguns já têm diploma de pós-graduação, e vários deles já estão casados. "Tudo isso muda a capacidade mental do indivíduo", raciocinava Shainberg. "Eles estão muito mais maduros, passaram por muito mais experiências de vida. A inovação se relaciona bastante com o encontro de ideias."

A inovação geralmente depende da adoção de uma perspectiva diferente. A adoção de um ponto de vista distinto, por sua vez, resulta da experiência. As experiências verdadeiras tipicamente resultam da idade, ou da maturidade. Em Israel, porém, obtêm-se experiência, perspectiva e maturidade quando se é ainda muito jovem, uma vez que a sociedade impõe muitas experiências transformadoras aos israelenses antes de eles saírem até mesmo do colegial. No momento em que vão para a faculdade, estão com a mente focada em objetivos diferentes em relação aos colegas norte-americanos.

"O Israelense ostenta desde cedo uma perspectiva completamente diferente sobre a vida. Acho que isso se relaciona ao tipo de formação, ao casamento ainda em tenra idade e à vivência militar – eu passei dezoito anos na marinha [britânica], portanto tenho alguma empatia com essa lógica", continuou Shainberg. "Nas forças armadas, estamos em um ambiente em que é preciso pensar por conta própria. É necessário tomar decisões que fazem a diferença entre a vida e a morte. Lá se aprende a ter disciplina e a treinar sua mente para agir, especialmente se estiver na linha de frente ou em alguma atividade operacional, o que apenas favorece o mundo empresarial."

---

* Tradução livre: Instituto Internacional para o Desenvolvimento Administrativo. Trata-se de uma das mais importantes escolas de administração do mundo, sediada na Suíça. Foi originalmente criada pelo trabalho conjunto entre a Alcan e a Nestlé. É uma entidade sem fins lucrativos. (N.E.)

Essa maturidade é especialmente produtiva quando mesclada a uma inquietação quase infantil.

Desde a fundação do país, os israelenses são perfeitamente conscientes de que o futuro – tanto o próximo quanto o distante – está sempre em questão. Cada momento possui importância estratégica. Como observou Mark Gerson, um empreendedor norte-americano que investe em diversas empresas iniciantes israelenses: "Quando um homem israelense quer sair com uma mulher, ele a convida naquela noite. Quando um empreendedor israelense tem uma ideia de empresa, começa a trabalhar nela naquela mesma semana. A noção de que se deve acumular experiência antes de iniciar um empreendimento de risco simplesmente não existe. Isso é realmente favorável nos negócios. Tempo ou experiência demais só podem indicar o que pode dar errado, não o que poderia ser transformador."[5]

Para Amir, assim como para muitos outros recrutas, as FDI representaram uma oportunidade empolgante para testar a si mesmo e se colocar à prova, já que as FDI oferecem aos recrutas outra experiência valiosa: um espaço inigualável dentro da sociedade israelense em que rapazes e garotas trabalham juntos e intensamente com colegas de diferentes origens culturais, socioeconômicas e religiosas. É o lugar em que um jovem judeu da Rússia, outro da Etiópia, um sabra (israelense nato) proveniente de um sofisticado subúrbio de Tel Aviv, um estudante judeu ortodoxo de Jerusalém e um *kibbutznik* oriundo de uma família rural podem se encontrar, todos, na mesma unidade. Eles passam dois a três anos servindo juntos em tempo integral e depois mais vinte anos, aproximadamente, de serviço anual na reserva.

Como vimos, as FDI foram estruturadas para depender fortemente das forças da reserva, uma vez que não havia outro meio de um país tão pequeno manter um exército suficientemente grande na ativa. Portanto, para os soldados em combate, as relações mantidas nas forças armadas são constantemente renovadas ao longo de décadas de dever na reserva. Durante algumas ou até mesmo uma única semana por ano, os homens afastam-se de sua vida profissional e pessoal para a instrução junto à sua unidade militar. Não é surpreendente que muitas relações comerciais

Nação empreendedora

sejam feitas durante as longas horas das operações, do serviço de guarda e de treinamento.

> A cada cinco anos, a Faculdade de Administração de Empresas de Harvard promove uma reunião de colegas de turma —, diz Tal Keinan, que é ao mesmo tempo piloto de caça israelense e graduado na HBS.* — É divertido. Ajuda a manter os relacionamentos atualizados. Passamos dois dias com os antigos colegas de classe assistindo a palestras. Imagine, porém, uma reunião todos os anos e que dure duas a quatro semanas; pense na possibilidade de reencontrar a unidade em que você passou três anos de sua vida no exército. Considere que, em vez de assistir a palestras, você possa fazer patrulhas de segurança ao longo da fronteira. Isso certamente cria um vínculo completamente diferente para o resto da vida.[6]

Na realidade, as relações desenvolvidas durante o serviço militar formam outra rede de relações dentro de um país que já é muito pequeno e interligado. "O país inteiro está a um grau de separação",** diz Yossi Vardi, padrinho de dezenas de novas empresas da internet e um dos campeões de relacionamentos do mundo conectado. A exemplo de Jon Medved, Vardi é um dos lendários embaixadores comerciais de Israel.

Vardi diz que conhece empresas israelenses que pararam de usar anúncios para a contratação de funcionários. "Tudo funciona no boca a boca. [...] Aqui, o gráfico social é muito simples. Todo mundo se conhece, todos serviram no exército com o irmão, o primo ou o pai de algum conhecido; a mãe de um já foi a professora da escola de alguém que se conhece; o tio já foi o comandante na unidade de algum amigo. Ninguém consegue se esconder. Se em algum momento não agir corretamente, não poderá desaparecer como na Califórnia ou em São Paulo. Existe um

---

* Sigla em inglês para Harvard Business School. (N.E.)

** Referência à teoria dos Seis Graus de Separação, segundo a qual as pessoas, em qualquer parte do mundo, estão mais próximas do que nunca e relacionadas entre si por, no máximo, cinco ligações interpessoais. Atribuída, pela primeira vez, a um escritor húngaro chamado Frgyes Karinthy, foi posteriormente estudada e confirmada pelo professor da Harvard Stanley Milgram. (N.E.)

nível muito elevado de transparência."[7] Os benefícios desse tipo de inter-relacionamento não se limitam a Israel, embora nesse país eles sejam mais intensos e disseminados do que o normal.

Não é surpreendente que outras forças armadas de todo o mundo tenham muito em comum com as FDI, incluindo os igualmente duríssimos exames para suas unidades de elite. Entretanto, a maioria dos processos de seleção difere dos israelenses, pois os candidatos precisam ser escolhidos entre recrutas voluntários. Não é possível investigar minuciosamente todos os registros de todos os colegiais e convidar aqueles que apresentam melhores notas para competir com seus colegas mais talentosos por algumas posições cobiçadas.

Nos EUA, por exemplo, as forças armadas limitam-se a escolher apenas entre os recrutas potenciais que expressam interesse. Como observou um recrutador norte-americano, "em Israel, as forças armadas conseguem escolher os melhores e os mais excepcionais. Nos EUA acontece o contrário. Só podemos esperar que os melhores e excepcionais nos escolham".[8]

Os militares dos EUA não medem esforços para buscar os melhores e esperar que eles possam estar interessados em servir nas forças do país. Considere-se a classe de "calouros" da academia militar norte-americana de West Point todos os anos. A pontuação média para aprovação mantém-se ao redor de 3,5 e o departamento de admissões pode se valer de todos os tipos de estatísticas para quantificar a aptidão para liderança de seus alunos cadetes, incluindo o número dos que foram capitães em suas equipes de futebol no colegial (60%), quantos foram líderes de classe no colegial (14%) e assim por diante. O departamento de admissões mantém um banco de dados extremamente abrangente de todos os possíveis candidatos, que geralmente abrange até o Ensino Fundamental. Como observa o escritor David Lipsky em seu livro sobre West Point, *Absolutely American* [Totalmente americano]: "Escreva uma linha para West Point no início do ginásio e você receberá correspondência sobre a admissão a cada seis meses até chegar ao colegial, quando o volume da correspondência duplica." Aproximadamente 50 mil colegiais abrem requisições de interesse para West Point todos os anos, o que culmina em uma classe de

Nação empreendedora

calouros de 1.200 cadetes. No final do curso de cinco anos, cada graduado recebeu instrução avaliada em um quarto de milhão de dólares.[9]

Contudo, independentemente do que alguns são capazes de fazer, como no caso das admissões em West Point, alguns altos líderes das forças armadas dos EUA expressaram grande frustração por não conseguirem acesso aos registros acadêmicos da maioria dos norte-americanos, e, sem isso, não podem elaborar uma campanha de recrutamento sob medida.

Em uma conversa com um militar norte-americano, ele ressaltou a importância econômica do sistema israelense. O tenente-coronel John Lowry, um oficial da infantaria da marinha, entrou para os Fuzileiros Navais depois do colegial e, nos últimos 25 anos, esteve ou no serviço ativo ou na reserva. Ele obteve MBA da Faculdade de Administração de Empresas de Harvard e seguiu escalando a hierarquia empresarial na Harley Davidson, a multibilionária fabricante da sofisticada motocicleta. Ele conseguiu isso cumprindo rigorosamente seu compromisso com a reserva, servindo periodicamente no Chifre da África*, no Golfo Pérsico e na operação Tempestade no Deserto. Lowry comanda mil fuzileiros navais e viaja a diversas bases da reserva em todo o país por dois fins de semana todos os meses, além de atender às convocações anuais para trabalhos que duram um mês. Lowry também administra algumas fábricas da Harley e cerca de mil funcionários.[10]

De manhã, ele é um executivo sênior de empresa; à noite, treina os fuzileiros em preparação para viagens ao Iraque. Ele transita continuamente entre esses dois mundos e deseja que esse tipo de experiência militar seja tão comum no meio empresarial norte-americano quanto entre os empreendedores israelenses.

"As forças militares o mantêm jovem e lhe ensinam que, quando você é responsável por algo, é responsável por tudo o que acontece [...] e por tudo o que não acontece", disse Lowry. "A expressão 'não foi minha culpa' não existe na cultura militar." Soa muito parecido com o ponto de vista de Farhi, descrito no Capítulo 2, sobre os comandantes de companhia assumirem a responsabilidade por tudo o que acontece em seu território.

---

* Região também conhecida como Península Somali ou, simplesmente, Nordeste Africano, que inclui a Somália, a Etiópia, a Eritreia e o Djibuti. (N.E.)

"Nenhuma experiência na faculdade disciplina alguém a pensar assim [...] quando há muito em jogo e se está sob intensa pressão", diz Lowry, formado em Princeton. "Quando se está nessa situação, na idade universitária, a pessoa se sente forçada a pensar três ou quatro vezes antes de seguir em frente [...] em relação a qualquer coisa que faça [...], seja no campo de batalha [...] ou nos negócios."

A rede de relacionamento dos Fuzileiros Navais é importante para Lowry. Seus companheiros militares são, para ele, uma diretoria integrada de conselheiros: "É outro mundo de amizades, fora do trabalho, mas muitos deles estão ligados à minha linha de trabalho", observa ele. "Ainda outro dia conversei com um colega oficial que está na administração da Raytheon, com sede em Abu Dhabi. Muitos desses sujeitos eu conheci servindo em muitos lugares nos últimos cinco a 25 anos".

As forças armadas são também muito melhores do que as faculdades para inculcar nos jovens líderes um sentido do que eles consideram faixa social: "As pessoas com quem se serve procedem de todos os ramos de atividades; as forças armadas são essa grande instituição puramente baseada no mérito, cuja função é equalizadora em nossa sociedade. O aprendizado sobre como lidar com todos — independentemente de sua origem — é algo que aplico atualmente nos negócios quando trato com meus fornecedores e clientes."

Não surpreende se tudo isso parece semelhante à nossa caracterização do papel das FDI no incentivo da cultura empresarial de Israel. Embora a maioria dos empreendedores israelenses seja profundamente influenciada pelo seu tempo de serviço nas FDI, a experiência militar é algo pouco comum no Vale do Silício ou raramente disseminado nos escalões superiores das corporações norte-americanas.

Como nos disse o empreendedor israelense Jon Medved — que vendeu várias empresas iniciantes a grandes empresas dos EUA —: "Quando se trata de currículos militares norte-americanos, o Vale do Silício é um deserto. É uma vergonha. Que desperdício dos talentos formados para a liderança entre os que saem do Iraque e do Afeganistão. O mundo empresarial dos EUA simplesmente não sabe o que fazer com eles."[11]

Nação empreendedora

Esse vazio não acontece apenas no meio empresarial e nas forças militares; é sintomático de uma separação maior entre as comunidades civil e militar, identificada pela liderança de West Point há mais de uma década. No verão de 1998, o general-de-exército Daniel Christman, superintendente de West Point, e o general John Abizaid, comandante do Exército, seguiam de automóvel por uma estrada pedagiada de Nova Jersey, quando encostaram num posto de gasolina para uma refeição rápida no restaurante Denny's. Apesar das três estrelas claramente visíveis em seus uniformes de passeio do exército, a dona do local sorriu e expressou entusiasticamente sua gratidão aos generais Christman e Abizaid por manterem limpos os parques públicos. Ela pensou que eles fizessem parte do pessoal do departamento de manutenção de parques.[12]

Apesar da iniciativa da liderança militar, poucos norte-americanos sentem alguma ligação com as forças armadas nem conhecem alguém que tenha servido. Mesmo depois de duas novas frentes de batalha, atualmente apenas um entre 221 norte-americanos está no serviço ativo, o que difere bastante dos números no final da Segunda Guerra Mundial, quando um entre 10 norte-americanos estava servindo. Tom Brokaw, autor de *The greatest generation* [A melhor geração], contou-nos que, depois da Segunda Guerra Mundial, um rapaz que não tivesse servido encontraria bastante dificuldade para conseguir emprego em uma empresa. "Deve haver algo de errado com ele", foi como Brokaw caracterizou uma reação típica dos empregadores em relação aos não-veteranos à procura de emprego no setor privado.[13]

De acordo com David Lipsky, quando o recrutamento terminou em 1975, depois da Guerra do Vietnã, uma situação oposta começou a se formar: "As culturas civil e militar apertaram as mãos, trocaram números de telefone e, então, começaram a se distanciar uma da outra."

As implicações econômicas desse desvio nos foram enviadas por Al Chase, que dirige uma empresa de recrutamento de executivos voltada para a colocação de oficiais militares norte-americanos em empresas privadas — variando de pequenas empresas iniciantes até grandes empresas entre as 100 maiores da revista Fortune, como a PepsiCo e a GE. Depois de colocar centenas de veteranos, ele descobriu o tipo de discernimento que se desenvolve a partir da experiência em campo de batalha. De acordo com Chase, as forças armadas da Guerra Fria foram diferentes. Os jovens oficiais podiam fazer toda uma carreira sem adquirir experiência real em campo de batalha. Todavia, as guerras no Iraque e no Afeganistão mudaram isso. Quase todo jovem oficial atuou em diversos turnos de serviço.[14]

Como vimos pessoalmente no Iraque, as guerras posteriores a 11 de setembro têm sido amplamente contrainsurgentes, em que as decisões cruciais foram tomadas pelos comandantes de pelotões, esquadrões e companhias. A estratégia de contrainsurgência do general David Petraeus no Iraque, por exemplo, previa que as tropas norte-americanas não só estivessem presentes e patrulhando os bairros residenciais iraquianos para oferecer segurança aos civis daquele país como também morando nos bairros. Isso é diferente da maneira como a maioria das forças militares dos EUA lutaram em guerras anteriores, incluindo os primeiros anos da Guerra do Iraque. Na época, os soldados e fuzileiros norte-americanos moravam em locais denominados Base Operacional Avançada (BOA), enormes bases autossuficientes que reproduzem mais ou menos os modelos existentes nos EUA. Uma típica BOA poderia abrigar dezenas de milhares de soldados – se não mais. Contudo, os soldados e fuzileiros nas bases de bairro no Iraque desde 2007 contavam apenas dezenas ou poucas centenas. Isso apenas oferece às pequenas unidades muito mais independência em relação à divisão à qual pertencem em suas operações diárias; e, nesse caso, o comandante subalterno goza de muito mais autoridade para tomar decisões e improvisar.

Nathaniel Fick foi um capitão dos Fuzileiros Navais que lutara nas guerras do Afeganistão e do Iraque antes de obter duas graduações, a primeira na Faculdade de Administração de Empresas de Harvard e a segunda na Faculdade Kennedy de Administração Pública, e de escrever um livro sobre suas experiências, intitulado *One bullet away* |Apenas a uma bala de distância|. Ele nos contou que foi treinado para lutar em uma "guerra em três quarteirões". Tanto no Iraque quanto no Afeganistão, "os fuzileiros navais podiam distribuir arroz em um quarteirão da cidade, fazer patrulhas para manter a paz em outro e envolver-se em um tiroteio cerrado no terceiro. Tudo no mesmo bairro".[15]

Os comandantes subalternos nas novas guerras norte-americanas consideram que estejam desempenhando o papel de prefeito de cidade pequena, de *tsar** da reconstrução econômica, de diplomata, de negociador tribal, de administrador de bens no valor de milhões de dólares ou até de chefe de segurança, dependendo do dia.

Como nas FDI, os comandantes subalternos atuais também são mais propensos a questionar os oficiais superiores de uma maneira que simplesmente não fariam no passado. Em parte, é um resultado da participação em vários turnos de serviço e da visão de seus companheiros mortos em consequência do que os oficiais subalternos muitas vezes acreditaram terem sido decisões erradas, falta de estratégia ou de recursos suficientes fornecidos pelos superiores. Como explicou o analista militar norte-americano Fred Kagan, os soldados e fuzileiros norte-americanos "tornaram-se mais parecidos com os israelenses; um subalterno que tenha sido designado várias vezes para batalha tenderá a abandonar os escrúpulos em relação aos superiores". Há uma correlação entre a experiência em campo de batalha e a propensão dos subordinados a desafiar seus comandantes.

Considerando toda essa experiência no campo de batalha, os veteranos provenientes das guerras do Iraque e do Afeganistão estão mais bem-preparados do que nunca para o mundo empresarial – para criar novas organizações ou ajudar a liderar grandes companhias nesses períodos de turbulência.

Al Chase aconselha os veteranos a não se deixarem intimidar pelos mercados de trabalho dos quais já participaram no mundo empresarial e dos quais conhecem a "terminologia". Os veteranos, disse ele, trazem para a atividade fatos com os quais seus colegas de trabalho mal poderiam sonhar, incluindo um sentido de proporcionalidade. Eles sabem distinguir situações reais de vida ou morte de outras que não chegam a essa importância; o que é preciso para motivar a força de trabalho; como obter um consenso sob coação e possuem uma sólida base ética que foi testada no campo de combate.

---

* Título usado pelos monarcas do Império Russo entre 1546 e 1917. (N.E.)

Brian Tice, um oficial da infantaria, era capitão dos Fuzileiros Navais norte-americanos quando decidiu migrar para o mundo empresarial. Na época, contava apenas 30 anos de idade e completara cinco mobilizações – incluindo designações para o Haiti e o Afeganistão. Na verdade, estava no meio do sexto período de convocação no Iraque. Utilizando-se de um laptop, ele escreveu seus ensaios para se candidatar ao curso de MBA na Universidade de Stanford dentro de um edifício iraquiano incendiado próximo à base aérea de Al Asad, na violenta província de Al Anbar, no oeste do Iraque. Ele precisou preencher seu requerimento de inscrição em horários estranhos, porque suas missões sempre aconteciam no meio da noite. Tice era um oficial de operações de uma unidade de 120 fuzileiros. Ele precisava preparar o plano para cada operação contra insurgentes e a Al Qaeda e determinar quanto poder de fogo, quantos fuzileiros e quanto apoio aéreo seriam necessários. Assim, o único momento para descansar e planejar operações futuras era durante o dia.[16]

Acantonado a mais 12 mil quilômetros do campus de Stanford, ele não podia cumprir a exigência da faculdade quanto a comparecer pessoalmente para uma entrevista. Assim, o departamento de admissões programou uma por telefone, realizada entre operações de tocaia e ataques de surpresa, posicionado em uma extensão em pleno deserto. Tice se desculpou com o funcionário de admissões pelo forte ruído dos helicópteros que sobrevoavam o local e precisou interromper a entrevista quando morteiros atingiram a vizinhança.

Cada vez mais os oficiais militares norte-americanos se inscrevem para cursos de MBA e – a exemplo do capitão Tice – tomam medidas extraordinárias nesse sentido. Em 2008, 15.259 (6% do total) candidatos aspirantes a MBA que se submeteram à seleção pelo Graduate Management Admission Test (GMAT) possuíam experiência militar. Na Universidade de Administração Darden, da Universidade da Virgínia, o número de candidatos militares aumentou 62% de 2007 a 2008. A classe do primeiro ano em 2008 possuía 333 alunos, quarenta deles de procedência militar, 38 dos quais tinham servido no Afeganistão ou no Iraque.

O Conselho de Administração de Admissões de Graduados, que administra o GMAT, definiu como prioritária a melhor organização do caminho entre o campo de batalha e as faculdades de administração. Foi então lançado o programa "*Operation* MBA" [Operação MBA], que ajuda os integrantes das forças armadas a encontrarem faculdades de classe B que abram mão de taxas de inscrição, ofereçam generosos planos de ajuda financeira ou, até mesmo, abatam os custos do ensino para veteranos descapitalizados. O Conselho está também montando centros de aplicação do teste GMAT em bases militares, um dos quais foi inaugurado em Forte Hood, no Texas, em 2008, e outro está previsto para ser inaugurado na Base Aérea de Yokota, no Japão.

Ainda assim, a capacidade de recrutadores e executivos do meio empresarial norte-americano em entender a experiência em combate e a sua importância no meio comercial é limitada. Como explicou Jon Medved, a maioria das empresas dos EUA simplesmente não sabe interpretar um currículo militar. Al Chase contou-nos que inúmeros veteranos com quem trabalhara relataram ao entrevistador todas as suas experiências de liderança do campo de batalha, apresentaram exemplos de tomada de decisões de grande impacto e demonstraram toda sua capacidade de administrar um grande número de pessoas e equipamentos em plena zona de guerra para, no fim, o entrevistador dizer algo semelhante a: "Isso tudo é muito interessante, mas você já teve um emprego de verdade?"

Em Israel, acontece o oposto. Embora as empresas israelenses ainda procurem experiência no setor privado, o serviço militar proporciona a medida padronizada decisiva para os empregadores – todos eles sabem o que significa ser um oficial ou ter servido em uma unidade de elite.

NOTAS

1. Entrevista com David Amir (nome fictício), agosto de 2008.
2. Entrevista com Gil Kerbs, capitalista de risco, janeiro de 2009.
3. Entrevista com Gary Shainberg, vice-presidente de tecnologia e inovação, British Telecom, agosto de 2008.
4. IMD World Competitiveness Yearbook (Lausanne, Suíça: IMD, 2005).
5. Entrevista com Mark Gerson, presidente-executivo, Gerson Lehrman Group, janeiro de 2009.
6. Entrevista com Tal Keinan, cofundador da KCPS, maio de 2008.
7. Entrevista com Yossi Vardi, investidor "anjo", maio de 2008.
8. Entrevista não oficial com um recrutador do Exército americano, janeiro de 2009.
9. David Lipsky, *Absolutely american: four years at west point*; e entrevista com Lipsky em março de 2009.
10. As informações desta passagem baseiam-se amplamente em uma entrevista com coronel (res.) John Lowry, gerente-geral da Harley-Davidson Motor Company, novembro de 2008.
11. Entrevista com Jon Medved, CEO e diretor, Vringo, maio de 2008.
12. Este acontecimento fez com que a liderança do exército deflagrasse uma campanha proativa de relações públicas para sanar essa separação civil--militar, o que incluiu procurar a Rolling Stone e oferecer acesso a uma sala de aula de West Point. Esse esforço culminou no livro de David Lipsky, *Absolutely american*. Esta passagem também se baseia na entrevista dos autores com o general John Abizaid, em maio de 2009.
13. Entrevista com Tom Brokaw, autor de *The greatest generation*, abril de 2009.
14. Entrevista com Al Chase, recrutador-excecutivo e fundador de empresas, White Rhino Partners, fevereiro de 2009.
15. Entrevista com Nathaniel Fick, autor de *One bullet away*, março de 2008.
16. Entrevista com Brian Tice, capitão (res.), Fuzileiros Navais americanos, fevereiro de 2009.

Capítulo 5
Quando a ordem encontra o caos

Dúvida e discussão — essa é a síndrome da civilização judaica e é atualmente a síndrome de Israel.
—Amós Oz

Cerca de trinta países do mundo têm serviço militar obrigatório com duração superior a dezoito meses. A maioria desse grupo inclui países em desenvolvimento ou não democráticos, ou ambos. Entre os países do primeiro mundo, porém, somente três exigem um período de serviço militar tão extenso: Israel, Coreia do Sul e Cingapura. Não surpreende o fato de os três enfrentarem ameaças contínuas à sua existência ou terem travado guerras pela sobrevivência em sua história recente.[1]

Para Israel, a ameaça à sua existência começou antes mesmo de ter se tornado um país soberano. A partir da década de 1920, o mundo árabe resistiu ao estabelecimento de um Estado judeu na Palestina e depois procurou derrotar ou enfraquecer Israel em inúmeras guerras. A Coreia do Sul tem vivido sob a ameaça constante da Coreia do Norte, que mantém um grande exército de prontidão posicionado a poucos quilômetros de Seul, a capital da Coreia do Sul. Cingapura vive com lembranças da ocupação japonesa durante a Segunda Guerra Mundial, de sua recente luta pela liberdade, que teve seu ápice em agosto de 1965, e do posterior período de instabilidade enfrentado.

Nação empreendedora

O Serviço Militar Cingapuriano foi introduzido em 1967. "Precisávamos nos defender. Era uma questão de sobrevivência. Sendo um país pequeno e com uma população reduzida, a única maneira de possuirmos uma força de tamanho suficiente [...] era por meio do alistamento compulsório", explicou o Ministro da Defesa, Teo Chee Hean. "Não foi uma decisão tomada facilmente, considerando o impacto significativo que o alistamento compulsório teria sobre cada cingapuriano. Mas não havia alternativa."[2]

Na independência, Cingapura tinha apenas dois regimentos de infantaria, que haviam sido criados e ainda eram comandados pelos britânicos. Dois terços dos soldados nem mesmo residiam em Cingapura. À procura de ideias, o primeiro Ministro da Defesa da cidade-estado, Goh Keng Swee, telefonou para Mordechai Kidron, o ex-embaixador israelense na Tailândia, a quem conhecera quando ambos trabalhavam na Ásia. "Goh nos disse que eles acreditavam que somente Israel, um país pequeno e cercado por países muçulmanos [...], poderia ajudá-los a criar um exército pequeno e suficientemente dinâmico", recordou-se Kidron.[3]

Cingapura obteve a independência duas vezes no transcurso de apenas dois anos. A primeira foi em relação aos britânicos em 1963, como parte da Malásia. A segunda foi da própria Malásia, em 1965, para evitar uma guerra civil. O então primeiro-ministro de Cingapura, Goh Chok Tong, considerou as relações do seu país com a Malásia como tensas depois de "um casamento infeliz e um divórcio litigioso". Os cingapurianos também temiam ameaças da Indonésia, enquanto uma insurgência armada comunista ganhava força no norte de Cingapura, na Indochina.

Em resposta aos pedidos de ajuda de Goh, as FDI encarregaram o tenente-coronel Yehuda Golan da redação de dois manuais para o nascente exército cingapuriano: um sobre a doutrina de combate e a estrutura de um ministério da Defesa, e o outro sobre instituições de informações. Posteriormente, seis oficiais das FDI, acompanhados de suas famílias, se mudaram para Cingapura para treinar os soldados e criar um exército com base no alistamento compulsório.

Juntamente com o serviço compulsório e um exército de carreira, Cingapura também adotou alguns aspectos do modelo do serviço da reserva das FDI. Todo soldado que completa seu serviço regular é obrigado a servir por curtos períodos de serviço todos os anos até 33 anos de idade.

Para a geração fundadora de Cingapura, o serviço militar ia além da necessidade de garantir a defesa do país. "Cingapurianos de todas as camadas sociais treinavam em conjunto sob chuva ou sol, subiam e desciam morros e aprendiam a lutar em equipe na selva e em áreas urbanas. Sua vivência no Serviço Militar os mantinha ligados uns aos outros, ao mesmo tempo que moldava a identidade e o caráter do país", declarou o primeiro-ministro no 35º aniversário das forças militares cingapurianas.

"Ainda estamos evoluindo como nação", continuou Goh. "Nossos antepassados eram imigrantes. [...] Dizem que, no serviço militar, todos – sejam chineses, malásios ou eurasianos – são da mesma cor: bronzeados! Quando aprendem a lutar como uma unidade, eles começam a confiar, respeitar e acreditar uns nos outros. Caso algum dia precisemos ir à guerra para defender Cingapura, eles lutarão pelos companheiros de pelotão tanto quanto pelo país."[4]

Substituindo "Cingapura" por "Israel", esse discurso poderia ter sido proferido por David Ben Gurion.

Embora as forças armadas de Cingapura tenham sido modeladas de acordo com as FDI – o campo de testes para muitos empreendedores de Israel –, aquele "Tigre Asiático" não conseguira incubar empresas embrionárias. Por quê?

Não é que o crescimento de Cingapura não tenha sido admirável. O PIB real *per capita* acima de 35 mil dólares americanos é um dos mais altos do mundo, e esse mesmo PIB cresceu em média 8% ao ano desde a fundação do país. Independentemente da história do seu crescimento, porém, os líderes de Cingapura não foram capazes de se manter em um mundo que valoriza um trio de atributos historicamente estranho à cultura cingapuriana: iniciativa, propensão a correr riscos e agilidade.

Uma crescente preocupação com a lacuna na área dos riscos incentivou o ministro das Finanças de Cingapura, Tharman Shanmugaratnam, a visitar a Nava Swersky-Sofer, uma companhia de capital de risco que passou a administrar a empresa de transferência de tecnologia da Universidade Hebraica, denominada Yissum, que se encontra entre os dez principais programas acadêmicos do mundo e é avaliada pela comercialização de suas pesquisas acadêmicas. Shanmugaratnam tinha uma questão para fazer àquela empresa: "Como Israel faz isso?" Como ele se encontrava na região para uma reunião do G-20, decidiu faltar ao último dia do encontro de cúpula para ir a Israel.

Atualmente, tal preocupação se estende até mesmo ao precursor da fundação de Cingapura, Lee Kuan Yew, que serviu como primeiro-ministro durante três décadas. "Este é o momento para um novo ímpeto de criatividade nos negócios", diz ele. "Precisamos de muitas novas iniciativas, muitas novas empresas."[5]

Existe um sentimento semelhante na Coreia do Sul, outro país que se utiliza do alistamento compulsório e se sente continuamente ameaçada. Assim, como em Cingapura, e diferentemente do que ocorre em Israel, esses atributos não produziram uma cultura de empresas embrionárias. A Coreia do Sul, sem dúvida alguma, não sente a escassez de grandes empresas tecnológicas. Erel Margalit, um empreendedor israelense com um celeiro de empresas embrionárias de mídia, considera a Coreia do Sul um terreno fértil para suas empresas de ponta. "Os EUA são os reis do conteúdo", disse Margalit, "mas ainda estão na época da teletransmissão, ao passo que a China e a Coreia do Sul encontram-se na era interativa."[6]

Então, por que a Coreia do Sul não produz praticamente tantas empresas embrionárias *per capita* quanto Israel? Procuramos Laurent Haug em busca de uma explicação. Haug é o criador e a força por trás das conferências Lift,* que se concentram na relação entre tecnologia e cultura. Desde 2006, suas reuniões alternam-se entre Genebra, na Suíça, e Jeju, na Coreia do Sul. Perguntamos a Haug por que não havia mais novas empresas na Coreia do Sul, apesar da grande afinidade dos sul-coreanos com a tecnologia.

---

* Sigla em inglês para *Life, Ideas, Future, Together* (Vida, Ideias, Futuro, Juntos). (N.E.)

Em virtude do medo de causar má impressão e também em razão do rompimento da bolha da internet em 2000. Na Coreia do Sul, não se deve ficar exposto por causa de uma falência. Ainda assim, no início do ano 2000, muitos empreendedores se arriscaram na nova economia e, quando a crise das Ponto.com estourou, seu fracasso notório deixou uma cicatriz no empreendedorismo sul-coreano.

Haug surpreendeu-se ao ouvir do diretor de uma empresa incubadora de tecnologia na Coreia do Sul que uma convocação de novos "projetos" havia recebido apenas cinquenta inscrições, "um índice baixo,quando se sabe o quanto a Coreia do Sul é inovadora e avançada". Para Haug, que também tem estudado o cenário tecnológico de Israel, "os israelenses parecem estar do outro lado do espectro. Eles não se preocupam com o preço social da falência e desenvolvem seus "projetos" independentemente da situação política e econômica."[7]

Portanto, quando a Swersky Sofer recebe visitantes provenientes de Cingapura, da Coreia do Sul e de muitos outros países, o desafio é como transmitir os aspectos culturais que fazem funcionar o cenário de empresas embrionárias de Israel. O serviço militar obrigatório, o serviço da reserva, a vida sob ameaça constante e até mesmo o fato de ser perspicaz em tecnologia não bastam. Então, quais são os outros ingredientes?

"Farei agora uma analogia com uma perspectiva totalmente diferente", disse, impassível, Tal Riesenfeld. "Se querem saber como ensinamos improvisação, devemos considerar o projeto Apollo. O que Gene Kranz fez na NASA – que os historiadores norte-americanos tomam como um modelo de liderança – é um exemplo do que esperamos de muitos comandantes israelenses no campo de batalha." A resposta dele à nossa pergunta sobre a inovação israelense parecia totalmente fora de contexto, mas ele estava falando por experiência própria. Durante seu segundo ano na Faculdade de Administração de Empresas de Harvard, Riesenfeld iniciou uma empresa embrionária ao lado de um de seus companheiros das forças especiais israelenses. Eles apresentaram sua proposta numa competição de planos comerciais em Harvard e derrotaram outras setenta equipes, alcançando o primeiro lugar.[8]

Depois de se formar como o primeiro aluno de sua classe em Harvard, Riesenfeld, que passara por um dos processos de recrutamentos e por um dos cursos de formação mais seletivos do exército israelense, declinou uma oferta atraente da Google para lançar o EyeView sediado em Tel Aviv.

Enquanto estava em Harvard, Riesenfeld estudou um caso que comparava as lições aprendidas com as crises da Apollo 13 e do ônibus espacial Columbia.[9] A missão Columbia de 2003 tem significado especial entre os israelenses. Um dos seus tripulantes – o coronel da Força Aérea Ilan Ramon, o primeiro astronauta israelense – morreu quando o ônibus espacial desintegrou. Ramon, no entanto, já era um herói israelense muito tempo antes disso. Ele fora um dos pilotos na ousada missão da Força Aérea israelense de 1981, que destruiu as instalações nucleares do Iraque em Osirak.

Três professores da Faculdade de Administração de Empresas de Harvard, Amy Edmondson, Michael Roberto e Richard Bohmer, passaram dois anos pesquisando e comparando as crises da Apollo e da Columbia. Analisando as lições aprendidas a partir de uma perspectiva administrativa comercial, eles publicaram um estudo que se tornaria a base para uma das mais importantes lições de Riesenfeld.

O ex-integrante das forças especiais, quando leu pela primeira vez o caso de Harvard em 2008, percebeu imediatamente algumas familiares. Entretanto, por que Reisenfeld mencionara aquele caso para nós? Qual era a relação com Israel ou com a sua economia de inovação?

A crise da Apollo 13 ocorreu em 15 de abril de 1970, no momento em que a espaçonave já tinha percorrido três quartos da rota até a Lua. Há menos de um ano, Neil Armstrong e Buzz Aldrin haviam descido da Apollo 11 e pisado na Lua. A NASA estava "nas alturas". Não obstante, quando a Apollo 13 tentou repetir a façanha, ocorreu o inesperado: depois de dois dias na missão, deslocando-se a 3.200 quilômetros por hora, um dos seus tanques primários de oxigênio explodiu. Isso levou o astronauta John Swigert a dizer o que se tornaria uma frase famosa: "Houston, temos um problema".*

O diretor de voo, Gene Kranz, era o responsável pelo controle da missão – e pelas eventuais crises – no Centro Espacial Johnson, em Houston.

---

* Tradução da celebre frase: Houston, we have a problem. (N.E.)

Ele imediatamente começou a receber notícias cada vez mais alarmantes. De início, ele foi informado de que a tripulação tinha oxigênio suficiente para dezoito minutos; um instante depois, essa previsão foi atualizada para sete minutos; então, o tempo caiu para quatro minutos. A situação rapidamente saía do controle.

Depois de consultar várias equipes da NASA, Kranz disse aos astronautas para passar ao módulo de extensão lunar, que era menor, projetado para se separar da Apollo e realizar curtas viagens secundárias no espaço. O módulo de extensão tinha seu próprio suprimento de oxigênio e de eletricidade. Posteriormente, Kranz recordou-se de que precisava encontrar um meio de "estender os recursos existentes, já insuficientes para dois homens por dois dias, para atender a três homens por quatro dias".

Depois, Kranz reuniu várias equipes e ordenou que elas se fechassem em uma mesma sala e trabalhassem até conseguir diagnosticar o problema do oxigênio e encontrar meios de devolver os astronautas à Apollo e, posteriormente, trazê-los de volta à Terra. Contudo, não era a primeira vez que aquelas equipes se reuniram. Kranz as vinha agrupando há vários meses em uma infinidade de configurações, e a prática de exercícios diários as acostumara a reagir a emergências aleatórias de todos os tipos e proporções. Ele era obcecado por maximizar a interação não apenas dentro das equipes, mas também entre elas e até mesmo entre os terceirizados contratados pela NASA. Kranz se certificava de que todos os grupos de trabalho se mantivessem em locais próximos durante o treinamento, mesmo que isso significasse contornar as regras sobre o serviço civil que impediam que pessoal externo trabalhasse em tempo integral nas instalações da NASA. Kranz não queria que faltasse nenhum tipo de familiaridade entre os integrantes do projeto caso um dia tivessem de enfrentar alguma crise em conjunto.

Em três dias, Kranz e suas equipes conseguiram descobrir maneiras criativas de trazer a Apollo de volta à Terra consumindo apenas uma fração da energia que normalmente seria necessária. Conforme publicado pelo The New York Times em um editorial, a crise teria sido fatal não fosse a "integração das equipes da NASA, cujos especialistas realizaram milagres de improvisação em uma situação de emergência".[10]

Nação empreendedora

Aquele fora certamente um feito inacreditável e uma história indubitavelmente emocionante. Mas qual seria, afinal, a relação com Israel? "Avancemos a 1º de fevereiro de 2003," disse-nos Riesenfield, "quando a missão da Columbia completou dezesseis dias e o ônibus espacial explodiu em pedaços ao reingressar na atmosfera terrestre. Sabemos agora que um pedaço do revestimento do isolamento — pesando 757,60 gramas — rompera o tanque de combustível externo durante a decolagem. O revestimento atingira a borda dianteira da asa esquerda do ônibus, abrindo uma fissura que mais tarde permitiria a entrada dos gases superaquecidos em seu interior."

Passaram-se mais de duas semanas de tempo de voo entre a decolagem — desde que o revestimento atingira inicialmente a asa — e a explosão. Teria sido possível fazer algum reparo durante esse período para consertar a Columbia?

Depois de ler o estudo de Harvard, Riesenfeld considerou que a resposta era definitivamente afirmativa. Ele apontou para o punhado de engenheiros de nível médio da NASA cujas opiniões não foram levadas em consideração. Enquanto observavam os monitores de vídeo durante a sessão de revisão pós-lançamento, aqueles profissionais haviam percebido o deslocamento da peça e imediatamente notificado a administração da NASA. A resposta obtida por eles foi que a "questão" do revestimento não significava nada novo — o deslocamento de partes do revestimento já danificaram ônibus espaciais em lançamentos anteriores e nunca acontecera nenhum acidente. Aquele era apenas um problema de manutenção e, portanto, a missão deveria seguir em frente.

Os engenheiros tentaram reargumentar, dizendo que aquele pedaço de revestimento era "o maior de todos até então". Solicitaram que os satélites norte-americanos — já em órbita — fossem remanejados para tirar mais fotos da asa perfurada. Entretanto, novamente foram dissuadidos. A administração sequer condescendeu com o pedido secundário de solicitar aos astronautas que fizessem uma avaliação externa dos danos e que tentassem fazer o reparo antes do retorno à Terra.

A NASA já vira aquele tipo de deslocamento anteriormente e, considerando a inexistência de problemas no passado, estes deveriam ser

106

tratados como rotineiros – não havia necessidade de novas discussões. Por pouco, os engenheiros discordantes não foram afastados.

Isso fazia parte do estudo de Harvard mencionado por Riesenfeld. Os autores do estudo explicaram que as organizações eram estruturadas segundo dois modelos distintos: o padronizado, em que a rotina e os sistemas governam tudo, incluindo a obediência estrita aos cronogramas e orçamentos; e o experimental, em que cada dia, cada exercício e cada nova informação são avaliados e debatidos em uma cultura que lembra um laboratório de P&D.

Durante a era Columbia, a cultura da NASA baseava-se em rotinas e padrões. A administração tentava reverter todos os dados dentro de um sistema inflexível – o que Roberta Wohlstetter, uma analista de informações militares, classifica como a nossa* "teimosia em nos prender às crenças existentes."[11] Esse é um problema que ela também tem encontrado no âmbito da análise das informações estratégicas, em que costuma faltar imaginação ao se avaliar o comportamento dos inimigos.

A transformação da cultura da NASA, daquela voltada para a exploração na época da Apollo para outra de padronização rígida na era Columbia, começou na década de 1970, quando a agência espacial solicitou através do Congresso dos EUA um financiamento para o novo programa de ônibus espacial. O veículo fora promovido como uma espaçonave reutilizável que reduziria drasticamente o custo da viagem espacial. Na época, o presidente Nixon disse que o programa "revolucionaria o transporte no espaço mais próximo por torná-lo uma rotina". Projetou-se que o ônibus espacial conduziria um programa sem precedentes de cinquenta missões por ano. A ex-secretária da Força Aérea, Sheila Widnall, que tomara parte na Comissão de Investigação do Acidente com a Columbia, declarou posteriormente que a NASA promoveu a Columbia como "um 747 com o qual se poderia simplesmente pousar, dar a volta e voltar a operar".

Contudo, como observaram os professores de Harvard, "as viagens espaciais, de maneira muito parecida com a inovação tecnológica, são um empreendimento fundamentalmente experimental e deveriam ser administradas como tal. Cada novo voo deveria ser um teste importante

---

* Referindo-se aos norte-americanos. (N.E.)

Nação empreendedora

e uma fonte de dados em vez de uma aplicação rotineira de práticas do passado". Foi por esse motivo que Riesenfeld nos direcionou para o estudo. A participação israelense em guerras também é um "empreendimento experimental", como vimos na história de como Israel tratou o caso dos Saggers em 1973. De acordo com Riesenfield, em vários aspectos, tanto os militares quanto as novas empresas israelenses vivem segundo a cultura da Apollo.

Com base em tal cultura, na estimativa da Nava Swersky-Sofer, essa é certamente uma atitude responsável e confiante à qual os israelenses se referem como *rosh gadol*. No Exército israelense, os soldados são divididos entre os que ostentam *rosh gadol* – cujo significado literal em hebraico é "pensamento grande" – e aqueles que atuam com senso de *rosh katan* – "pensamento pequeno". O comportamento *rosh katan*, que é evitado, significa interpretar as ordens da maneira mais limitada possível para não ter de assumir responsabilidades ou, até mesmo, mais trabalho. O pensamento *rosh gadol* significa seguir as ordens, contudo, procedendo da melhor maneira possível utilizando-se do bom julgamento e investindo todos os esforços necessários, quaisquer que sejam. Essa atitude enfatiza a improvisação acima da disciplina e o questionamento da chefia acima do respeito à hierarquia. Na verdade, "questionar o comando" é uma recomendação feita aos militares israelenses subalternos, que decorre diretamente de uma comissão militar do pós-guerra, sobre a qual trataremos mais adiante. Entretanto, tudo o que se relaciona a Cingapura contraria a mentalidade *rosh gadol*.

Passando-se algum tempo em Cingapura, torna-se imediatamente evidente que se trata de uma cidade extremamente limpa e bem-organizada. Os gramados perfeitamente aparados e as árvores exuberantes são emoldurados pela imagem em perspectiva dos novos e majestosos arranha-céus. Em cada esquina, encontram-se filiais de todas as mais importantes instituições financeiras do mundo. Nas ruas não se vê nenhuma espécie de lixo, nem mesmo os mais inócuos. Os cingapurianos são instruídos especificamente para serem bem-educados, não agressivos, silenciosos e não mascarem chiclete em público.

A ordem e a limpeza também se estende ao governo. O Partido de Ação Popular de Lee Kuan Yew basicamente mantém-se no poder ininterruptamente desde a independência cingapuriana, e é exatamente assim que Lee quer que seja. Ele sempre acreditou que a agitação de uma oposição política poderia prejudicar sua visão de uma Cingapura ordeira e eficiente. As divergências públicas são desencorajadas e imediatamente reprimidas. Essa atitude é comum em Cingapura, mas totalmente exótica em Israel.

O piloto da Força Aérea israelense Yuval Dotan também formou-se na Faculdade de Administração de Empresas de Harvard. Quando se trata do caso "Apollo *versus* Columbia", ele acredita que, se a NASA fosse fiel às suas origens exploratórias, os choques do revestimento teriam sido identificados e debatidos seriamente nas reuniões diárias para a discussão dos acontecimentos. Nas unidades militares de elite israelenses, cada dia é um experimento e cada um termina com uma extenuante sessão na qual todos da unidade – independentemente do posto – tomam parte na análise minuciosa das ocorrências, não importa o que mais esteja acontecendo no campo de batalha ou no mundo. Segundo Dotan, a reunião para a discussão dos acontecimentos do dia é tão importante quanto os exercícios ou a batalha propriamente dita. Cada exercício ou simulação de voo, assim como cada operação real, é tratado como um trabalho de laboratório "e deve ser examinado e reexaminado, novamente verificado, aberto a novas informações e sujeito a um intenso – e acalorado – debate. É esse o tipo de treinamento que recebemos."[12]

Nessas reuniões para discussão dos acontecimentos diários, o importante não é apenas a franqueza sem limites, mas também a autocrítica como um meio de fazer com que todos – colegas, subordinados e superiores – aprendam com cada erro. "Normalmente, elas demoram noventa minutos e envolvem todo mundo. São muito pessoais, além de uma experiência muito dura", disse Dotan enquanto recordava-se das reuniões mais exaustivas desse tipo em sua carreira militar. "Para os caras que são 'mortos' [nas simulações], é muito duro. Mas, para os que sobrevivem à batalha – mesmo num exercício de treinamento diário –, a parte mais difícil depois disso é a reunião para a discussão dos acontecimentos do dia."

Dotan foi comandante de esquadrão na FAI e voava em jatos de caça F-16. "A maneira como comunicamos e analisamos uma divergência com base em diferentes perspectivas sobre um acontecimento ou decisão é parte importante da nossa cultura militar e, também, uma arte. No final, acabamos nos tornando especialistas nisso. Na escola de voo e durante todo o tempo no esquadrão [...], são levantadas inúmeras questões relativas à capacidade de um indivíduo discutir sobre si mesmo e os outros."

Explicar uma decisão ruim é inaceitável. "Defender algo que tenha feito inadequadamente é simplesmente impopular. Se você errou, é sua obrigação mostrar as lições que aprendeu. Nada se aprende com atitudes defensivas."

Vale ressaltar que o propósito das reuniões para a discussão dos acontecimentos não é simplesmente admitir erros cometidos. Ao contrário, a ideia é fazer com que os pilotos aprendam que os erros são aceitáveis desde que sejam usados como oportunidades de melhorar o desempenho individual e do grupo. Essa ênfase nas lições úteis e aplicáveis antes da criação de novas estratégias formais é típica das FDI. Toda a tradição militar israelense é ser justamente desprovida de tradições. Os comandantes e os soldados não devem ficar presos a uma ideia ou solução somente porque ela funcionou no passado.

As origens dessa cultura forte e destemida remontam à geração que fundou o Estado. Em 1948, o exército israelense não tinha tradições, protocolos nem doutrinas próprias; também não tentou importar tais instituições dos britânicos, cujas forças armadas estavam na Palestina antes da independência de Israel. De acordo com o historiador militar Edward Luttwak, o exército de Israel foi, nesse sentido, diferente de todos os exércitos pós-coloniais. "Criado no meio da guerra a partir de uma milícia clandestina, muitos daqueles homens tinham sido treinados em porões com pistolas de madeira; o exército israelense evoluiu muito rapidamente sob a pressão implacável de um conflito cruel e prolongado. Em vez da aceitação passiva da doutrina e da tradição, testemunhada no caso da maioria dos outros exércitos, o crescimento das forças israelenses foi marcado por um turbilhão de inovações, controvérsias e discussões acaloradas."

Além disso, depois de cada uma das guerras travadas, as FDI passavam por reformas estruturais de longo alcance com base no mesmo processo de debate rigoroso.

Enquanto o exército ainda estava desmobilizado depois de Guerra da Independência em 1948, Ben Gurion designou o oficial de formação britânica Haim Laskov para analisar a estrutura das FDI. Laskov obteve permissão para reestruturar o exército integralmente. "Embora uma avaliação dessas não fosse surpresa depois de uma derrota", explicou-nos Luttwak, "os israelenses foram capazes de inovar até mesmo depois da vitória. O novo nem sempre era melhor do que o velho, mas o fluxo de novas ideias ao menos impedia a perpetuação da mentalidade militar, que costuma ser o supremo castigo da vitória e a causa de derrotas futuras."[13]

A vitória israelense na Guerra dos Seis Dias, em 1967, foi a mais decisiva que Israel alcançara em todos os tempos. Nos dias que antecederam o conflito, os estados árabes vangloriavam-se abertamente de que sairiam vitoriosos; a falta de apoio internacional a Israel convenceu muitos de que o Estado judeu estava condenado. Israel desencadeou um ataque preventivo, destruindo toda a força aérea egípcia no solo. Embora a guerra tenha sido chamada de Guerra dos Seis Dias, essencialmente ela foi vencida naquele primeiro dia em questão de horas. Por fim, os Estados árabes foram rechaçados em todas as frentes.

Ainda assim, mesmo na vitória, o mesmo aconteceu: seguiu-se uma profunda autoanálise por meio de uma inspeção nas FDI. Na verdade, os oficiais superiores foram demitidos depois de uma guerra bem-sucedida.

Certamente, não é surpreendente então que, depois de guerras mais controversas – como a de Yom Kippur, em 1973, e as guerras do Líbano, em 1982 e 2006, a maioria dos israelenses considerou estrategicamente falhas as comissões públicas de inquérito instaladas para avaliar a atuação dos líderes civis e militares.

"Os militares norte-americanos estão acostumados a preparar relatórios posteriores a cada ação dentro dos meios militares", disse-nos o historiador militar e ex-funcionário do mais alto nível do Departamento de Estado dos EUA, Eliot Cohen. "Porém, esses relatórios são sigilosos.

Nação empreendedora

Trata-se de um exercício totalmente interno e estanque. Eu disse a oficiais superiores das forças armadas norte-americanas que eles se beneficiariam de uma completa comissão nacional ao estilo israelense depois de cada guerra, em que as hierarquias superiores são mantidas sempre responsáveis, mas o país inteiro pode ter acesso ao debate."[14]

No entanto, isso não deve acontecer tão cedo, para grande decepção do tenente-coronel do exército dos EUA, Paul Yingling, que comentou durante uma palestra na base de Fuzileiros Navais em Quantico, na Virgínia:

> Perdemos milhares de vidas e gastamos centenas de bilhões de dólares nos últimos sete anos em esforços para promover a estabilidade em dois países de tamanho médio; não podemos demorar a ajustar isso no futuro.[15] [...] O problema é que para um soldado raso, a perda de um fuzil tem consequências muito maiores do que a perda de uma guerra para um general.[16]

Os israelenses, em contrapartida, têm sido tão teologais em prol de suas comissões que uma delas chegou a ser instalada no meio de uma guerra pela própria existência do país. Em julho de 1948, no que Eliot Cohen classificou como "um dos episódios mais surpreendentes" da Guerra da Independência de Israel, o governo estabeleceu uma comissão integrada por líderes de todo o espectro político enquanto a guerra ainda estava em andamento. A comissão reuniu-se por três dias para ouvir o testemunho enraivecido de oficiais sobre vários assuntos, desde o modo como as forças armadas estavam sendo conduzidas durante a guerra até a administração exageradamente preocupada com minúcias de Ben Gurion.[17] Instalar uma comissão no meio de uma guerra em curso foi uma decisão questionável, dada a distração que imporia à liderança. Entretanto, conforme já mencionado por Yuval Dotan, em Israel, a discussão dos acontecimentos é tão importante quanto a luta em si.

Essa análise e discussão rigorosas e imediatas dos acontecimentos, de caráter nacional e totalmente público, aconteceu também mais recentemente durante a guerra contra o Líbano em 2006. De início, houve um apoio quase unânime do público quanto à decisão do governo de reagir maciçamente ao ataque do Hezbollah, do outro lado da fronteira ao norte de Israel, em 12 de julho de 2006. Esse apoio público não cessou até mesmo quando civis ao norte de Israel ficaram sob um ataque indiscriminado de mísseis – forçando um a cada sete israelenses a deixar sua casa durante a guerra.

Na verdade, o apoio para a continuidade da ofensiva foi ainda maior entre os que viviam sob a barreira de mísseis do que no restante de Israel. Supostamente, esse apoio resultava da disposição israelense de sofrer para ver o Hezbollah eliminado para sempre.

No entanto, Israel não conseguiu acabar com o Hezbollah naquele ano e foi incapaz de enfraquecer a posição da organização muçulmana no Líbano e resgatar os soldados sequestrados. A reação contra as lideranças políticas e militares foi severa, com pedidos ao Ministro da Defesa, ao chefe do Estado-Maior das FDI e ao primeiro-ministro para que renunciassem. No final, seis companhias de militares (em torno de 600 soldados) conseguiram matar cerca de 400 combatentes do Hezbollah em confrontos diretos, sofrendo apenas trinta baixas; mesmo assim, a guerra foi considerada um fracasso de estratégia e de treinamento por parte dos israelenses e pareceu sinalizar para o público um perigoso afastamento do *éthos* das FDI.

Na verdade, a guerra do Líbano de 2006 transformou-se em um estudo de caso sobre o desvio do modelo empreendedor israelense que fora bem-sucedido em guerras anteriores. De acordo com o general reformado Giora Eiland, que chefiou o prestigioso Departamento de Planejamento das FDI e o Conselho de Segurança Nacional, a guerra salientou quatro falhas principais das FDI:

> Um desempenho ruim entre as unidades de combate, especialmente em terra; fraqueza do alto-comando; processos falhos de comando e controle; e normas problemáticas, incluindo os valores tradicionais.

"Em especial," disse Eiland, "foi extremamente rara a postura receptiva e crítica necessária para reduzir os riscos de se tornar refém de ideias preconcebidas e de confiar em pressupostos não questionados.

Em outras palavras, Israel sofria de falta de organização e, também, de improvisação. Eiland observou ainda que os soldados não estavam suficientemente inspirados pela "crença de que 'o destino da guerra repousa sobre os nossos ombros'". Os comandantes "confiaram demais na tecnologia, o que deu a impressão de que seria possível travar uma batalha tática terrestre sem estar realmente em campo."

Finalmente, Eiland lançou críticas que talvez sejam quintaessencialmente israelenses e dificilmente imagináveis dentro de outro sistema militar: um dos problemas da segunda guerra do Líbano foi a submissão exagerada dos oficiais superiores às decisões do chefe do Estado-Maior. Não há dúvida de que a palavra final deve ser do chefe do Estado-Maior, e que depois que as decisões forem tomadas todos devem demonstrar total comprometimento com a sua implementação. Entretanto, é tarefa dos oficiais superiores discutir com o chefe do Estado-Maior quando acharem que ele está errado; isso deve ser feito assertivamente com base na verdade profissional sempre que perceberem um problema" (ênfase acrescentada).

As grandes organizações, militares ou empresariais, devem estar constantemente atentas à subordinação e ao pensamento de grupo, ou todo o sistema pode ruir completamente devido a erros terríveis e evitáveis. Ainda assim, a maioria das forças armadas, e muitas empresas, parecem dispostas a sacrificar a flexibilidade pela disciplina, a iniciativa pela organização e a inovação pela previsibilidade. Esse, pelo menos em princípio, não é o estilo israelense.

Eiland sugeriu que as FDI deveriam considerar a tomada de medidas drásticas para reforçar o seu *éthos* clássico, anti-hierárquico, inovador e empreendedor. "É correto ou até mesmo possível", indagou ele, "permitir que os oficiais subalternos planejem e comandem as operações de segurança em curso *com menos controle de cima* para prepará-los melhor para uma guerra convencional?" (ênfase acrescentada)[18]

A guerra de 2006 foi um alerta muito caro para as FDI: elas estavam sofrendo da perpetuação e do esvaziamento que são comuns entre militares não testados em batalha durante longos períodos. No caso de Israel, as FDI tinham mudado o seu foco para a guerra no estilo das forças especiais, que é adequado quando se perseguem grupos terroristas, mas negligenciaram as técnicas e os recursos necessários para guerras convencionais.

Ainda assim, a reação israelense não foi tanto um pedido para apertar as fileiras, mas para afrouxá-las: trabalhar com mais afinco na transferência da autoridade e da responsabilidade aos níveis inferiores e fazer mais para encorajar os oficiais subalternos a desafiar seus superiores. Essa pressão radical, ademais, foi considerada capaz de restaurar os "valores centrais", mas não de liberalizá-los.

O que isso tudo significa para um país como Cingapura, que tenta não apenas imitar a estrutura militar de Israel, mas também injetar parte da inventividade israelense em sua economia? Como foi anteriormente, Cingapura difere radicalmente de Israel em sua ordem e em sua insistência pela obediência. A boa educação, os gramados perfeitamente aparados e o governo unipartidário de Cingapura purgaram a fluidez de sua economia.

Tal fluência, de acordo com uma nova escola de economistas que estuda os ingredientes fundamentais do empreendedorismo, é produzida quando as pessoas podem superar limites, transgredir as normas sociais e agitar a economia, com o objetivo de catalisar ideias radicais. Ou, como observa Howard Gardner, um psicólogo de Harvard, tipos diferentes de "assincronia [...], a falta de enquadramento, o uso de padrões incomuns e até irregularidades" têm o poder de estimular a criatividade econômica.[19]

Portanto, o obstáculo mais intransponível para a fluidez é a ordem. Um pouco de confusão não é somente saudável, mas fundamental. Os pensadores mais avançados nessa área – os economistas William Baumol, Robert Litan e Carl Schramm – sustentam que o ambiente ideal é mais bem caracterizado por um conceito da "ciência da complexidade" denominado "o limiar do caos", definido como "a região do estuário em que a ordem rígida e o caos indiscriminado encontram-se e promovem altos níveis de adaptação, complexidade e criatividade."[20]

Esse é exatamente o ambiente em que os empreendedores israelenses prosperam. Eles se beneficiam não apenas das instituições estáveis e do estado de direito que existe em uma democracia avançada, mas também de uma cultura não hierárquica, na qual todos no meio empresarial

Nação empreendedora

pertencem a redes de relacionamentos sobrepostas produzidas pelas pequenas comunidades, pelo serviço militar comum, pela proximidade geográfica e pela informalidade.

Não é coincidência que as forças armadas de Israel – em especial nas áreas das unidades de elite da força aérea, da infantaria, do serviço de informações estratégicas e da tecnologia da informação – tenham servido como incubadoras para milhares de empresas embrionárias de alta tecnologia no país. Outras nações podem até gerá-las em números menores, mas a economia israelense beneficia-se do fenômeno do pensamento *rosh gadol* e da reavaliação crítica, reforçada internamente por uma doutrina de experimentação (em vez de padronização), ampla o bastante para exercer uma forte influência nacional e até mesmo mundial.

Notas

1. CIA, *Field listing—military service age and obligation*, The 2008 World Factbook.

2. Ministério da Defesa de Cingapura, Ministerial Statement on National service defaulters by minister for defence Teo Chee Hean, 16 de janeiro de 2006.

3. Amnon Barzilai, "A deep, dark, secret love affair", <http://www.israelforum.com/board/archive/index.php/t-6321.html>.

4. Ministério da Defesa de Cingapura, Speech by prime minister Goh Chok Tong at the 35 years of national service commemoration dinner, 7 de setembro de 2007.

5. BBC News, Singapore Elder Statesman, 5 de julho de 2000, <http://news.bbc.co.uk/2/hi/programmes/from_our_own_correspondent/820234stm>; Acesso em novembro de 2008.

6. Citado em James Flanigan, "Israeli companies seek global profile", *New York Times*, 20 de maio de 2009.

7. Entrevista com Laurent Haug, fundador e CEO, Lift Conference, maio de 2009.

8. Entrevista com Tal Riesenfeld, fundador e vice-presidente de marketing, EyeView, dezembro de 2008.

9. As informações desta passagem foram tiradas amplamente de Michael A. Roberto, Amy C. Edmondson e Richard M. J. Bohmer, Columbia's final mission, *Harvard Business School Case Study*, 2006; Charles Murray e Catherine Bly Cox, *Apollo* (Birkittsville, Md.: South Mountain Books, 2004); Jim Lovell e Jeffrey Kluger, *Apollo* 13 (Nova York: Mariner Books, 2006); e Gene Kranz, *Failure is not an option: mission control from Mercury to Apollo 13 and beyond* (Nova York: Berkley, 2009).

10. Michael Useem, *The leadership moment: nine true stories of triumph and disaster and their lessons for us all* (Nova York: Three Rivers, 1998), p. 81.

11. Roberta Wohlstetter citada em Michael A. Roberto, Richard M. J. Bohmer e Amy C. Edmondson, Facing ambiguous threats, *Harvard Business Review*, novembro de 2006.

12. Entrevista com Yuval Dotan (nome fictício), piloto de caça das FAI, maio de 2008.

13. Entrevista com Edward Luttwak.

14. Entrevista com Eliot A. Cohen, diretor do Strategic Studies Program, Paul H. Nitze School of Advanced International Studies, Johns Hopkins University, janeiro de 2009.

Nação empreendedora

15. Tenente-coronel Paul Yingling citado em Thomas E. Ricks, A brave lieutenant colonel speaks out: why most of our generals are dinosaurs, Foreign Policy, 1º de janeiro de 2009,<http://ricks.foreignpolicy.com/ posts/2009/01/22/a_ brave_colonel_speaks_out_why_most_of_our_generals_are_dinosaurs>.

16. Tenente-coronel Paul Yingling (Exército dos Estados Unidos), "A failure in generalship", *Armed Forces Journal*, 2007, <www.armed forcesjournal.com/2007/05/2635198>.

17. Entrevista com Eliot Cohen.

18. Giora Eiland, "The IDF: addressing the failures of the second lebanon war", in The Middle East Strategic Balance 2007–2008, editado por Mark A. Heller (Tel Aviv: Institute for National Security Studies, 2008).

19. Citação identificada na entrevista com Carl Schramm, março de 2009.

20. William J. Baumol, Robert E. Litan e Carl J. Schramm, *Good capitalism, bad capitalism, and the economics of growth and prosperity* (New Haven: Yale University Press, 2007); e Carl Schramm, *Economic fluidity: a crucial dimension of economic freedom*, in 2008 Index of Economic Freedom, editado por Kim R. Holmes, Edwin J. Feulner e Mary Anastasia O'Grady (Washington, D.C.: Heritage Foundation, 2008), p. 17.

PARTE 3

OS PRIMÓRDIOS

Capítulo 6
Uma política industrial bem-sucedida

Não foi fácil convencer as pessoas de que fazia sentido criar peixes no deserto.
—Professor Samuel Appelbaum

A história de como Israel chegou aonde está – com um crescimento econômico cinquenta vezes maior em sessenta anos – é mais do que uma narrativa sobre as idiossincrasias do caráter dos israelenses, do empreendedorismo testado em batalha ou do feliz acaso geopolítico. Ela deve incluir as influências das políticas governamentais, que precisaram ser tão adaptáveis quanto as forças armadas e os cidadãos israelenses e que sofreram muitas guinadas de sorte.

A história da economia israelense envolve dois grandes saltos, intercalados por um período de estagnação e hiperinflação. As políticas macroeconômicas do governo desempenharam um papel tão importante quanto o dos empreendedores na aceleração do crescimento do país; posteriormente, contribuíram para sua reversão e, por fim, desencadearam um nível de crescimento pelo qual nem mesmo o governo jamais esperou.

O primeiro grande salto aconteceu no período de 1948 a 1970, durante o qual o PIB *per capita* quase quadruplicou e a população triplicou, enquanto Israel lidava com três guerras importantes.[1] O segundo teve início em 1990 e prossegue até hoje, época em que o país transformou-se de

Nação empreendedora

uma região atrasada e modorrenta em um centro avançado de inovação mundial. Em cada um desses momentos, foram empregados meios drasticamente diferentes e quase opostos: o primeiro foi alcançado por meio de um governo empreendedor que dominou um setor privado pequeno e primitivo; o segundo, por meio de um setor privado prosperamente empreendedor inicialmente catalisado pela ação do governo.

As origens do primeiro período de crescimento econômico podem ser localizadas bem antes da fundação do país – remontando ao final do século XIX. Na década de 1880, por exemplo, um grupo de colonos judeus tentou desenvolver uma comunidade agrária em uma nova cidade que haviam fundado – Petach Tikva – a alguns quilômetros de onde se localiza atualmente Tel Aviv. Depois de morar inicialmente em barracas, os pioneiros contrataram árabes locais para construir cabanas de barro. Mas, quando chovia, as cabanas deixavam entrar mais água do que as antigas barracas, e, quando o rio extravasava pelas margens, as construções se desmanchavam. Alguns colonos contraíram malária e disenteria. Depois de apenas alguns invernos, as economias dos agricultores tinham se esgotado, seu acesso às estradas se esvaíra com a chuva e suas famílias estavam reduzidas quase à inanição pela falta de alimentos.

Em 1883, porém, tudo começou a melhorar. O banqueiro e filantropo judeo-francês Edmond de Rothschild forneceu o apoio financeiro desesperadamente necessário. Um especialista em agricultura aconselhou os colonos a plantar pés de eucalipto onde o rio costumava transbordar e criar pântanos; as raízes dessas árvores rapidamente drenaram e secaram os alagamentos. A incidência de malária caiu acentuadamente e mais famílias foram viver na comunidade, que não parava de aumentar.[2]

Do início dos anos 1920 e ao longo de toda a década, a produtividade do trabalho na Yishuv – a comunidade judaica na Palestina pré-estatal – registrou um crescimento de 80%, produzindo um aumento quadruplicado na produção nacional à medida que a população judaica duplicava. De maneira impressionante, enquanto a depressão mundial se alastrava de 1931 a 1935, o crescimento econômico anual médio entre os judeus e os árabes da Palestina era de 28% e 14% , respectivamente.[3]

122

As pequenas comunidades estabelecidas pelos colonos, a exemplo de Petach Tikva, nunca teriam sido capazes de alcançar um crescimento tão abrupto por conta própria. A elas somaram-se ondas sucessivas de novos imigrantes, que contribuíram não apenas numericamente, mas com um *éthos* de pioneirismo que provocou reviravolta na economia até então com base na caridade.

Um desses imigrantes era um advogado de 20 anos de idade chamado David Gruen, que partira da Polônia em 1906. Logo na chegada, ele hebraizou seu nome para Ben-Gurion – adotado em homenagem a um general judeu do período romano de 70 A.D. – e ascendeu rapidamente na comunidade até se tornar o líder incontestado da Yishuv. O escritor israelense Amós Oz escreveu: "Nos primeiros anos do Estado, muitos israelenses viam-no como uma combinação de Moisés, George Washington, Garibaldi e Deus Todo-Poderoso."[4]

Ben-Gurion foi também o primeiro empreendedor nacional de Israel. Theodore Herzl pode ter conceitualizado uma visão para a soberania judaica e começado a galvanizar os judeus da Diáspora em torno de uma noção romântica de um Estado soberano, mas foi Ben-Gurion quem organizou essa visão, transformando-a de uma ideia a uma nação em funcionamento. Depois da Segunda Guerra Mundial, Winston Churchill classificou o general norte-americano George Marshall como o "organizador da vitória" das Potências Aliadas. Parafraseando Churchill, Ben-Gurion foi o "organizador do sionismo". Ou, em termos empresariais, ele foi o "homem de operações" que realmente construiu o país.

O desafio com o qual Ben-Gurion se deparou em termos de gestão operacional e de planejamento logístico foi extremamente complexo. Considere-se apenas uma questão: a absorção da imigração. Da década de 1930 até o fim do Holocausto, enquanto milhões de judeus europeus eram deportados para os campos de concentração, alguns conseguiram fugir para a Palestina. Outros que escaparam, entretanto, tiveram seu pedido de asilo negado por diferentes países e foram forçados a permanecer escondidos, muitas vezes em condições sub-humanas. Depois de 1939, o governo britânico – que era a potência colonial encarregada da

Nação empreendedora

Palestina – impôs restrições draconianas sobre a imigração, uma política conhecida como "White Paper"*. As autoridades britânicas realmente mandaram de volta a maioria dos que buscavam refúgio na Palestina.

Em resposta, Ben-Gurion lançou duas campanhas aparentemente contraditórias. Em primeiro lugar, ele inspirou e organizou para que cerca de 18 mil judeus que moravam na Palestina retornassem à Europa e entrassem para o exército britânico nos "batalhões judaicos" para lutar contra os nazistas. Ao mesmo tempo, criou uma agência clandestina para transportar em segredo os judeus refugiados da Europa para a Palestina em um desafio à política de imigração do Reino Unido. Enquanto isso, Ben-Gurion lutava ao lado dos britânicos na Europa e contra os britânicos na Palestina.

A maioria das histórias dessa época concentra-se nas lutas políticas e militares que levaram à fundação de Israel em 1948. Ao longo do processo, contudo, surgiu um mito enganador envolvendo o aspecto econômico dessa narrativa: Ben-Gurion era defensor do socialismo e Israel nascia, portanto, como um estado inteiramente socialista.

As origens desse mito são compreensíveis. Ben-Gurion estava profundamente envolvido com o meio socialista da época, além de ter sido fortemente influenciado pela ascensão do marxismo e da Revolução Russa de 1917. Muitos dos judeus que chegavam da União Soviética e da Europa Oriental ao pré-Estado da Palestina eram socialistas e exerceram grande influência.

Ben-Gurion, porém, estava singularmente concentrado na construção do Estado por quaisquer meios que fossem necessários. Ele não tinha paciência para experimentar políticas que acreditava terem sido criadas simplesmente para validar a ideologia marxista. Do seu ponto de vista, todas as políticas – econômicas, políticas, militares ou sociais – deviam servir ao objetivo da construção da nação. Ben-Gurion era o clássico bitzu'ista, uma palavra hebraica que pode ser traduzida, mais ou menos, como "pragmático", mas com uma característica muito mais ativista. Um bitzu'ista é alguém que consegue que as coisas sejam feitas.

---

* No Reino Unido, "White Paper" é um relatório oficial apresentando a política do governo sobre determinada questão a ser discutida no Parlamento. (N.T.)

O bitzu'ismo está no coração do *éthos* do pioneirismo e da motivação empreendedora de Israel. "Chamar alguém de bitzu'ista é fazer um cumprimento a ela", afirma o escritor e editor Leon Wieseltier. "O bitzu'ista é o construtor, o irrigador, o piloto, o contrabandista de armas e o colono. Os israelenses reconhecem esse tipo social: ele é rude, habilidoso, impaciente, irônico, eficaz, impulsivo e não precisa de muito sono."[5] Embora Wieseltier esteja se referindo à geração dos pioneiros, suas palavras também se aplicam aos que arriscam tudo para fundar novas empresas. O bitzu'ismo é como um fio condutor que corre desde aqueles que se arrojaram para explorar novas terras e drenaram pântanos até os empreendedores que acreditam na capacidade de suplantar as desigualdades e as adversidades para realizar seus sonhos.

Para Ben-Gurion, a tarefa fundamental era a ampla dispersão da população judaica sobre o território que um dia se tornaria Israel. Ele acreditava que um esforço concentrado de colonização era a única maneira de garantir a soberania futura do país. Caso contrário, as regiões não colonizadas ou fracamente povoadas poderiam ser reivindicadas algum dia pelos adversários, que teriam uma questão mais fácil para apresentar à comunidade internacional se os judeus estivessem mal-representados nas regiões contestadas. Além disso, as densas concentrações urbanas – em vilas e cidades como Jerusalém, Tiberíades e Safad – seriam alvos fáceis para as forças aéreas hostis, o que era outra razão para dispersar amplamente a população.

Ben-Gurion também entendeu que as pessoas não se mudariam para regiões subdesenvolvidas distantes dos centros urbanos e da infraestrutura básica se o governo não tomasse a iniciativa na colonização e oferecesse incentivos para a recolocação. Os capitalistas privados, ele sabia, nunca assumiriam o risco de tais esforços.

No entanto, essa intensa preocupação com o desenvolvimento também produziu como legado uma intervenção informal do governo na economia. Os feitos brilhantes de Pinchas Sapir foram típicos. Durante as décadas de 1960 e 1970, Sapir atuou em momentos diferentes como Ministro das Finanças e Ministro da Indústria e Comércio. Seu estilo de administração era tão "micro" que ele estabeleceu diferentes taxas de câmbio para moedas estrangeiras para fábricas distintas – o que se tornou conhecido como "método 100 de taxa de câmbio" – e as acompanhava tomando nota de cada taxa em um caderninho de capa preta. De acordo com Moshe Sanbar, o primeiro diretor do Banco de Israel, Sapir ficou famoso por ter dois cadernos de apontamentos. "Um deles era a sua própria 'agência central de estatísticas'": ele tinha pessoas em todas as grandes fábricas que lhe relatavam quanto e para quem haviam vendido, quanta eletricidade haviam consumido etc. E era assim que ele sabia, bem antes de serem informadas as estatísticas oficiais, em que situação estava a economia."

Sanbar também acredita que tal modelo econômico somente poderia ter funcionado em um país pequeno, batalhador e idealista: havia uma falta de transparência no governo, mas "todos os políticos da época [...] morreram pobres. [...] Eles intervinham no mercado e decidiam o que queriam, mas em nenhuma circunstância alguém embolsou sequer um centavo".[6]

O *kibbutz* e a revolução na agricultura

No centro do primeiro grande salto, encontrava-se uma radical e emblemática inovação social israelense, cuja influência local e mundial foi extremamente desproporcional ao seu tamanho: o *kibbutz*. Atualmente, pelo menos 2% da população israelense, os *kibbutzniks*, produzem 12% das exportações do país.

Os historiadores chamaram o *kibbutz* de "o mais bem-sucedido movimento comunal do mundo".[7] Ainda assim, em 1944, quatro anos antes da fundação de Israel, apenas 16 mil pessoas moravam em *kibbutzim* ("*kibbutz*" significa "reunião" ou "coletivo", "*kibbutzim*" é o plural, e os seus integrantes são chamados de "*kibbutzniks*"). Criado na forma de assentamentos agrícolas dedicados à abolição do conceito de propriedades privadas e à completa igualdade, o movimento cresceu ao longo dos vinte anos seguintes, alcançando 80 mil pessoas, que moravam em 250 comunidades. Esse número ainda equivalia, porém, a apenas 4% da população de Israel. Ainda assim, nessa época, dos *kibbutzim* saíram 15% dos integrantes do Knesset, o Parlamento Israelense, e uma proporção ainda maior de oficiais e pilotos das FDI. Um quarto dos 800 soldados das FDI mortos na Guerra dos Seis Dias, em 1967, eram *kibbutzniks* – seis vezes a sua proporção na população como um todo.[8]

Embora a noção de uma comuna socialista pudesse evocar imagens de uma cultura boêmia, os primeiros *kibbutzim* não possuíam essa característica. O *kibbutznik* passou a simbolizar a dureza e a informalidade, e sua busca de igualdade radical produziu uma forma de ascetismo. Um exemplo notável disso foi Abraham Herzfield, um líder do movimento em prol do *kibbutz* durante os primeiros anos do Estado, que considerava os vasos sanitários com descarga inaceitavelmente decadentes. Até mesmo na pobre e assediada Israel dos anos 1950, quando muitos produtos básicos eram racionados, os vasos sanitários com descarga eram considerados necessidade comum na maioria dos assentamentos e cidades israelenses. Há uma lenda segundo a qual, quando o primeiro vaso sanitário foi instalado em um *kibbutz*, Herzfield pessoalmente o destruiu com um machado. Porém, na década de 1960, nem mesmo Herzfield podia deter o progresso, e a maioria dos *kibbutzim* instalou vasos sanitários com descarga.[9]

Os *kibbutzim* eram ao mesmo tempo hipercoletivos e hiperdemocráticos. Todas as questões de autogovernança que englobavam desde as sementes que deveriam ser plantadas até a possibilidade de os moradores terem televisores eram incansavelmente debatidas. Segundo Shimon Peres, "nos *kibbutzim*, não existia polícia nem tribunal. Quando morei em um deles, não havia dinheiro privado e, antes de eu chegar, sequer a correspondência era privada. Quando uma carta chegava, qualquer um podia abrir e ler".

Talvez o aspecto mais controverso fosse o fato de as crianças serem criadas comunalmente. Embora as práticas variassem, quase todos os *kibbutzim* tinham a "casa das crianças", onde moravam e recebiam os cuidados dos moradores. Na maioria dos *kibbutzim*, as crianças viam os pais durante algumas horas por dia, mas dormiam com os coleguinhas.

A ascensão do *kibbutz* é, em parte, uma consequência dos avanços agrícolas e tecnológicos que ocorreram nos *kibbutzim* e nas universidades israelenses. A transição entre as adversidades extremas e ideologias inflexíveis da época dos fundadores, assim como da necessidade de lavrar a terra para a instalação de indústrias de ponta, pode ser vista em

Nação empreendedora

um *kibbutz* como o de Hatzerim. Esse *kibbutz*, juntamente com dez outros postos avançados minúsculos e isolados, foi "fundado" numa noite de outubro de 1946, quando a Haganah, a principal milícia pré-estatal judaica, decidiu marcar presença em pontos estratégicos ao sul do deserto de Negev. Quando o dia amanheceu, as cinco mulheres e os 25 homens que deram início à comunidade encontravam-se no alto de um morro árido cercado pela imensidão do deserto. No horizonte, apenas uma acácia solitária podia ser vista.

Demorou um ano até o grupo conseguir estender um cano de seis polegadas para o abastecimento de água a partir de uma região a 60 quilômetros de distância. Durante a Guerra da Independência, em 1948, o *kibbutz* foi atacado e o seu abastecimento de água, interrompido. Mesmo depois da guerra, o solo mostrou-se tão salino e difícil de cultivar que, em 1959, os moradores do *kibbutz* discutiram sobre fechar Hatzerim e mudar--se para outro lugar mais hospitaleiro.

Entretanto, a comunidade decidiu permanecer, uma vez que ficou claro que os problemas de salinidade do solo afetavam não só Hatzerim como também a maioria das terras do Negev. Dois anos depois, os *kibbutzniks* de Hatzerim conseguiram alagar o solo o suficiente para começar a cultivar. Ainda assim, esse era apenas o começo dos avanços em Hatzerim para seu próprio proveito e, também, do país.

Em 1965, um engenheiro hidráulico chamado Simcha Blass procurou Hatzerim com uma invenção que pretendia comercializar: a irrigação por gotejamento. Esse foi o começo do que acabaria se tornando a Netafim, a empresa mundial de irrigação por gotejamento.

O professor Ricardo Hausmann chefia o Centro de Desenvolvimento Internacional, na Universidade de Harvard, e é ex-ministro do Desenvolvimento do governo venezuelano. É também um especialista mundialmente conhecido em modelos de desenvolvimento nacional para a geração do crescimento econômico. Segundo nos disse, todos os países têm problemas e limitações, mas o que é mais impressionante em relação a Israel é sua propensão a agarrar os problemas – como a falta de água – e convertê--los em bens, tornando-se o país líder em agricultura no deserto, em irrigação por gotejamento e no processo de dessalinização. O *kibbutz* esteve na

128

vanguarda desse processo desde o princípio. As adversidades ambientais que os *kibbutzim* enfrentaram foram, em última análise, incrivelmente produtivas, assim como as ameaças à segurança de Israel. Os grandes gastos em P&D para resolver problemas militares por intermédio da alta tecnologia – incluindo o reconhecimento de voz, as comunicações, a computação, a óptica, os programas de computador e assim por diante – ajudaram a impulsionar, treinar e manter um setor civil de alta tecnologia.

A suposta desvantagem para o país de ter parte da sua área tomada por um deserto foi transformada em um bem. Observando Israel hoje, a maioria dos visitantes se surpreenderia em descobrir que 95% do território do país é classificado como semiárido, árido ou hiperárido, numa quantificação por níveis de precipitação anual. Na realidade, na época da fundação de Israel, o deserto de Negev prolongava-se continuamente quase até ao norte, junto à estrada entre Jerusalém e Tel Aviv. O Negev ainda é a maior região de Israel, mas seu avanço foi revertido uma vez que as regiões do norte atualmente estão cobertas de campos agrícolas e florestas plantadas. Grande parte disso foi alcançada pelas políticas inovadoras em relação à água desde a época de Hatzerim. Atualmente, Israel é o país líder no mundo em reciclagem de água potável; mais de 70% é reciclada, o que significa três vezes o percentual na Espanha, que aparece em segundo lugar.[10]

O *kibbutz* Mashabbe Sade, no deserto de Negev, foi ainda mais longe: os *kibbutzniks* encontraram um meio de usar a água considerada inútil não uma vez, mas duas. Eles cavaram um poço cuja profundidade equivalia a quase dez vezes o comprimento de um campo de futebol – cerca de 800 metros –, mas só encontraram água quente e salina. Esse não parecia um grande achado até que consultaram o professor Samuel Appelbaum, da Universidade Ben-Gurion, de Negev. Ele percebeu que a água poderia ser adequada para a criação de peixes de água quente.

"Não foi fácil convencer as pessoas de que fazia sentido criar peixes no deserto", disse Appelbaum, biólogo especializado em piscicultura. "Entretanto, é importante desmascarar a noção de que a terra árida é infértil e inútil."[11] Os *kibbutzniks* começaram a bombear a água a quase 37° C para dentro de tanques, que foram então ocupados por tilápias, ceratodos

Nação empreendedora

e algumas espécies de percas para a produção comercial. Depois de usada nos tanques de peixes, a água, que agora continha dejetos que constituíam um excelente fertilizante, era usada para irrigar oliveiras e tamareiras. O *kibbutz* também encontrou meios de produzir verduras e frutas que eram irrigadas diretamente a partir do lençol freático subterrâneo.

Um século atrás, Israel era, como Mark Twain e outros viajantes classificaram, uma imensa terra árida e improdutiva. Atualmente, ali subsistem cerca de 240 milhões de árvores, a maioria das quais plantada individualmente. Por todo o país espalharam-se florestas, sendo a maior delas, talvez, também a mais improvável: a floresta de Yatir.

Em 1932, Yosef Weitz tornou-se o funcionário florestal de mais alto posto do Fundo Nacional Judaico, uma organização pré-estatal dedicada à compra de terras e ao plantio de árvores no que viria a se tornar o Estado judaico. Weitz levou mais de trinta anos para convencer sua própria organização e o governo a começar a plantar uma floresta nas colinas na divisa com o deserto de Negev. A maioria achava que isso não podia ser feito. Atualmente, há cerca de 4 milhões de árvores ali. Imagens de satélite mostram a floresta cravada como uma figura tipográfica, cercada pelo deserto e por terras secas em um lugar onde não deveria existir. O Flux-Net, um projeto de pesquisa ambiental mundial coordenado pela NASA, coleta dados de cerca de uma centena de torres de observação ao redor do mundo. Somente uma dessas torres encontra-se em uma floresta em uma zona semiárida: a de Yatir.

Essa floresta sobrevive apenas de águas pluviais, embora caiam apenas 280 milímetros de chuva naquela região — cerca de um terço da precipitação em Dallas, no Texas. Ainda assim, os pesquisadores descobriram que as árvores da floresta crescem naturalmente mais rápido do que o esperado e que absorvem dióxido de carbono da atmosfera tanto quanto as florestas exuberantes que crescem nos climas temperados.

Dan Yakir é um cientista do Instituto Weizmann que administra a estação de pesquisa do FluxNet em Yatir. Ele afirma que a floresta não apenas demonstra que as árvores podem sobreviver em áreas que a maioria das pessoas chamaria de desertos, mas que o plantio de florestas em apenas

12% das terras semiáridas do mundo poderia reduzir o carbono atmosférico em 1 gigatonelada por ano – equivalente à produção anual de CO^2 em cerca de mil fábricas de 500 megawatts alimentadas por carvão. Uma gigatonelada de carbono também representa uma das sete "cunhas de estabilização" que os cientistas consideram necessárias para estabilizar o carbono atmosférico nos níveis atuais.

Em dezembro de 2008, a Universidade Ben-Gurion abrigou uma conferência sobre o combate à desertificação patrocinada pelas Nações Unidas, a maior conferência mundial de todos os tempos. Especialistas de quarenta países estiveram presentes, interessados em comprovar por que Israel é o único país cujo deserto está recuando.[12]

O salto de Israel à frente

A história dos *kibbutzim* é apenas uma parte da trajetória global da revolução econômica israelense. Independentemente de ter sido socialista, desenvolvimentista ou ambos, a trajetória econômica do país nos primeiros vinte anos é impressionante. De 1950 até 1955, a economia de Israel cresceu cerca de 13% ao ano e flutuou pouco abaixo de 10% na década de 1960. A economia, portanto, não apenas se expandiu, mas também vivenciou o que Hausmann chama de "salto à frente", situação em que um país em desenvolvimento diminui a lacuna entre sua riqueza *per capita* com relação aos países ricos do primeiro mundo.[13]

Enquanto os períodos de crescimento econômico são comuns na maioria dos países, os "saltos à frente" não o são. Um terço de todas as economias passou por um período de crescimento nos últimos cinquenta anos, entretanto, menos de 10% delas deram esse salto à frente. A economia israelense, sendo uma delas, aumentou sua renda *per capita* em relação aos EUA de 25%, em 1950, para 60% em 1970. Isso significa que, em vinte anos, Israel dobrou seu padrão de vida em relação aos EUA.[14]

Durante esse período, o governo não fez nenhum esforço para encorajar o empreendedorismo privado e, de certo modo, foi retoricamente hostil à noção de lucro privado. Embora alguns dos opositores políticos ao governo começassem a se opor à sua rigidez econômica e às suas atitudes contra o livre mercado, essas críticas vinham de uma pequena minoria. Talvez, se o governo tivesse valorizado a iniciativa privada e buscado facilitar a sua vida, a economia tivesse crescido ainda mais rapidamente.

Em retrospectiva, contudo, está claro que o impressionante desempenho econômico de Israel ocorreu, em grande parte, em razão da interferência do governo, e não a despeito dela. Durante os estágios iniciais do desenvolvimento em qualquer economia primitiva, existem oportunidades para investimentos em larga escala facilmente identificáveis: estradas, sistemas de abastecimento de água, fábricas, portos, redes elétricas e construção civil. O investimento intenso de Israel nesses projetos – a exemplo do Aqueduto Nacional que canalizava água do mar da Galileia ao norte para o abrasador Negev ao sul – estimulou o crescimento em alta velocidade. A rápida expansão imobiliária nos *kibbutzim*, por exemplo, gerou crescimento na construção e nos setores de serviço público. É importante, no entanto, não generalizar: muitos países em desenvolvimento envolvidos em grandes projetos de infraestrutura desperdiçam imensas quantidades de fundos governamentais em consequência da corrupção e da incompetência do próprio governo. Israel não foi uma exceção exemplar.

Embora os projetos de infraestrutura fossem talvez o elemento mais visível, ainda mais impressionante foi a criação deliberada de indústrias em forma de planos empreendedores dentro do governo. Shimon Peres e Al Schwimmer, um norte-americano que ajudou a contrabandear aviões e armas para Israel durante a Guerra da Independência, acalentaram juntos a ideia de criar uma indústria aeronáutica em Israel. Quando propuseram a ideia dentro do governo israelense, as reações foram as mais variadas – enquanto alguns eram céticos, outros a consideravam simplesmente absurda. Na década de 1950, alimentos como leite e ovos eram ainda escassos no país e milhares de refugiados recém-chegados moravam em barracas. Portanto não surpreende o fato de a maioria dos ministros acreditar que Israel não poderia arcar com tais despesas nem prosperar nessa empreitada.

No entanto, Peres tinha a atenção de David Ben-Gurion e convenceu--o de que Israel poderia começar reformando excedentes de aeronaves da Segunda Guerra Mundial. Eles criaram a Bedex, empresa que a certa altura tornou-se o maior empregador de Israel e que, mais tarde, se transformaria na Indústria Aeronáutica de Israel, líder mundial nesse campo.

Durante essa etapa do desenvolvimento de Israel, os empreendedores privados podem não ter sido essenciais porque as maiores e mais prementes necessidades da economia eram óbvias. Porém, o sistema ruiu quando a economia tornou-se mais complexa. De acordo com o economista Yakir Plessner, após o governo saturar a economia com grandes gastos em infraestrutura, caberia apenas aos empreendedores impulsionar o crescimento e somente eles poderiam encontrar "os nichos de vantagem relativa".[15]

A transição do desenvolvimento centralizado para uma economia empreendedora privada deveria ter ocorrido em meados da década de 1960. O período de 1946 a 1966, em que a maior parte dos investimentos em larga escala em infraestrutura havia sido feita, estava chegando ao fim. Em 1966, com não mais do que investimentos sem valor em vista, Israel experimentou pela primeira vez um crescimento econômico próximo a zero. Isso deveria ter convencido o governo de Israel a abrir a economia ao empreendimento privado. Ao invés disso, as reformas foram proteladas em face da Guerra dos Seis Dias. Em uma semana, a partir de 6 de junho de 1967, Israel tinha capturado a Margem Ocidental, a Faixa de Gaza, a península do Sinai e as Colinas de Golan. Em conjunto, o território equivalia a mais de três vezes o tamanho do país.

Subitamente, o governo israelense viu-se mais uma vez ocupado com novos projetos de infraestrutura em larga escala, e, uma vez que as FDI precisavam estabelecer posições nos novos territórios, gastos vultosos foram necessários para instalações de defesa, segurança das fronteiras e outras obras caras de infraestrutura. Esse foi outro gigantesco programa de "estímulo" econômico. Em consequência disso, de 1967 a 1968, somente os investimentos em equipamentos de construção aumentaram 725%. A oportunidade da guerra reforçou os piores instintos dos planejadores centrais de Israel.

Nação empreendedora

A "década perdida" israelense

Ainda assim, contra todas as expectativas, a economia de Israel continuava a se sustentar. Seis anos depois outra guerra, a de Yom Kippur, de 1973, não produziu o mesmo impulso econômico. Israel sofreu pesadas baixas (3 mil fatalidades e um número bem maior de feridos) e enormes danos à sua infraestrutura. Forçadas a mobilizar grandes números de reservistas, as FDI retiraram a maior parte da força de trabalho da economia por até seis meses. O resultado dessa convocação intensa e prolongada provocou um efeito negativo, paralisando as empresas e até mesmo setores inteiros da economia. As atividades empresariais e comerciais foram estancadas.

Em qualquer outro ambiente econômico normal, as rendas privadas entre os trabalhadores do país teriam sofrido declínio correspondente. Em Israel, porém, isso não aconteceu. O governo não permitiu que os salários baixassem; em vez disso, sustentou os níveis tomando medidas que resultariam em um grande aumento da dívida pública. Para tentar conter o aumento da dívida, foram elevadas todas as taxas dos impostos – incluindo as que incidiam sobre os investimentos de capital. A caríssima dívida de curto prazo foi usada para financiar o déficit, o que, por sua vez, aumentou o pagamento dos juros.

Tudo isso coincidiu com um declínio no volume líquido da imigração. Os novos imigrantes sempre tinham sido recurso estratégico da vitalidade econômica de Israel. Entre 1972 e 1973, houve um ganho líquido de aproximadamente 100 mil novos israelenses, mas esse número caiu para 14 mil em 1974 e a quase zero em 1975.

O que tornava a recuperação especialmente improvável – se não impossível – era o monopólio do mercado de capitais pelo governo. Como classificou o próprio Banco de Israel na época, "o envolvimento do governo transcende tudo o que é conhecido em países politicamente livres". O governo estabelecia os prazos e a taxa de juros para todos os empréstimos e títulos da dívida pública para o crédito ao consumidor e as empresas. Os bancos comerciais e os fundos de pensão eram forçados a usar a maior parte dos seus depósitos na compra de obrigações não negociáveis do

134

governo ou no financiamento dos empréstimos do setor privado para projetos designados pelo governo.[16]

Essa era a situação da economia do país durante o período que os economistas costumam denominar como "década perdida" de Israel, de meados da década de 1970 até a metade da década de 1980. Atualmente, a busca da Intel no país por raros profissionais da engenharia parece uma iniciativa óbvia. Mas a situação de Israel encontrada pela empresa em 1974 era bem diferente. Embora já não fosse um território repleto de areia, pântanos e malária, os visitantes que chegassem a Israel nessa época provavelmente pensariam estar em um país de terceiro mundo.

Embora as universidades israelenses e o talento de Israel para a engenharia nessa época estivessem muito avançados, grande parte do país era antiquada. O aeroporto era pequeno e, embora ostentasse um charme próprio, estava obsoleto. O setor de imigração fazia lembrar o estilo utilitarista soviético. Não existia uma única rodovia importante que pudesse ser considerada uma verdadeira autoestrada. A recepção do sinal de TV era fraca, mas isso pouco importava, já que apenas um canal estava disponível, de propriedade do governo e cuja transmissão era em hebraico. Havia alguns canais árabes cujos sinais podiam ser captados da Jordânia ou do Líbano desde que se utilizasse uma antena suficientemente potente.

Nem todos possuíam telefone em casa. Isso, contudo, não ocorria porque todos possuíam celulares – que ainda não existiam –, mas pelo fato de as linhas telefônicas ainda serem racionadas pelo governo e demorarem muito para serem obtidas. Ao contrário dos pequenos empórios existentes nos bairros que comercializavam alimentos comuns, os supermercados eram uma novidade, mas também não traziam muitos produtos internacionais. As principais cadeias de varejo estrangeiras não existiam. Se alguém precisasse de algo do exterior, teria de buscar pessoalmente ou pedir para alguém trazer quando viajasse ao país. As elevadas tarifas da alfândega – muitas cobradas como medidas protecionistas para favorecer os produtores locais – tornavam a maioria das importações proibitivamente cara.

Os automóveis nas ruas não exibiam qualquer atrativo. Alguns eram produzidos em Israel e, assim como os veículos russos em seu próprio

Nação empreendedora

país, se tornaram motivo de chacota. Havia também um sortimento variado de modelos mais baratos da Subaru e da Citroën, duas empresas corajosas (ou desesperadas) o bastante para desafiar o boicote árabe. O sistema bancário e as regulamentações financeiras do governo eram tão antiquados quanto a indústria automobilística. Era ilegal trocar dólares em qualquer lugar a não ser nos bancos, que cobravam as taxas de câmbio estabelecidas pelo governo. Até mesmo manter uma conta bancária no exterior era ilegal.

O humor, em geral, era soturno. A euforia que acompanhara a assombrosa vitória em 1967 – que alguns compararam à sensação de ser primeiramente perdoado de uma condenação à morte e, em seguida, ganhar na loteria – rapidamente se dissipou depois da guerra de Yom Kippur e foi substituída por um sentimento de insegurança, isolamento e, talvez ainda pior, medo de haver cometido um erro trágico. O poderoso exército israelense fora totalmente surpreendido e gravemente enfraquecido. O fato de o país ter vencido o confronto em termos militares quase não servia de consolo, pois os israelenses sentiam que a sua liderança política e militar havia falhado seriamente.

Na época, montou-se uma comissão pública de inquérito, que decidiu pelo afastamento do chefe do Estado-Maior das FDI, do chefe do serviço de informações e de outros oficiais do alto escalão da segurança. Embora a comissão a eximisse, a primeira-ministra Golda Meir assumiu a responsabilidade pelo que era visto como um fiasco e renunciou um mês depois da entrega do relatório da comissão. Ela foi substituída por Yitzhak Rabin, que foi forçado, contudo, a renunciar ao seu primeiro mandato como primeiro-ministro em 1977, quando se revelou que sua esposa mantinha uma conta bancária no exterior.

Até o início da década de 1980, Israel também sofria com a hiperinflação: ir ao supermercado significava gastar milhares de *shekels*, moeda quase sem valor. A inflação subiu de 13%, em 1971, para 111% em 1979. Na ocasião, parte desse aumento ocorreu em razão da elevação dos preços do petróleo, mas, ao contrário de outros países, a inflação israelense continuou a subir, alcançando 133% em 1980, 445% em 1984, e, colocando-se, aparentemente, a caminho dos quatro dígitos em um ano ou dois.[17]

As pessoas economizavam as fichas telefônicas, uma vez que seu valor não mudava enquanto seu preço subia acentuadamente, e não tardavam a comprar artigos básicos antes que o preço esperado subisse. De acordo com uma piada da época, era melhor tomar um táxi de Tel Aviv para Jerusalém do que um ônibus, uma vez que era possível pagar o táxi no fim da corrida, quando o *shekel* estaria menos valorizado.

Uma razão principal para a hiperinflação era, ironicamente, uma das medidas que o governo tomara durante anos para enfrentá-la: a indexação. A maior parte da economia – salários, preços e aluguéis – estava ligada ao Índice de Preços ao Consumidor, uma medida da inflação. A indexação visava proteger o povo das consequências da inflação, uma vez que a renda subia juntamente com os gastos, mas o processo, em última análise, acabava alimentando a espiral inflacionária.

O caminho para a recuperação?

Nesse contexto, é especialmente impressionante que a Intel fundasse uma empresa em Israel na década de 1970. Um mistério ainda maior, contudo, é como Israel se transformou de um Estado até certo ponto provinciano e isolado em um país próspero e tecnologicamente sofisticado apenas três décadas depois. Atualmente, os visitantes que chegam a Israel encontram um aeroporto frequentemente mais moderno e sofisticado do que aquele de onde partiram. Um número ilimitado de novas linhas telefônicas pode ser instalado poucas horas depois da sua solicitação. Os *blackberries* nunca perdem a recepção e a internet sem fio está ao alcance de todos. Na realidade, os israelenses têm mais telefones celulares *per capita* do que em qualquer outro lugar do mundo. A maioria das crianças acima dos 10 anos de idade tem telefone celular e um computador no quarto. O acesso sem fio é tão abundante que, durante a guerra do Líbano em 2006, os israelenses se ocupavam em comparar que tipo de serviço de internet funcionava melhor em seus abrigos antibombas. As ruas estão cheias de automóveis do último tipo, desde Hummers até os Smart europeus, que lotam pouco menos da metade do raro espaço nos estacionamentos.

"Está procurando bons programadores?", perguntou-se recentemente em um programa da CNN-Money.com, em que Tel Aviv foi relacionada entre "os melhores lugares para fazer negócios no mundo computadorizado".

> Com isso concordam a IBM, a Intel, a Texas Instruments e outras gigantes da tecnologia, que correram em bando a Israel à procura dos seus gênios tecnológicos. [...] O melhor lugar do país para fechar um negócio é o Yoezer, um bar especializado em vinhos, que serve também um *beef bourguignon* deliciosamente no ponto.[18]

Em 1990, porém, não existiam tais facilidades em Israel – não havia cadeias de cafeteria, bares especializados em vinhos, restaurantes ou lanchonetes internacionais decentes, lojas de móveis ou butiques estrangeiras. O primeiro McDonald's israelense foi inaugurado somente em 1993, três anos depois de a maior cadeia de lanchonetes do mundo abrir uma filial em Moscou e 22 anos depois de celebrar sua primeira loja em Sydney, na Austrália. Atualmente, o McDonald's tem aproximadamente 150 lanchonetes em Israel, quase o dobro *per capita* do que existe na Espanha, na Itália ou na Coreia do Sul.[19]

A segunda fase da virada começou depois de 1990. Até aquele momento, era limitada a capacidade da economia para aproveitar o talento empreendedor que a cultura e as forças armadas haviam inculcado nos israelenses. Ainda mais sufocante para o setor privado foi o extenso período de hiperinflação, que somente seria enfrentado depois de 1985, quando o então ministro das Finanças, Shimon Peres, lideraria um plano de estabilização desenvolvido por George Shultz, o Secretário de Estado norte-americano na época, e o economista do FMI, Stanley Fischer. O plano cortou drasticamente a dívida pública, limitou gastos, deu início às privatizações e reformulou o papel do governo nos mercados de capitais, mas isso não produziu ainda para Israel uma economia empreendedora e dinâmica no setor privado.

Para engrenar de verdade, a economia dependeria de três outros fatores: uma nova onda de imigração, uma nova guerra e um novo setor de capital de risco.

Notas

1. Central Bureau of Statistics (Israel), Gross domestic product and uses of resources, in the Years 1950–1995, in Statistical Abstract of Israel 2008, n. 59, tabela 14.1, <www.cbs.gov.il/reader/shnaton/templ_shnaton_e .html?num_tab=st14_01x&CYear=2008>.

2. Howard M. Sacher, A *history of Israel: from the rise of zionism to our time*, 2. ed. (Nova York: Knopf, 1996), p. 30.

3. *Yishuv*, in Encyclopedia Judaica, 2. ed., v. 10, p. 489.

4. Citado em Time/CBS News, *People of the century: one hundred men and women who shaped the last hundred years* (Nova York: Simon & Schuster, 1999), p. 128.

5. Leon Wieseltier, Brothers and keepers: black jews and the meaning of zionism, *New Republic*, 11 de fevereiro de 1985.

6. Citado em Meirav Arlosoroff, "Once politicians died poor", *Haaretz*, 8 de junho de 2008.

7. Daniel Gavron, *The kibbutz: awakening from utopia* (Lanham, Md.: Rowman & Littlefield, 2000), p 1.

8. Bruno Bettelheim, *The children of the dream: communal child-rearing and american education* (Nova York: Simon & Schuster, 2001), pp. 15–17.

9. Alon Tal, *Pollution in a promised land: an environmental history of Israel* (Berkeley: University of California Press, 2002), p. 219.

10. Alon Tal, National report of Israel, years 2003–2005, to the united nations convention to combat desertification (UNCCD), julho de 2006, <www.unccd.int/cop/reports/otheraffected/national/2006/ israel-eng.pdf>.

11. Dina Kraft, From far beneath the israeli desert, water sustains a fertile enterprise, *New York Times*, 2 de janeiro, 2007.

12. As informações desta passagem são de websites de Weizmann Institute, Yatir Forest Research Group, <www.weizmann.ac.il/ESER/ People/Yakir/YATIR/Yatir.htm> e de Keren Kayemeth LeIsrael / Jewish National Fund, <www.kkl.org.il/kkl/english/main_subject/globalwarming/israeli%20research%20has%20worldwide%20implications.x>.

13. Reut Institute, Generating a socio-economic leapfrog, 14 de fevereiro de 2008, <http://reut-institute.org/data/uploads/PDFVer/20080218%20-%20%20Hausman%27s%20main%20issues-%20 English.pdf>.

Nação empreendedora

14. Reut Institute, "Israel 15 Vision", <www.reut-institute.org/event.aspx? EventId=6>.

15. As informações dessa passagem são de Yakir Plessner, The political economy of Israel: from ideology to stagnation (Albany: State University of New York Press, 1994), pp. 11–31.

16. Ibid., p. 288.

17. David Rosenberg, Inflation — the rise and fall, Ministry of Foreign Affairs website, janeiro de 2001, <www.mfa.gov.il>.

18. CNNMoney.com, "Best places to do business in the wired world", <http://money.cnn.com/galleries/2007/biz2/0708/gallery.roadwarriorsspecial.biz2/11.html>.

19. Orna Yefet, McDonalds, Yediot Ahronot, 29 de outubro de 2006.

Capítulo 7
Imigração: o desafio dos rapazes da Google

Os imigrantes não são avessos a começar de novo. Eles são, por definição, pessoas que gostam de correr riscos. Um país de imigrantes é um país de empreendedores.
—Gidi Grinstein

Em 1984, Shlomo (Neguse) Molla deixou a sua pequena aldeia no norte da Etiópia junto com dezessete amigos decididos a rumar para Israel. Ele tinha dezesseis anos de idade. Macha, a aldeia remota onde Molla cresceu, praticamente não tinha nenhum contato com o mundo moderno – não havia água corrente, eletricidade nem linhas telefônicas. Além da brutal escassez de alimentos que assolava o país, os judeus etíopes viviam sob um regime repressivo antissemita, como um satélite da ex-União Soviética.

"Sempre sonhamos em vir para Israel", disse Molla, que cresceu em um lar judaico e sionista. Ele e os amigos planejaram rumar para o norte – da Etiópia para o Sudão, do Sudão para o Egito através do deserto do Sinai, e, finalmente, do Sinai para a metrópole no sul de Israel, Beersheba, de onde seguiriam para Jerusalém.[1]

O pai de Molla vendeu uma vaca para pagar 2 dólares a um guia que mostrasse aos rapazes o caminho do primeiro percurso da jornada. Eles caminharam descalços dia e noite, com poucas paradas, atravessando o deserto até a selva no norte da Etiópia. Lá cruzaram com tigres e serpentes antes de serem detidos por um bando de salteadores que lhes tomaram a

Nação empreendedora

comida e o dinheiro. Ainda assim, Molla e os amigos continuaram em sua jornada, caminhando aproximadamente 800 quilômetros ao longo de uma semana antes de chegar à fronteira ao norte da Etiópia.

Quando atravessaram para o Sudão, os rapazes foram perseguidos pelos guardas de fronteira sudaneses. O melhor amigo de Molla foi baleado e morto, e os demais foram feridos, torturados e presos. Depois de 91 dias, eles foram levados para o campo de refugiados de Gedaref, no Sudão, onde Molla foi procurado por um homem branco que falava uma lingua enigmática, mas que, sem dúvida, parecia ser bem-informado. "Sei quem vocês são e para onde querem ir", disse ele ao adolescente. "Estou aqui para ajudá-los." Aquela era apenas a segunda vez na vida que Molla via uma pessoa branca. O homem voltou no dia seguinte, carregou os rapazes num caminhão e dirigiu através do deserto por cinco horas até chegarem a um distante campo de aviação.

Lá, eles entraram em um avião juntamente com centenas de outros etíopes. Isso fazia parte de uma iniciativa secreta do governo israelense; a missão de transporte aéreo de 1984, chamada Operação Moisés, levou mais de 8.000 judeus etíopes para Israel, cuja idade média era 14 anos.[2] No dia posterior à sua chegada, todos receberam cidadania israelense. No seu livro *New Republic* |Nova República|, Leon Wieseltier escreveu na época que a Operação Moisés esclarecia "um significado clássico do sionismo: deve existir um Estado para o qual os judeus não necessitem de visto de entrada".[3]

Atualmente, Molla é um representante eleito do Parlamento israelense, o Knesset; ele é apenas o segundo etíope a ser eleito para o cargo. "Embora fossem apenas quatro horas de voo, era como se houvesse um abismo de quatrocentos anos entre a Etiópia e Israel", disse-nos Molla.

Originários de uma retrógrada comunidade agrária, praticamente todos os etíopes que emigraram para Israel não sabiam ler nem escrever, mesmo em amárico, sua língua natal. "Não tínhamos automóveis, indústrias, supermercados ou bancos", disse Molla, recordando-se de sua vida na Etiópia.

A Operação Moisés foi seguida, sete anos depois, pela Operação Salomão, na qual 14,5 mil judeus etíopes foram aerotransportados para Israel. Essa iniciativa envolveu 34 aviões de carga da Força Aérea

Israelense e da El Al, além de uma aeronave etíope. Toda a série de operações de transporte ocorreu ao longo de um período de 36 horas.

"Dentro do voo 9 os descansos de braço entre os assentos foram levantados," relatou o *The New York Times* na época. "Cinco, seis ou sete etíopes, incluindo crianças, amontoavam-se alegremente em cada fileira de três assentos. Nenhum deles tinha sequer entrado em um avião antes e provavelmente nem mesmo sabia que aquela disposição dos apoios era incomum."[4]

Outro voo da Etiópia bateu recorde mundial: 1.122 passageiros em um único 747 da El Al. Os organizadores esperavam lotar o avião com 760 passageiros. Mas, por serem os passageiros tão magros, mais algumas centenas acabaram sendo ali espremidas. Dois bebês nasceram durante o voo. Muitos dos passageiros chegaram descalços e sem nenhum pertence. No fim da década, Israel havia absorvido cerca de 40 mil imigrantes da Etiópia.

A onda de imigração etíope revelou-se um enorme fardo econômico para Israel. Aproximadamente metade dos etíopes adultos entre 25 e 54 anos estão desempregados e a maioria dos israelenses etíopes recebe pensão do governo. Molla estima que, mesmo com os robustos e bem financiados programas de absorção de imigrantes, a comunidade etíope não estará plenamente integrada e autossuficiente em menos de uma década.

"Considerando o contexto de onde eles vieram há não muito tempo, isso levará tempo", disse-nos Molla. A experiência dos imigrantes etíopes contrasta acentuadamente com a dos imigrantes da ex-União Soviética, cuja maioria chegou praticamente na época da Operação Salomão e revelou-se uma dádiva para a economia israelense. A história de sucesso dessa onda pode ser encontrada em lugares como o colégio secundário de Shevach-Mofet.

Os estudantes tinham esperado por algum tempo, com o tipo de expectativa normalmente reservada para os astros de rock. Então chegou o momento. Os dois norte-americanos entraram pela porta dos fundos para se livrar da imprensa e de outros admiradores. Esse era seu único ponto de parada em Israel, além do gabinete do primeiro-ministro.

Os fundadores da empresa Google apareceram no saguão e os jovens fizeram um barulho ensurdecedor. Os estudantes não podiam acreditar no que viam. "Sergei Brin e Larry Page... nossa escola!", um dos estudantes comentou com orgulho. O que levara a dupla tecnológica mais famosa do mundo a esse colégio israelense dentre tantos outros lugares?

A resposta surgiu no idioma em que Sergei Brin começou a falar. "Senhoras e senhores, garotas e garotos..." disse ele em russo, provocando aplausos espontâneos pela escolha do idioma. "Eu emigrei da Rússia quando tinha seis anos de idade", continuou Brin. "Fui para os Estados Unidos. Assim como vocês, tenho pais judeo-russos. Meu pai é professor de Matemática. Eles têm certa atitude em relação aos estudos. E eu acho que posso comentar sobre isso aqui, já que a escola de vocês obteve recentemente sete dos dez primeiros lugares na competição de Matemática em todo Israel."

Dessa vez, os estudantes bateram palmas pela sua própria conquista. "Mas o que eu quero dizer", disse Brin, em meio aos aplausos, "é que o meu pai diria — 'E quanto aos outros três?'"[5]

A maioria dos estudantes da escola de Shevach-Mofet era, assim como Brin, da segunda geração de judeo-russos. Shevach-Mofet está localizada em uma área industrial ao sul de Tel Aviv, a região mais pobre da cidade, e foi, durante anos, notoriamente uma das escolas com o maior número de desordeiros da cidade.

Soubemos da história da escola por Natan Sharansky, o mais famoso imigrante judeu da ex-União Soviética em Israel. Ele passou catorze anos nas prisões soviéticas e em campos de trabalhos forçados enquanto lutava pelo direito de emigrar e foi o mais conhecido *negadonik*, como eram chamados os judeus soviéticos, a quem era negado o pedido para emigrar. Chegou a se tornar vice-primeiro-ministro de Israel alguns anos depois de ser libertado da então União Soviética. Brincando, ele nos disse que no Partido dos Imigrantes Russos de Israel, que fundou logo depois da chegada, os políticos acreditam que devem imitar a experiência dele e ir primeiro para a prisão e, depois, entrar para a política, não o contrário.

"O nome da escola — Shevach — significa 'louvor'", contou-nos Sharansky na casa onde mora em Jerusalém. O colégio foi o segundo inaugurado em Tel Aviv, quando a cidade era inteiramente nova, em 1946. Era uma das escolas para onde ia a nova geração de sabras — os israelenses natos. Entretanto, no início da década de 1960, "as autoridades começaram a fazer experimentos com a integração, mais ou menos como nos EUA", explicou ele. "O governo disse que não podíamos ter escolas apenas para sabras, mas devíamos incluir os imigrantes do Marrocos, do Iêmen, da Europa Oriental e promover uma mistura."[6]

Embora a ideia possa ter sido boa, sua implementação foi rústica. No início da década de 1990, quando grandes quantidades de imigrantes judeo-russos começaram a chegar depois do colapso da União Soviética, a escola era uma das piores da cidade e conhecida principalmente pela delinquência. Na época, Yakov Mozganov, um novo imigrante que fora professor de Matemática na União Soviética, foi contratado pela escola como guarda de segurança. Isso era típico naqueles anos: russos com Ph.D e diploma de engenharia chegavam em números tão esmagadores que não conseguiam encontrar emprego, especialmente enquanto ainda estivessem aprendendo hebraico.

Utilizando as salas de aula da Shevach, Mozganov decidiu dar início a um curso noturno para estudantes de todas as idades – incluindo adultos – que quisessem aprender mais Ciência ou Matemática. Ele recrutou outros imigrantes russos desempregados ou subempregados com diplomas avançados para ensinar ao seu lado. Eles chamaram o curso de Mofet, um acrônimo hebraico para "Matemática", "Física" e "Cultura" e que significa "excelência". O curso paralelo russo fez tamanho sucesso que acabou infundido à velha escola, que se tornou a Shevach-Mofet. A ênfase nas ciências exatas e na excelência não estava apenas no nome; ela refletia o *éthos* que os recém-chegados da antiga União Soviética traziam para o novo país.

O milagre econômico de Israel deve muito à imigração. Na fundação de Israel, em 1948, sua população era de 806 mil. Atualmente, com 7,1 milhões de pessoas, o país cresceu quase nove vezes em sessenta anos. A população duplicou somente nos primeiros três anos, sobrecarregando completamente o novo governo. Como disse em uma ocasião um integrante do Parlamento, se estivessem trabalhando de acordo com um planejamento, nunca teriam absorvido tantas pessoas. Os cidadãos israelenses nascidos no exterior atualmente respondem por

Nação empreendedora

mais de um terço da população do país, quase três vezes a proporção de estrangeiros em relação aos nativos nos EUA. Nove entre dez judeus israelenses são imigrantes ou pertencem à primeira ou segunda geração de descendentes de imigrantes.

David McWilliams, um economista irlandês que morou e trabalhou em Israel em 1994, possui sua própria metodologia extravagante, ainda que não muito acadêmica, para ilustrar os dados sobre a imigração:

> Em todo o mundo, é possível dizer o quanto a população é diversificada pelos cheiros da comida nas ruas e pela variedade dos cardápios. Em Israel, quase todas as especialidades estão disponíveis, da iemenita à russa, da verdadeira comida mediterrânea aos *bagels**. Desde que foram expulsos de Bagdá, de Berlim e da Bósnia, a maioria dos imigrantes cozinha as especialidades dos países de origem.[7]

Israel abriga atualmente mais de setenta diferentes nacionalidades e culturas. Mas os estudantes aos quais Sergey Brin se dirigia eram da maior onda de imigração da história de Israel. Entre 1990 e 2000, 800 mil cidadãos da ex-União Soviética imigraram para Israel – o primeiro meio milhão chegou ao país em um período de apenas três anos. Em conjunto, essa onda migratória chegou a significar um acréscimo de praticamente a metade da população de Israel no fim da década de 1990. O equivalente norte-americano foi o fluxo de 62 milhões de imigrantes e refugiados que chegariam aos EUA na década seguinte.

Segundo Sharansky,

> Misturado ao leite da nossa mãe, nós, da antiga União Soviética, recebemos o conhecimento de que, por sermos judeus – cujo significado não era muito positivo, já que seríamos vítimas do antissemitismo – precisaríamos ser excepcionais em nossa profissão, fosse no xadrez, na música, na matemática, na medicina ou no balé. [...] Essa era a única maneira de conseguirmos algum tipo de proteção, porque sempre estaríamos em desvantagem.

---

* Trata-se de uma espécie de pão em forma de rosca. (N.E.)

O resultado disso foi que, embora os judeus constituíssem apenas 2% da população soviética, eles representavam "cerca de 30% dos médicos, 20% dos engenheiros e assim por diante", disse-nos Sharansky.

Esse foi o *éthos* que Sergei Brin absorveu de seus pais russos e também a fonte do mesmo veio competitivo que Brin reconheceu nos jovens estudantes israelenses. Isso fornece uma ideia da natureza dos recursos humanos que Israel recebeu quando as comportas soviéticas foram abertas em 1990.

Foi um desafio descobrir o que fazer com um influxo de imigrantes que, embora talentoso, deparava com os significativos obstáculos linguísticos e culturais. Além disso, a elite instruída de um país do tamanho da União Soviética não se encaixaria facilmente em um país tão pequeno como Israel. Antes dessa imigração em massa, o país já possuía um dos percentuais mais elevados de médicos *per capita* do mundo. Contudo, mesmo que tal superabundância inexistisse, os fisiologistas soviéticos ainda teriam de enfrentar um difícil período de ajustamento a uma cultura, idioma e sistema médico totalmente novos e exóticos. O mesmo se aplicava a muitas outras profissões.

Embora o governo israelense enfrentasse dificuldades para encontrar empregos e construir habitações para os recém-chegados, os russos não poderiam ter vindo em momento mais oportuno. O aumento súbito da tecnologia internacional estava ganhando velocidade em meados da década 1990, e o setor privado de tecnologia de Israel tornou-se rapidamente carente de engenheiros.

Ao entrar em uma nova empresa de tecnologia israelense ou em um dos grandes centros de P&D em Israel atual, provavelmente, os trabalhadores estarão falando em russo. A motivação para a excelência que permeia o Shevach-Mofet e que é tão prevalente em meio a essa onda de imigrantes repercute por todo o setor de tecnologia israelense.

Entretanto, não foi apenas a obsessão por educação que caracterizou os judeus que chegaram a Israel, independentemente de sua origem. Se a educação fosse o único fator para explicar a vocação empreendedora e tecnológica de Israel, então outros países onde os estudantes são competitivos em matéria de resultados de testes padronizados de Matemática e Ciências – como Cingapura – também seriam redutos de novas empresas.

Segundo o capitalista de risco Erel Margalit, o que os *émigrés* soviéticos trouxeram consigo para Israel é sintomático daquilo que também pode ser encontrado em várias economias dinâmicas. Enquanto estávamos sentados em um moderno restaurante que ele possui em Jerusalém, próximo a um conjunto de edifícios que ele construiu para instalar seu fundo de risco e um celeiro de novas empresas, ele fez o seguinte comentário a respeito do súbito impulso da tecnologia israelense:

> Perguntem a si mesmos: por que isso está acontecendo aqui? Por que isso está ocorrendo na Costa Leste ou na Costa Oeste dos EUA? Grande parte disso se relaciona com as comunidades de imigrantes. Na França, se você pertencesse a uma família muito bem-estabelecida, e trabalhasse, por exemplo, em uma sólida empresa farmacêutica, tivesse um grande escritório, mordomias, uma secretária e tudo o mais, será que abandonaria essa vida para partir e arriscar tudo na criação de algo novo? Certamente não o faria. Você estaria muito confortável. Porém, se fosse um imigrante em um lugar novo, se fosse pobre, ou se tivesse testemunhado sua família perder tudo depois de ser rico, com certeza teria a motivação necessária. Não pensaria no que poderia perder, apenas no que talvez pudesse ganhar. Essa é justamente a atitude que encontramos aqui [...] em toda a população.[8]

Gidi Grinstein foi conselheiro do ex-primeiro-ministro israelense Ehud Barak e participou da equipe de negociação na reunião de cúpula ocorrida em Camp David, EUA, em 2000, ao lado do então presidente norte-americano Bill Clinton e do líder palestino Yasser Arafat. Em seguida ele fundou sua própria equipe de conselheiros, o Reut Institute, que se empenha em estudar como Israel poderá se tornar um dos quinze países mais ricos do mundo em 2020. Ele tem a mesma opinião:

> Há uma ou duas gerações, certamente alguém em nossa família fez as malas às pressas e partiu. Os imigrantes não são avessos a começar de novo. Eles são, por definição, pessoas que gostam de correr riscos. Um país de imigrantes é um país de empreendedores.

148

Shai Agassi, o fundador da Better Place, é filho de um imigrante iraquiano. Seu pai, Reuven Agassi, foi forçado a fugir para o sul, para a cidade iraquiana de Basra, juntamente com a família quando tinha nove anos de idade. O governo iraquiano demitira todos os funcionários judeus, confiscara suas propriedades e prendera arbitrariamente alguns integrantes da comunidade. Em Bagdá, o governo até mesmo executou enforcamentos em público. "Meu pai [avô de Shai], um contador da autoridade portuária de Basra, viu-se repentinamente desempregado. Ficamos com muito medo de morrer", contou-nos Reuven.[9] Sem ter para onde ir, os Agassis juntaram-se ao fluxo de 150 mil refugiados iraquianos que chegou a Israel em 1950.

Além do grande número de imigrantes em Israel, outro elemento torna o papel das ondas migratórias algo sem precedentes: as políticas implementadas pelo governo israelense para assimilar os recém-chegados.

Existe uma relação direta entre a história das políticas migratórias dos países do Ocidente e o método adotado pelos fundadores de Israel. Durante os séculos XVII, XVIII e XIX, a imigração nos EUA era essencialmente aberta. Em algumas ocasiões, o país chegou a recrutar imigrantes para ajudar na colonização das regiões não desenvolvidas do país. Até a década de 1920, não existiam limites numéricos para imigrantes nos EUA, embora houvesse restrições sanitárias e fosse obrigatório um teste de alfabetização.

Porém, conforme as teorias raciais começaram a influenciar a política de imigração nos EUA, essa postura liberal começou a endurecer. A Comissão Judiciária da Câmara dos EUA contratou um consultor na área de eugenia, o doutor Harry N. Laughlin, segundo o qual determinadas raças eram inferiores. Outro líder do movimento eugenista, o escritor Madison Grant, sustentou, em um livro bastante vendido, que judeus e italianos, além de outros, eram inferiores por causa do tamanho do seu crânio, supostamente diferente.

A Lei da Imigração norte-americana de 1924 estabeleceu novos limites numéricos à imigração com base na "origem nacional". Entrando em vigor em 1929, a lei estabelecia cotas anuais de imigração, que foram designadas especificamente para impedir a entrada de europeus orientais e do sul, tais como italianos, gregos e judeus poloneses. Geralmente, não

Nação empreendedora

mais do que uma centena de representantes das nacionalidades proscritas tinha permissão de imigrar a cada ano.[10]

Quando Franklin Roosevelt tornou-se presidente, pouco fez para mudar a política. "Observando as reações de Roosevelt em face da varredura total de 1938 a 1945, pode-se traçar um padrão de sensibilidade decrescente em relação à situação dos judeus europeus", afirma o historiador David Wyman.

> Em 1942, o ano em que soube que o extermínio dos judeus estava em curso, Roosevelt deixou a questão inteiramente para o Departamento de Estado. Nunca mais ele tratou do problema de maneira realmente efetiva, muito embora soubesse que a política do Departamento de Estado era de abstenção – na verdade, de obstrução – em relação ao resgate.[11]

Com o início da Segunda Guerra Mundial, os portões dos EUA permaneceram fechados aos judeus. Não obstante, o principal problema com que os judeus que buscavam refúgio se deparavam na década de 1930 e início dos anos 1940 era o fato de os EUA não estarem sozinhos. Os países latino-americanos abriam suas portas apenas parcialmente enquanto os europeus, no máximo, apenas toleravam por um tempo os muitos milhares que chegavam "em trânsito" como parte de planos não realizados de acomodação em alguma outra parte do mundo.[12]

Mesmo depois que a Segunda Guerra Mundial terminou e o Holocausto tornou-se amplamente conhecido, os países ocidentais ainda não se mostravam dispostos a abrir amplamente suas portas para os judeus sobreviventes. O governo canadense captou o humor de muitos governos quando um dos seus ministros declarou em pleno Parlamento do Canadá que "nenhum já é demais". Também as cotas britânicas sobre a imigração para a Palestina tornaram-se cada vez mais restritas durante esse período. Para muitos judeus, literalmente não havia para aonde ir.[13]

Profundamente ciente dessa situação, quando o período colonial britânico na Palestina expirou, em 14 de maio de 1948, "A Declaração do Estabelecimento do Estado de Israel" foi emitida pelo Conselho do Povo Judeu. Ela declarava:

A catástrofe que se abateu recentemente sobre o povo judeu – o massacre de milhões na Europa – foi outra clara demonstração da urgência de se resolver o problema da sua condição de desabrigados [...]. O ESTADO DE ISRAEL estará aberto à imigração dos judeus.[14]

Israel tornou-se o único país da história a tratar explicitamente em seus documentos de fundação da necessidade de uma política liberal de imigração. Em 1950, o novo governo de Israel fez valer tal declaração com a Lei do Retorno, que até hoje assegura que "todo judeu tem o direito de viver em Israel [...]". Não existem cotas numéricas.

A lei também define como judeu "[...] uma pessoa que nasceu de mãe judia ou tenha se convertido ao judaísmo [...]". A condição de cidadania também é garantida aos cônjuges de judeus, filhos e netos de judeus e seus cônjuges.

Nos EUA, uma pessoa deve esperar cinco anos antes de se candidatar à naturalização (três anos se for cônjuge de cidadão norte-americano). A legislação dos EUA também exige dos imigrantes que solicitam a nova cidadania uma demonstração da capacidade de entender o inglês e a aprovação em um exame de civismo. Em Israel, em contrapartida, a cidadania israelense torna-se efetiva no dia da chegada, não importando a língua falada pelo imigrante. Não há a aplicação de qualquer tipo de teste.

Como explica David McWilliams, a maioria dos israelenses fala hebraico, além de outra língua que era a única falada na chegada. "Em algumas cidades israelenses", afirma ele,

Circula uma publicação espanhola diária em ladino, o espanhol medieval falado pelos judeus sefardis, expulsos de Andaluzia por Fernando e Isabel em 1492. [...] Na movimentada rua Dizengoff, em Tel Aviv, nos velhos cafés ressoa o alemão, sendo que os mais antigos ainda conversam em alto-alemão – a língua de Goethe, Schiller e Bismarck. [...] Descendo ainda mais a rua, você chega à Pequena--Odessa. Placas russas, comida russa, jornais russos, até mesmo televisão em língua russa são comuns.[15]

Assim como Shai e Reuven Agassi, existem também milhões de israelenses com raízes no mundo árabe muçulmano. Na época da independência israelense, cerca de 500 mil judeus viviam em países árabes muçulmanos, sendo que suas origens remontavam a séculos passados. Depois da Segunda Guerra Mundial, porém, uma onda de nacionalismo árabe varreu muitos desses países, juntamente com os pogroms. Isso forçou os judeus a fugir. A maioria foi para Israel.

Definitivamente, Israel pode ser o único país que busca aumentar a imigração, não apenas de origens e situação econômica estreitamente definidas, evidencia as missões de imigração etíopes. A tarefa de acolher e encorajar a imigração representa um cargo de gabinete e conta com um ministro dedicado. Ao contrário do Serviço de Imigração e Naturalização norte-americano, que mantém como uma de suas responsabilidades básicas manter os imigrantes fora, o Ministério da Imigração e Absorção de Israel preocupa-se unicamente em trazê-los para dentro do país.

Se os israelenses ouvem no rádio no fim do ano que a imigração caiu, isso é recebido como má notícia, assim como chuva suficiente. Durante a época de eleição, os candidatos a primeiro-ministro de diferentes partidos muitas vezes prometem trazer "outros milhões de imigrantes" durante seu mandato.

Além dos aerotraslados etíopes, esse compromisso tem sido ilustrado repetidamente e, às vezes, de modo dramático. Um exemplo é a Operação Tapete Mágico, durante a qual, entre 1949 e 1950, o governo israelense aerotransportou 49 mil judeus iemenitas para Israel em aviões de carga excedentes britânicos e norte-americanos. Esses eram judeus pobres, sem meios de custear sua viagem para Israel por conta própria. Outros milhares não sobreviveram à caminhada de três semanas até uma pista de pouso britânica em Aden.

Talvez a iniciativa de imigração menos conhecida envolva a Romênia depois da Segunda Guerra Mundial. Cerca de 350 mil judeus residiam na Romênia no final da década de 1940 e, embora alguns tivessem escapado para a Palestina, o governo comunista manteve reféns outros que desejavam partir. Inicialmente, Israel forneceu máquinas perfuratrizes e encanamento para a indústria do petróleo da Romênia em troca de 100 mil vistos de saída. Mas, no início da década de 1960, o ditador romeno Nicolau Ceausescu exigiu dinheiro em espécie para permitir que os judeus saíssem do país. Entre 1968 e 1989, o governo israelense pagou a Ceausescu 112.498.800 dólares em troca da liberdade de 40.577 judeus. Isso representa cerca de 2.772 dólares por pessoa.

Contra esse cenário, o governo israelense tornou uma das principais prioridades do Ministério da Imigração e Absorção a integração dos imigrantes na sociedade. O ensino do idioma é uma das prioridades mais urgentes e abrangentes do governo. Até os dias atuais, o ministério organiza cursos grátis de hebraico para os novos imigrantes: cinco horas por dia por pelo menos seis meses. O governo até mesmo oferece uma remuneração para ajudar com as despesas de sobrevivência durante o aprendizado do idioma.

Para abonar a formação estrangeira, o Ministério da Educação mantém um Departamento para a Avaliação de Diplomas do Exterior. O governo proporciona cursos para ajudar os imigrantes a se preparar para os exames de licenciamento profissional. O Centro para a Absorção em Ciência ajuda a aproximar os cientistas que chegam dos empregadores israelenses, e o Ministério da Absorção administra centros de empreendedorismo, que oferecem assistência para a obtenção de capital inicial.[16]

Existem também programas de assimilação apoiados pelo governo, mas lançados por cidadão israelenses independentes. Asher Elias, por exemplo, acredita que há um futuro para os etíopes no tão propagado setor de alta tecnologia de Israel. Os pais de Elias foram para Israel na década de 1960, provenientes da Etiópia, aproximadamente vinte anos antes da imigração em massa dos judeo-etíopes. A irmã mais velha de Asher, Rina, foi a primeira mulher de origem etíope nascida em Israel.

Depois de obter um diploma em administração na Faculdade de Administração de Jerusalém, Elias conseguiu um emprego na área de marketing em uma empresa de alta tecnologia e frequentou a Universidade de Selah, na época, em Jerusalém, para estudar engenharia de programação – ele sempre fora fanático por computadores. Entretanto, Elias ficou chocado quando percebeu que havia somente quatro outros etíopes trabalhando no setor de alta tecnologia israelense.

"Não existiam oportunidades para os etíopes", disse ele.

Os únicos caminhos para o setor de alta tecnologia eram os departamentos de Ciência da computação nas universidades públicas ou as faculdades técnicas particulares. O problema era que os etíopes apresentavam mau desempenho nos exames de avaliação do colégio para a matrícula, o que os impedia de chegar às principais universidades; já as faculdades particulares eram caras demais.

Elias imaginou um caminho diferente. Junto com um colega norte-americano engenheiro de programação, ele fundou, em 2003, uma organização sem fins lucrativos chamada Tech Careers, um campo de treinamento visando preparar etíopes para empregos na área de alta tecnologia.

Ben-Gurion, tanto antes quanto depois da fundação do Estado, tinha tornado a imigração uma das principais prioridades do país. Os imigrantes sem um refúgio precisavam ser ajudados em sua jornada para o incipiente Estado judaico, acreditava ele; talvez mais importante ainda, os imigrantes judeus eram necessários para colonizar a terra, lutar nas guerras de Israel e até hoje dar vida à nascente economia do país. Isso é considerado verdadeiro.

Notas

1. Entrevista com Shlomo Molla, integrante do Knesset, partido Kadima, março de 2009.

2. Este esforço de resgate secreto teve a ajuda da Agência Central de Informações americana (CIA), de mercenários locais e até mesmo de funcionários da segurança sudanesa. Ela foi mantida em segredo principalmente por razões políticas — para proteger o Sudão de reações por parte de países árabes que criticassem o governo por ajudar Israel ostensivamente. Quando se soube da história do transporte aéreo vazou prematuramente, os países árabes pressionaram o Sudão para deter os transportes aéreos, o que, de fato, foi feito. Isso deixou mil judeus etíopes aprisionados até que a Operação Joshua, liderada pelos americanos, evacuou-os para Israel meses depois.

3. Leon Wieseltier, *Brothers and keepers: black jews and the meaning of zionism*.

4. Joel Brinkley, "Ethiopian jews and israelis exult as airlift is completed", *New York Times*, 26 de maio de 1991.

5. David A. Vise e Mark Malseed, *The google story* (Nova York: Delacorte, 2005), p. 15.

6. Entrevista com Natan Sharansky, presidente e associado emérito, Adelson Institute for Strategic Studies, Shalem Center, e fundador do Yisrael B'Aliya, maio de 2008.

7. Entrevista com David McWilliams, economista irlandês e autor de *The pope's children*, março de 2009.

8. Entrevista com Erel Margalit, fundador do Jerusalem Venture Partners (JVP), maio de 2008.

9. Entrevista com Reuven Agassi, dezembro de 2008.

10. Embora a nova lei já fosse rígida, o Departamento de Estado americano designou funcionários consulares no exterior para tornar ainda mais estrita sua aplicação da provisão do "ônus público" da lei da imigração. Um ônus público é alguém incapaz de sustentar a si próprio ou a família. No início da Grande Depressão, em reação a um clamor público por leis da imigração mais duras, os cônsules no exterior foram instruídos a ampliar a interpretação da "cláusula do ônus público" para proibir a admissão de imigrantes

Nação empreendedora

que exatamente pudessem tornar-se ônus públicos. A designação tornou-
-se um processo totalmente especulativo.

11. David Wyman, *Paper walls: America and the refugee crisis*, 1938–1941 (Nova York: Pantheon, 1985), p. x.

12. Alguns estudiosos atualmente acreditam que a falta de um porto seguro para os judeus que procuravam deixar a Alemanha e outros territórios prestes a ser ocupados pelos nazistas tornou-se um fator importante nos planos nazistas para exterminar a população judaica da Europa. "O quadro geral mostra claramente que a política original [nazista] era forçar os judeus a sair", afirma David Wyman. "A mudança para o extermínio veio apenas depois que o método a emigração falhou, um fracasso em grande parte devido à falta de países abertos aos refugiados." De Wyman, *Paper walls: America and the refugee crisis*, 1938–1941 (Nova York: Pantheon, 1985), p. 35.

13. Em 1939, o governo britânico estabeleceu um teto de 10.000 imigrantes judeus ao ano na Palestina, com um lote adicional de 25.000 possíveis entradas. É verdade que, em 1945, o presidente Harry Truman pediu uma investigação do governo americano sobre o tratamento das pessoas de origem judaicas desalojadas, muitas das quais estavam em instalações supervisionadas pelo Exército americano. "O relatório resultante narrava os maus-tratos chocantes dos já maltratados refugiados e recomendava que os portões da Palestina fossem francamente abertos para o reassentamento", escreveu Leonard Dinnerstein, em America and the Survivors of the Holocaust. Depois de várias tentativas malsucedidas para persuadir a Grã-
-Bretanha a admitir os judeus na Palestina, Truman pediu que o Congresso aprovasse uma lei para trazer determinado número desses refugiados para os EUA. Embora o projeto de Truman tenha se tornado lei em 1948, o ano da fundação de Israel, um grupo de legisladores liderados pelo senador por Nevada, Pat McCarran, manipulou o esboço do texto do projeto de modo que ele, na realidade teve o efeito de discriminar os judeus do Leste europeu. Em última análise, o historiador Leonard Dinnerstein estima que apenas 16% dos vistos emitidos como para pessoas desalojadas entre julho de 1948 e junho de 1952 eram judeus. "Assim, os numerosos estratagemas e manobras de McCarran foram eficazes," observou Dinnerstein. "Os judeus

que de outra maneira poderiam ter escolhido os EUA como o seu lugar de reinstalação foram para Israel."

14. O documento pode ser encontrado em <www.jewishvirtuallibrary.org/jsource/History/Dec_of_Indep.html>.

15. Entrevista com David McWilliams, economista irlandês e autor de *The pope's children*, março de 2009.

16. Isso não sugere que não existam tensões étnicas dentro desse país tão diversificado. Eclodiram atritos intensos entre refugiados europeus do Holocausto e judeus do mundo árabe ainda na fundação do Estado. Sammy Smooha, atualmente um sociólogo mundialmente conhecido da Universidade de Haifa, foi, assim como Reuven Agassi, um imigrante judeo-iraquiano que passou parte da infância em uma barraca em trânsito. "Diziam para não conversarmos em árabe, mas não sabíamos hebraico. Tudo era estranho. Meu pai passou de um funcionário ferroviário em Bagdá para um 'joão-ninguém' sem competência nenhuma. Sofremos uma terrível perda de identidade. Olhando para trás, chamaria isso de repressão cultural. Por trás dos seus ideais elevados de 'um só povo', [os judeus de origem europeia] tinham um comportamento superior, paternalista." Citado em *The israelis: ordinary people in an extraordinary land* (Nova York: Free Press, 2005), p. 116.

CAPÍTULO 8
A diáspora:
roubando aviões

Assim como os gregos que navegaram com Jasão em busca do Tosão de Ouro, os novos argonautas |são| estrangeiros empreendedores com conhecimentos técnicos que viajam de um lado para o outro entre o Vale do Silício e seu país natal.
—ANNALEE SAXENIAN

"Hoje", dizia John Chambers enquanto dava passos largos para os lados sobre o palco para ilustrar o que queria dizer, "estamos dando o maior salto em inovação desde o surgimento do roteador, vinte anos atrás." Ele falava por um microfone sem fio em uma conferência da Cisco, em 2004.[1] Embora usasse um terno formal, aos 54 anos de idade o executivo-chefe da Cisco — a qual, durante a expansão tecnológica, tinha um valor de mercado superior ao da General Electric — parecia capaz de entrar num compasso de dança.

Depois de preparar adequadamente a cena dramática, Chambers encaminhou-se para um grande cercado semelhante a um armário e abriu suas portas, revelando três caixas de aparência confusa, cada uma delas com o tamanho aproximado e a forma de um grande refrigerador. Era o CRS-1 em toda a sua glória.

Nação empreendedora

A maioria das pessoas não sabe o que é um roteador e, assim, poderia não entender o motivo da empolgação de Chambers. Um roteador é algo semelhante àqueles velhos modems que se costumava usar para conectar o computador à internet. Se a internet é como um rio caudaloso de informações ao qual todos os computadores se conectam, os roteadores então estão em todos os encontros dos afluentes que nele deságuam e são o principal gargalo que determina a capacidade da internet como um todo.

Pouquíssimas empresas são capazes de construir roteadores do mais alto nível, e a Cisco – a exemplo da Microsoft em relação aos sistemas operacionais, a Intel em relação aos chips e a Google em relação à busca na internet – domina esse mercado. Ao ser apresentado ao mercado, o CRS-1, que exigiu quatro anos e 500 milhões de dólares para ser desenvolvido, conquistou um lugar no Guinness World Records da época como o roteador mais rápido do mundo. "Gostamos desse status, porque os números são absurdamente enormes", declarou David Hawksett, editor de ciência e tecnologia do Guinness World Records. "Acabei de instalar uma rede sem fio em casa e me dei por satisfeito com 54 megabites de dados por segundo, mas 92 terabites é algo simplesmente inacreditável."[2]

O "tera" de "terabite" significa trilhão; portanto, um terabite equivale a um milhão de megabites. De acordo com a Cisco, o CRS-1 tem a capacidade de baixar toda a coleção impressa da Biblioteca do Congresso norte-americano em 4,6 segundos. Fazer o mesmo com um modem por conexão discada levaria cerca de 82 anos.

Um dos principais proponentes do CRS-1 foi um israelense chamado Michael Laor. Depois de receber um diploma de engenharia na Universidade Ben-Gurion, em Beersheva, Israel, Laor trabalhou para a Cisco na Califórnia durante onze anos, onde se tornou o diretor de engenharia e projetos. Em 1997, ele decidiu voltar a Israel, e a Cisco, em vez de perder um de seus principais engenheiros, fez um acordo com ele para que inaugurasse um centro de P&D da empresa em Israel – o primeiro da empresa fora nos EUA.

Na mesma época, Laor começou a defender a necessidade de um roteador possante como o CRS-1. Naquela altura, a internet ainda era bem

160

jovem e a ideia de que houvesse um mercado para um roteador tão potente parecia fantasiosa. "Quatro anos atrás, as pessoas pensavam que fôssemos meio malucos para desenvolver esse produto", disse Tony Bates, da Cisco, na ocasião. "Elas diziam: 'Vocês têm o olho maior do que a barriga' e perguntavam: 'Quem afinal poderia precisar de tamanha capacidade?'"[3]

Laor argumentou que, parafraseando o filme *Campo dos sonhos*, se a Cisco o construísse, a internet o acompanharia. Na época, era difícil imaginar que a internet, que estava apenas começando a trabalhar com o e-mail e os primeiros websites, em poucos anos inflaria exponencialmente com uma necessidade insaciável de movimentar imensos fluxos de dados produzidos, como fotos, vídeos e jogos.

Embora o CRS-1 fosse o maior projeto de todos os tempos da empresa e, assim, tomasse toda a sua capacidade, a equipe de Laor em Israel foi fundamental para desenvolver tanto os chips quanto a estrutura necessária para levar a tecnologia a um novo nível. Por fim, quando apresentou o CRS-1 em 2004, Chambers estava certo por se mostrar entusiasmado. Plenamente configurados, os roteadores são vendidos por cerca de 2 milhões de dólares cada. Já no final de 2004, a empresa tinha vendido as primeiras seis máquinas. E, em abril de 2008, a empresa anunciou que as vendas do CRS-1 tinham duplicado em menos de nove meses.[4]

Em 2008, o centro inaugurado por Laor uma década antes já contava 700 funcionários. Ele aumentara rapidamente por conta da aquisição pela Cisco de nove empresas embrionárias israelenses, mais empreendimentos do que a Cisco comprara em qualquer outro lugar no mundo. Além disso, o setor de investimentos da Cisco aplicou outros 150 milhões de dólares em investimentos diretos em outras empresas embrionárias israelenses e também investiu 45 milhões de dólares em fundos de capital de risco de Israel. Considerando tudo isso, a Cisco gastou cerca de 1,2 bilhão de dólares para adquirir e investir em empresas israelenses.[5]

Yoav Samet, egresso da unidade de elite 8.200 de tecnologia de informações das FDI, que agora dirige o departamento de aquisições da Cisco para Israel, a ex-União Soviética e a Europa Central, diz que a Cisco de Israel está entre os maiores centros da empresa no exterior, ao lado da Índia e da China. "No entanto, embora na China e na Índia seja feito um

Nação empreendedora

pouco de trabalho de engenharia, quando se trata de inovação pura e atividade de aquisição, Israel está na linha de frente."[6]

É improvável que a Cisco investisse tanto em Israel e que sua equipe israelense tivesse se tornado quase imediatamente fundamental para o negócio principal da empresa se Michael Laor não decidisse que era o momento de voltar para a sua terra. A exemplo de Dov Frohman, da Intel, e de muitos outros, a decisão de Laor em adquirir conhecimento e experiência nos EUA ou em qualquer outro lugar resultou, em última análise, em benefício tanto para a empresa multinacional para a qual ele trabalhava quanto para a economia israelense.

Embora muitos países, incluindo Israel, deplorem o fato de que alguns dos seus acadêmicos e empreendedores mais excepcionais partam para o exterior, pessoas como Michael Laor mostram que a "fuga de cérebros" não é uma "via de mão única." Na verdade, os pesquisadores cada vez mais observam um fenômeno ao que denominam "circulação de cérebros", pelo qual as pessoas talentosas retornam ao seu país de origem e ainda assim não deixam de ser úteis para outros lugares. Como Richard Devane escreveu em um estudo publicado pelo Banco Mundial, "China, Índia e Israel desfrutaram de uma expansão de investimentos ao longo da última década, e essas expansões estão vinculadas [..] a lideranças expatriadas nesses três países".[7]

AnnaLee Saxenian é uma geógrafa econômica da Universidade da Califórnia em Berkeley e autora de *The new argonauts* [Os novos argonautas]. "A exemplo dos gregos que navegaram com Jasão em busca do Tosão de Ouro", escreve Saxenian:

> Os novos argonautas [são] nascidos no exterior, empreendedores com conhecimentos técnicos especializados que viajam de um lado para outro entre o Vale do Silício e seus países de origem.

Ela observa que o crescimento dos setores tecnológicos na China, na Índia, em Taiwan e em Israel – especialmente nos dois últimos países – revelou-se na forma de "importantes centros de inovação mundiais" cuja produção "excedeu à de países maiores e mais ricos, como a Alemanha e a França". Ela sustenta que os pioneiros dessas profundas transformações são pessoas que:

> [...] Marinaram na cultura do Vale do Silício e a absorveram. Isso começou realmente no final dos anos 1980 para os israelenses e taiwaneses, e somente no final dos anos 1990 ou até mesmo no começo dos anos 2000 para os indianos e chineses.[8]

Michael Laor, na Cisco, e Dov Frohman, na Intel, foram novos argonautas clássicos. Mesmo ganhando conhecimentos e posição dentro de suas importantes empresas internacionais, sempre pretenderam retornar a Israel. Quando o fizeram, não só tornaram-se catalisadores para o desenvolvimento tecnológico do país como também fundaram operações israelenses que proporcionaram avanços decisivos para as empresas nas quais trabalhavam.

O modelo do novo argonauta ou da "circulação de cérebros", em que israelenses vão para o exterior e depois retornam ao seu país, é uma parte importante do ecossistema da inovação que liga Israel à diáspora. A outra rede da diáspora é a judaica não israelense.

Israel deve grande parte do seu sucesso a uma intensa rede de diásporas que outros países como a Irlanda, a Índia e a China também desenvolveram. Ainda assim, os vínculos de judeus não israelenses não são automáticos nem catalisadores fundamentais para o desenvolvimento do setor de tecnologia de Israel. Na verdade, enquanto a diáspora chinesa é a fonte de 70% de investimentos estrangeiros diretos (IED) na China e a diáspora indiana fez muito para ajudar a construir a infraestrutura de alta tecnologia doméstica quando a economia do país e o sistema jurídico ainda eram subdesenvolvidos, a experiência de Israel foi diferente. A imensa maioria de investidores judeo-americanos historicamente não tocaria na economia israelense. Somente bem depois, quando Israel tornou-se mais bem-sucedido, foi que muitos judeus da diáspora começaram a considerar Israel um lugar para fazer negócios e não apenas para atrair sua simpatia e filantropia.

Nação empreendedora

Portanto, tem sido necessária muita criatividade para Israel aprender a usar sua comunidade da diáspora no sentido de catalisar sua economia. A tradição de fazer uso de um subconjunto muito pequeno, porém apaixonado, de israelenses da diáspora judaica para ajudar a construir o Estado tem suas raízes em instituições como a Força Aérea de Israel em início de carreira.

A fantasia de uma indústria aeronáutica israelense tomou forma em um voo sacolejante sobre o Polo Norte em 1951, a bordo daquela que se tornaria a primeira aeronave da nova linha aérea nacional de Israel. A conversa transcorria entre uma dupla sentada em bancos opostos: Shimon Peres, o erudito futuro presidente de Israel, que naquele ano era o principal comprador de armas para o novo estado judeu, e Al Schwimmer, um engenheiro aeronáutico norte-americano de Los Angeles cujo passado era de aventuras e incluíra colegas como Howard Hughes e Kirk Kirkorian. O primeiro nome de Schwimmer era Adolph, mas, dentro do contexto da Segunda Guerra Mundial, ele optara por Al.[9]

Peres e Schwimmer achavam-se em um dos seus muitos voos sobre a tundra do Ártico em aviões usados comprados para a incipiente Força Aérea de Israel. Voar sobre o Polo Norte era perigoso, mas eles corriam o risco. A rota era mais curta, o que era decisivo, já que pilotavam aviões que estavam quase se desmanchando.

Al Schwimmer era um bom contador de histórias que se tornara fascinado pela atividade da aviação desde seus primeiros dias, quando as máquinas voadoras eram ainda uma novidade exótica. Ele trabalhava para a TWA quando os EUA entraram na Segunda Guerra Mundial e toda a frota de aviões foi convocada para o esforço de guerra. Embora não oficialmente na Força Aérea Norte-americana, Schwimmer e seus colegas aviadores receberam patentes e uniformes militares e passaram a guerra transportando soldados, equipamentos e, eventualmente, algum astro de cinema por todo o mundo.

Durante a guerra, o fato de Schwimmer ser judeu não exerceu basicamente nenhuma influência sobre seu pensamento ou estilo de vida. Depois de ver um campo de concentração libertado e a imagem de incontáveis corpos nos noticiários e de conversar com refugiados judeus da Europa que tentavam chegar à Palestina, rapidamente tudo mudou. Schwimmer tornou-se um sionista.

Quando soube que os britânicos na Palestina estavam mandando de volta navios carregados de refugiados judeus da Europa, Schwimmer encontrou o que considerava a melhor saída: passar por cima dos navios de patrulha britânicos e transportar os judeus em aviões, deixando-os depois em pistas de pouso escondidas. Ele localizou o emissário secreto de Ben-Gurion em Nova York e propôs-lhe a ideia. Durante meses, o representante da Haganah, a principal força judaica clandestina na Palestina, postergou a ideia. Porém, quando se evidenciou que os britânicos partiriam em breve e que em seguida eclodiria uma guerra em larga escala entre árabes e judeus contra a independência de Israel, a Haganah contatou Schwimmer.

Naquela época, as forças israelenses tinham uma necessidade ainda mais urgente do que a dos refugiados contrabandeados – constituir uma força aérea. A Haganah não possuia uma única aeronave e ficaria completamente exposta à Força Aérea egípcia. Cogitou-se, então, se Schwimmer compraria, repararia e contrabandearia aviões de caça para Israel.

Schwimmer disse aos agentes de Ben-Gurion que começaria imediatamente, muito embora soubesse que violaria a Lei da Neutralidade de 1935, que proibia cidadãos norte-americanos de exportar armamento sem autorização do governo. Aquilo não era apenas *chutzpah*, mas crime.

Em poucos dias, Schwimmer contratara um punhado de pilotos e mecânicos judeus dos EUA e do Reino Unido para trabalhar naquilo que denominou como a primeira linha aérea civil judaica. Ele era obcecado pelo sigilo e nem mesmo queria lhes pedir para trabalhar na ideia de construir aviões de caça. Poucos sequer foram informados de que os aviões eram destinados a Israel. Se alguém de fora perguntasse, a história oficial era que estavam construindo uma linha aérea nacional para o Panamá e que transportariam gado para a Europa.

Apesar de o FBI ter confiscado as maiores aeronaves adquiridas – três Constellations –, Schwimmer e sua turma conseguiram contrabandear outros aviões, alguns dos quais literalmente voaram sobre a cabeça dos agentes do FBI, que exigiam que pousassem. No último minuto, a

Nação empreendedora

Haganah fez um acordo independente para a compra de Messerschmidts alemães da Tchecoslováquia, que Schwimmer também havia arrebanhado para levar para Israel.

Quando eclodiu a Guerra da Independência em 1948, as aeronaves de Schwimmer rechaçaram os aviões egípcios que bombardeavam Tel Aviv. Em determinadas batalhas, os "pilotos" israelenses foram muito importantes para assegurar que o deserto de Negev – uma extensão de terra triangular relativamente grande ao sul de Jerusalém e Tel Aviv, situada entre os Sinai egípcio e a Jordânia – se tornasse parte de Israel.

Depois de Israel se impor na Guerra da Independência, apesar de ser um homem procurado, Schwimmer decidiu retornar aos EUA. O FBI descobrira o esquema do contrabando e o Departamento de Justiça norte-americano montara um caso criminal contra ele. Seu julgamento, assim como o de vários pilotos que ele recrutara, foi uma sensação pública. Os advogados de defesa alegaram sua inocência, dizendo que a própria lei era injusta. Schwimmer saiu sob fiança, o que foi amplamente considerado uma exoneração.

Uma vez libertado, não demorou muito tempo para Schwimmer voltar à prática do contrabando. Em 1950, ele uniu forças com Shimon Peres, na época um jovem discípulo de Ben-Gurion que trabalhava para o novo Ministério da Defesa israelense. Peres tentara comprar trinta aeronaves Mustang excedentes para a Força Aérea de Israel. Contudo, ao invés de vendê-los, os EUA decidiram destruir os aviões, arrancando suas asas e partindo a fuselagem ao meio.

Desse modo a equipe de Schwimmer comprou os aviões desmembrados ao preço de sucata no Texas e os reconstruiu para se assegurar de que não estavam faltando peças e que as aeronaves teriam condições de funcionar. Finalmente os desmontou mais uma vez, embalou as peças em engradados identificados como "Equipamento de Irrigação" e as transportou para Israel.

Entretanto, em virtude da urgência em levar os aviões para Israel, Schwimmer e Peres voaram com alguns aviões para Tel Aviv, e foi justamente assim que eles se encontraram em 1951, conversando sobre uma futura indústria aeronáutica israelense. Peres cativou-se pelas ideias de

Schwimmer em criar uma indústria aeronáutica em Israel. Esta serviria a um propósito que ia além do esforço de guerra em curto prazo. Na verdade, criar indústrias em Israel já fazia parte dos planos de Peres.

Schwimmer insistia em que, em um mundo cheio de aeronaves excedentes do período de guerra, não havia razão para Israel não comprar aviões por um preço mais barato, repará-los, aprimorá-los e, então, vendê-los a forças militares e linhas aéreas de muitos países, além de construir sua própria indústria comercial. Pouco tempo depois de retornarem aos EUA, Peres levou Schwimmer para se encontrar com Ben-Gurion, que estava em sua primeira viagem oficial ao país como primeiro-ministro de Israel.

— Você já aprendeu hebraico? — foi a primeira pergunta de Ben-Gurion quando Schwimmer estendeu a mão para cumprimentá-lo; eles haviam se encontrado diversas vezes durante a Guerra da Independência.

Schwimmer deu uma risada e mudou de assunto.

— Há muitas garotas bonitas na Califórnia, não acha, senhor primeiro-ministro?

Ben-Gurion quis saber em que ele estava trabalhando. Schwimmer contou-lhe sobre as reformas em aviões que vinha fazendo.

— O quê? Com essa minúscula coleção de máquinas você consegue renovar aviões? — Schwimmer inclinou a cabeça concordando enquanto Bem-Gurion prosseguia: — Precisamos de algo parecido com isso em Israel. Até mais do que isso. Precisamos de uma verdadeira indústria aeronáutica. Precisamos ser independentes.

Isso era exatamente o que Schwimmer discutia com Peres enquanto voavam sobre a tundra. — Então, o que você acha?

Sem que Schwimmer soubesse, há pouco tempo Ben-Gurion instruíra o Technion – Instituto de Tecnologia de Israel – para que desenvolvesse um departamento de engenharia aeronáutica. Suas palavras, na época, foram: "um elevado padrão de vida; uma cultura fértil; a independência espiritual, política e econômica [...] serão impossíveis sem o controle aéreo."

— Com certeza, creio que o senhor está certo — retrucou Schwimmer, caindo na armadilha do primeiro-ministro.

— Fico feliz que pense assim, pois esperamos que volte a Israel para desenvolver esse projeto para nós.

Naquele momento, Schwimmer olhou perplexo para Peres, que completou: — Faça-o, Al.

Schwimmer resistiu. Imediatamente começou a pensar nos problemas que teria com os chefes da Força Aérea israelense e com o pequeno e, ao mesmo tempo, poderoso sistema oficial do país. Além disso, não falava hebraico, não era integrante do partido e odiava política e burocracia. Para ele, a combinação israelense de planejamento econômico socialista e política de apadrinhamento poderia ser sufocante para qualquer um, principalmente para alguém cujo objetivo era desenvolver uma indústria aeronáutica.

Posteriormente, Schwimmer diria a Ben-Gurion que somente poderia desenvolver a empresa se ficasse livre dos apadrinhamentos – não haveria espaço para quaisquer protegidos dos políticos. Aquela deveria ser uma empresa privada, organizada de acordo com as normas comerciais.

— Você é perfeito para Israel. Apareça — respondeu Ben-Gurion.

Schwimmer realmente foi a Israel e, em cinco anos, a Bedek, a empresa de manutenção de aviões que ele fundara com dois israelenses, havia se tornado a maior empregadora privada do país.

Em 1960, a Bedek estava produzindo uma versão modificada do Fouga, um avião de caça francês. Em uma apresentação para teste do avião apelidado *Tzukit* ("andorinha", em hebraico), Ben-Gurion disse a Schwimmer:

— Esta empresa não será mais apenas a Bedek. Vocês foram além de fazer reparos. Conseguiram construír um jato. O novo nome deverá ser Indústria Aeronáutica de Israel.

Peres, que nessa época era vice-ministro da Defesa, traduziu o novo nome da empresa. Ben-Gurion e ele tinham conseguido recrutar um judeu norte-americano para ajudar a proporcionar um dos maiores incentivos em longo prazo na economia de Israel – sem pedir a ninguém um dólar sequer de investimento.

Notas

1. Fred Vogelstein, "The Cisco kid rides again", Fortune, 26 de julho de 2004;<http://money.cnn.com/magazines/fortune/fortune_archive/2004/07/26/377145/index.htm>; e entrevista com Michael Laor, fundador do Cisco Systems Development Center em Israel, fevereiro de 2009.

2. Marguerite Reardon, Cisco router makes guinness world records, 1º de julho de 2004, CNET News, <http://news.cnet.com/Cisco- router -makes- -Guinness-World-Records/2100-1033_3-5254291.html?tag=nefd.top>; acesso em janeiro de 2009.

3. Vogelstein, "The Cisco kid rides again".

4. Marguerite Reardon, "Cisco sees momentum in sales of key router", TechRepublic, 6 de dezembro de 2004, <http://articles.techrepublic.com.com/5100-22_11-5479086.html>; e comunicado à imprensa da Cisco, "Growth of video service delivery drives sales of Cisco CRS-1, the world's most powerful routing platform, to double in nine months", 1º de abril de 2008, <http://newsroom.cisco.com/dlls/2008/prod_040108c.html>.

5. Entrevista com Yoav Samet, gerente de desenvolvimento comercial corporativo da Cisco em Israel, Central/Eastern Europe, e Russia/ CIS, janeiro de 2009.

6. Entrevista com Yoav Samet.

7. Richard Devane, The dynamics of diaspora networks: lessons of experience, in diaspora networks and the international migration skills, editado por Yevgeny Kuznetsov (Washington, D.C.: World Bank Publications, 2006), pp. 59–67. A citação é da p. 60.

8. Jenny Johnston, "The new argonauts: an Interview with AnnaLee Saxenian", julho de 2006, GBN Global Business Network, <http://thenewargonauts.com/GBNinterview.pdf?aid=37652>.

9. As informações sobre esta passagem são de Anthony David, The sky is the limit: Al Schwimmer, the founder of the israeli aircraft industry (Tel Aviv: Schocken Books, 2008; em hebraico); e da entrevista com Shimon Peres. Com relação aos relatos sobre Peres e Schwimmer voando sobre a tundra do Ártico e sobre o encontro de Schwimmer com Ben-Gurion nos EUA, veja também Shimon Peres, David's sling (Nova York: Random House, 1970).

Capítulo 9
O teste de Buffett

Para os nossos clientes ao redor do mundo, não havia guerra.
—Eitan Wertheimer

"Não estamos aqui para roubar trabalhadores da Microsoft", disse Yoelle Maarek, da Google. "No entanto", continuou ela, sorrindo maliciosamente, "se eles acharem que serão mais felizes conosco, serão bem-vindos."[1] Apenas dez semanas antes, os mísseis do Hezbollah caíam sobre Haifa, sede do centro de P&D da Google para onde ela iria em seguida. No momento, Maarek se encontrava em Tel Aviv inaugurando as instalações do segundo centro de pesquisas da empresa no período de um ano.

Yoelle Maarek cresceu na França, onde estudou engenharia. Posteriormente, obtexe seu Ph.D em ciência da computação na Universidade de Colúmbia e também no Technion, em Haifa. Antes de ser escolhida para chefiar as operações de P&D da Google de Israel, trabalhara no centro de pesquisas da IBM por dezessete anos, tendo se especializado na área de pesquisa antes da existência da Google, quando a internet ainda estava no início.

Para Maarek, as origens da pesquisa perdem-se nas profundezas da história. Os acadêmicos do século XVI consultavam uma concordância bíblica para descobrir onde Moisés era mencionado e em que contexto. A concordância é, segundo Maarek:

Basicamente um índice; uma estrutura de dados usada por todo instrumento de pesquisa. Cinco séculos atrás, as pessoas faziam isso
manualmente [...]. Sendo israelenses, e judeus, somos o povo do
Livro. Gostamos de consultar textos. Gostamos de pesquisar.

Em 2008, a Google de Israel vendeu 100 milhões de dólares em pu-
blicidade, cerca do dobro do ano anterior e 10% do total do mercado de
propaganda de Israel – uma participação no mercado superior àquela
que a Google detém na maioria dos países.

Embora a empresa tenha se tornado um império crescente de produtos e tecnologias – incluindo o mecanismo de pesquisa, o Gmail, o
YouTube, os softwares para telefones celulares e muito mais –, o centro
da companhia continua sendo sua onipresente homepage. Se a página
mais visitada do mundo é considerada o templo da Google, a caixa de
pesquisa nela contida é um verdadeiro santuário.

Era, portanto, bastante ambicioso para a Google de Israel conduzir
um projeto direcionado justamente ao centro da empresa – sua caixa de
pesquisa. A equipe israelense pegou uma pequena ideia experimental
que permanecera intocada durante dois anos – a Google Suggest – e a
transformou em algo que milhões de pessoas veem e usam todos os dias.

Para aqueles que não perceberam, a Google Suggest é aquela lista
de sugestões que aparece quando se digita uma solicitação de pesquisa.
As sugestões se atualizam conforme cada letra da solicitação é digitada,
quase tão rápido quanto se é capaz de digitar.

A Google é famosa por apresentar resultados quase instantaneamente. A Google Suggest, porém, precisava conseguir esse feito a cada letra.
As informações precisavam ir para os servidores do Google e enviar de
volta uma lista de sugestões significativas, todas na fração do segundo
anterior à digitação da letra seguinte.

Depois de dois meses trabalhando no projeto, apareceu a primeira
oportunidade para a equipe. Kai-Fu Lee, que era o presidente da Google
da China, declarou que estava disposto a correr o risco de que as consultas fossem mais lentas. Os chineses têm muita dificuldade para digitar;
portanto, ter a Suggest para preencher as palavras seria especialmente

valioso naquele país. A Suggest funcionou e expandiu-se rapidamente para os sites da Google em Hong Kong, Taiwan, Rússia e Europa Ocidental, logo alcançando o resto do mundo.

A Microsoft não tardou em se aproveitar dos benefícios oferecidos por Israel. Embora os danos causados pela queda de 2 mil mísseis durante a guerra do Líbano de 2006 ainda estivessem sendo reparados, Bill Gates não teve medo de fazer sua primeira visita a Israel. Sua mensagem era clara: "Não temos medo da Google", declarou ele a um jornal israelense. Embora não tenha resistido a "alfinetar" a empresa dizendo que os mecanismos de busca da internet achavam-se "em um estado lastimável em comparação ao que de fato poderiam oferecer", ele também admitiu que a Google e a Microsoft travavam uma competição feroz, e a nova frente de batalha situava-se em Israel. Antes, Gates declarara que a "inovação que está acontecendo em Israel é decisiva para o futuro do negócio da tecnologia".[2]

Não muito tempo depois de o homem mais rico do mundo na época partir de Israel, surgiu no país o segundo indivíduo mais rico até aquele momento, Warren Buffett. O investidor mais reverenciado dos EUA chegara para visitar a primeira empresa que adquirira fora do seu país de origem. Buffett passou 52 horas conhecendo a Iscar, a empresa de ferramentas para máquinas que comprara por 4,5 bilhões de dólares, e Israel, o país sobre o qual muito ouvira falar. "Imagine as pessoas que subiram por esses degraus 2 mil anos atrás", comentou em sua visita a Jerusalém:

> Então olhe para a fábrica da Iscar no alto de uma montanha, fornecendo equipamentos para 61 países [...] seja para a Coreia do Sul, os EUA ou os países da Europa, como quiser. É mesmo admirável. Não acho que se possa realmente encontrar esse tipo de combinação entre passado e futuro, em tamanha proximidade, em qualquer outro lugar do mundo.[3]

No entanto, parece improvável que sua apreciação da história tenha sido responsável por convencê-lo a escolher Israel para alterar sua política de não fazer aquisições fora dos EUA, que já durava décadas. Também não foi uma demonstração de indiferença à vulnerabilidade desse país que atraiu esse verdadeiro "apóstolo da aversão ao risco".

Não é preciso ser Warren Buffett para se preocupar com o risco. Toda empresa considera cuidadosamente os perigos e as ameaças inerentes a fazer negócios em qualquer outro lugar distante de sua sede, principalmente em um lugar percebido como zona de guerra. A questão, de acordo com Buffett, é como se considera o risco.

Certa vez, visitamos o escritório de Jon Medved – na sede da Vringo, em Beit Shemesh, um bairro entre Jerusalém e Tel Aviv – para discutir os riscos de se investir em Israel.[4] Antes de responder a uma pergunta levantada por nós, Medved lançou ele próprio uma interrogação. Em seguida, exibiu no computador um dos slides de sua apresentação Israel Inside – que costuma fazer ao desempenhar seu papel de embaixador econômico não oficial.

— Olhem para este gráfico, disse ele [Figura 9.1].

— O que veem aqui? — indagou Medved.

O eixo horizontal "X" apresentava os anos de 2002 a 2004, mas o eixo vertical "Y" não estava identificado. Era possível visualizar uma

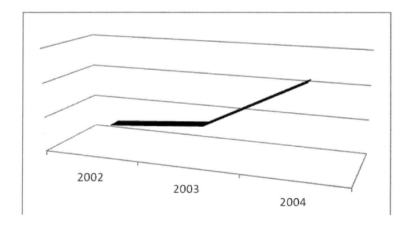

Figura 9.1

linha ascendente na diagonal – relativamente linear – subindo no sentido do canto esquerdo do gráfico. Contudo, sem poder identificar a que se referia o eixo "Y", aquela parecia uma pergunta insidiosa. O gráfico estava incompleto. Imaginamos que Medved nos tivesse feito uma pergunta capciosa.

— Bem, é possível perceber que algo está aumentando ao longo da linha do tempo entre 2002 a 2004 — arriscamos. — Mas o eixo "Y" não nos diz o que essa coisa é.

— Exatamente — respondeu rapidamente. — Essa "alguma coisa" poderia ser uma porção de elementos. Poderia ser, por exemplo, o índice de violência no país. Afinal, esse foi, tragicamente, um dos períodos mais violentos de Israel em toda a nossa história. Na época, enfrentávamos a Segunda Intifada e logo teríamos de encarar a segunda guerra do Líbano. Esse gráfico também poderia ilustrar o número de foguetes que atingiram Israel ao longo daqueles anos.

No entanto, explicou-nos Medved, o gráfico também nos mostra o desempenho da economia de Israel, que crescera radicalmente na primeira metade da década. Então, ele nos apresentou outro slide, praticamente idêntico ao primeiro (Figura 9.2).

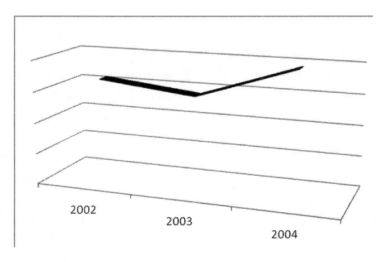

Figura 9.2

Nação empreendedora

O eixo vertical "Y" estava dessa vez identificado: "Investimentos estrangeiros em alta tecnologia israelense". Admiravelmente, durante o mesmo período marcado pelo aumento nos violentos ataques, houve um crescimento na entrada de investimentos.

Na verdade, quando pesquisamos outra aferições econômicas, descobrimos que vários conjuntos de dados se encaixavam mais ou menos naquela estrutura genérica do gráfico. Por exemplo, os investimentos estrangeiros diretos (IED) – outra medida macroeconômica – indicam o total de qualquer tipo de investimento do exterior que entra no país. Durante o período de 2000 a 2005, os IED em Israel triplicaram enquanto a participação mundial de Israel nos dólares de risco investidos no país duplicou.

Medved não estava sugerindo que houvesse uma correlação entre a violência em Israel e sua atratividade para os investidores. Ao contrário, ele acreditava que Israel tivesse simplesmente conseguido eliminar a ameaça à segurança das suas oportunidades de crescimento econômico. Em outras palavras, os israelenses confiam que suas novas empresas sobreviverão durante as guerras e as turbulências. O que é verdadeiramente excepcional, porém, é que os empreendedores israelenses também conseguiram convencer os investidores.

Alice Schroder é a autora de A *bola de neve*: *Warren Buffett e o negócio da vida* (Sextante, 2008), a única biografia autorizada de Warren Buffett. Perguntamos a ela sobre o risco percebido de investir em Israel. "Warren está no negócio de seguros há muito tempo e observa cada decisão de investimento através dessa lente", contou-nos. "É tudo uma questão de avaliar o risco de maneira semelhante ao modo como se faz com uma apólice de seguro. Aquilo com que realmente nos preocupamos é o potencial risco de terremotos e furacões. Warren faz, basicamente, duas perguntas: (1) Que tipo de risco catastrófico existe ali? e (2) Posso viver com ele?"[5]

A fábrica e as instalações de P&D da Iscar, a empresa israelense de Buffett, estão estabelecidas na região norte de Israel e, em duas ocasiões, foram ameaçada por ataques de mísseis – em 1991, quando o país inteiro foi alvo do então presidente do Iraque, Saddam Hussein, durante a Guerra do Golfo; e durante a guerra do Líbano de 2006, quando o Hezbollah disparou milhares de mísseis contra as cidades do norte de Israel. Então perguntamos a Schroder: "Será que isso não constitui um risco catastrófico?"

Segundo ela, dentro do ponto de vista de Buffett, se as instalações da Iscar fossem bombardeadas, outra fábrica poderia ser construida. O que representa o valor da empresa não é a fábrica, mas o talento dos funcionários e da administração, a base internacional de clientes leais e a marca estabelecida. Portanto, aos olhos de Buffett, os mísseis não representam um risco catastrófico, mesmo que possam destruir instalações físicas.

Durante a guerra do Líbano, em 2006, apenas dois meses após Buffett ter adquirido a Iscar, 4.228 mísseis caíram no norte de Israel.[6] Localizada a menos de 13 quilômetros da fronteira libanesa, a Iscar seria um alvo perfeito para os disparos de foguetes.

Eitan Wertheimer, presidente da empresa e responsável por vendê--la a Buffett, contou-nos que, no primeiro dia da guerra, ligou para o novo chefe e disse:

Nossa única preocupação foi com o bem-estar de nosso pessoal, uma vez que máquinas destruídas e janelas quebradas sempre po-dem ser consertadas. Não tenho certeza se você entende a nossa postura. Pretendemos tocar o serviço com a metade da força de tra-balho, mas, ao mesmo tempo, assegurar que todos os clientes rece-bam seus pedidos no prazo ou até mesmo antes.[7]

De acordo com Wertheimer, um foguete caíra dentro do Parque Industrial de Tefen, fundado por sua família, e espalhou-se ao redor da empresa. Uma série de outros foguetes atingiu a vizinhança. Segundo ele, embora, durante a guerra, muitos trabalhadores tenham se transferi-do temporariamente com a família para a região sul do país, os clientes da Iscar nunca souberam da real situação. "Demoramos pouco tempo para nos ajustar e não perdemos nenhuma entrega", concluiu. "Para os nossos clientes ao redor do mundo, não havia guerra."

Nação empreendedora

Reagindo dessa maneira às ameaças, Wertheimer e outros empreendedores transformaram os perigos que poderiam fazer Israel parecer um local arriscado, evidenciando os bens invioláveis do país – os mesmos que atraíram Buffett, a Google, a Microsoft e tantos outros.

Poucos ilustram com mais clareza o modo como os israelenses resistem do que Dov Frohman, que nascera em Amsterdam poucos meses antes do início da Segunda Guerra Mundial. Quando o cerco dos nazistas sobre a Holanda aumentou, os pais de Dov decidiram escondê-lo com a família Van Tilborgh, fazendeiros cristãos devotos a quem encontraram por meio do movimento clandestino holandês. Dov tinha apenas três anos quando chegou à casa de fazenda no interior da Holanda, mas se lembra de precisar cobrir o cabelo escuro com um chapéu, uma vez que o resto da família adotiva era loura. Quando periodicamente os alemães davam buscas na casa, ele se escondia embaixo da cama, em um celeiro ou na floresta com os irmãos de adoção. Anos depois, Dov descobriu que seu pai morrera em Auschwitz; ele nunca soube ao certo onde a mãe foi assassinada.[8]

Depois da guerra, a tia de Frohman, que fugira para a Palestina na década de 1930, localizou os pais holandeses de Frohman e os convenceu a colocá-lo em um orfanato judeu, de modo que o menino pudesse emigrar para a Palestina. Em 1949, com dez anos de idade, Dov aportou no recém-criado Estado de Israel.

Em 1963, quando estava para se formar no Technion, Dov Frohman decidiu fazer um curso de pós-graduação nos EUA para "trazer um novo campo de especialização técnica para Israel". Ele foi aceito no MIT, mas, em vez disso, foi para a Universidade da Califórnia em Berkeley, que lhe ofereceu uma remuneração. Foi uma escolha fortuita.

Quando ainda era um estudante de pós-graduação, Frohman foi contratado por Andy Grove para trabalhar na Fairchild Semiconductor. Alguns anos depois, Grove uniu-se a Gordon Moore e a Robert Noyce para fundar a Intel. Frohman tornou-se um dos primeiros funcionários da nova empresa. Ele rapidamente deixou sua marca ao inventar o que se tornaria um dos produtos mais lendários e lucrativos do mundo, um novo chip de memória reprogramável. Posteriormente, mesmo com um cargo na alta administração ao seu alcance, Frohman anunciou que estava deixando a empresa para ensinar engenharia elétrica em Gana. Em suas palavras, ele estava "em busca de aventura, liberdade individual e crescimento pessoal" – mais um seguidor do Livro.

Os colegas na Intel pensaram que Frohman estivesse louco por sair daquele modo, justo quando a empresa estava prestes a abrir o seu capital e favorecer seus funcionários com lucrativas opções de ações. Frohman, porém, sabia o que queria: começar sua própria empresa, e não simplesmente trabalhar para outra pessoa. Ele também sabia que, se permanecesse no caminho administrativo, poderia nunca ser capaz de voltar a Israel, onde tinha planos revolucionários para a economia local – tornar-se um líder no setor de projeto e desenvolvimento de chips.

Em 1973, chegara o momento de tornar seu sonho realidade. A Intel estava enfrentando uma acentuada falta de engenheiros. Frohman voltou à Intel, apresentou a Grove sua ideia para um centro de projetos e rapidamente organizou uma missão exploratória a Israel. Retardada pela Guerra de Yom Kippur, a equipe da Intel chegou a Israel em abril de 1974 e rapidamente contratou cinco engenheiros para o seu novo centro de projetos em Haifa. A Intel nunca fundara um importante centro de pesquisa e desenvolvimento em um país estrangeiro.

> De uma hora para outra, estávamos no negócio de P&D. Até então, costumávamos crer que não deveríamos arriscar o futuro da empresa alocando a parte mais importante da nossa missão e de nossas operações no exterior – fora do nosso controle", recordou-se um ex-funcionário da Intel na Califórnia. "Israel foi o primeiro lugar em que fizemos isso. Muita gente pensou que estivéssemos doidos.[9]

A equipe de Israel começou com um investimento de 300 mil dólares e cinco funcionários em tempo integral. Não obstante, viria a se tornar o maior empregador privado de Israel, com 5,4 mil trabalhadores na época em que o país completou seu trigésimo aniversário. Os investimentos da Intel em Israel, embora parecessem uma iniciativa arriscada na época, continuariam até se tornarem fundamentais para o sucesso da empresa.

Nação empreendedora

A Intel de Israel foi responsável pela criação do chip para os primeiros computadores pessoais, os PCs, da IBM, dos primeiros chips Pentium e de um novo modelo que, segundo concordam os analistas, salvou a Intel de uma espiral descendente durante a década de 1990, como já discutido no Capítulo 1. Na cidade de Qiryat Gat, no sul do país, a Intel construiu uma fábrica de 3,5 bilhões de dólares na qual os israelenses criaram chips com transistores tão pequenos que 30 milhões deles podiam caber na cabeça de um alfinete. Igualmente admirável, Israel tornou-se um centro manufaturador fundamental para a Intel e provou que nada pode interromper sua produção, nem mesmo a guerra.

"Vamos confiar no seu julgamento, Dov. Faça o que for preciso." Essa foi a mensagem da administração da Intel dias depois do início da Guerra do Golfo em janeiro de 1991.

O Iraque invadira o Kuwait cinco meses antes. Desde o momento em que Frohman soube da notícia, a preocupação de que talvez precisasse mandar seus trabalhadores para casa começou a aparecer em sua mente – durante os momentos em silêncio dirigindo para o trabalho, enquanto esperava no aeroporto pela decolagem ou antes de ir dormir à noite. Ele sabia que fechar as portas seria devastador para a Intel de Israel; portanto, tentou tirar aquele pensamento da cabeça.

Enquanto centenas de milhares de soldados norte-americanos eram enviados para a Arábia Saudita em preparação para a guerra, Frohman imaginava o risco que a Intel estava correndo. Aquela iniciativa arriscada fora consequência da decisão da IBM de utilizar o chip 8.088 em seus PCs, o que era, sem dúvida, uma enorme chance para a Intel. No entanto, a gigante dos computadores forçara a Intel, a criadora do chip, a licenciar sua tecnologia para uma dezena de fabricantes; a IBM achava arriscado confiar apenas em uma única empresa para fabricá-lo. Desse modo, a Intel ficou apenas com 30% das receitas. Isso significou mais segurança e alavancagem de preço para a IBM, mas, ao mesmo tempo, lucros menores para a Intel.

Em 1983, já com a nova geração de chips, o 286, a Intel conseguiu convencer a IBM a reduzir o número de fabricantes para quatro, aumentando assim sua participação. Dois anos mais tarde, depois de investir 200 milhões de dólares e quatro anos no desenvolvimento dos chips 386, ainda

180

mais rápidos, a Intel estava preparada para uma empreitada arriscada. Dessa vez, a IBM concordou com o pedido da Intel para se tornar a única fabricante do chip que estaria presente na maioria dos novos PCs em todo o mundo. Essa estratégia maximizaria os lucros da Intel, mas também seus riscos. E se a Intel não fosse capaz de aumentar a sua capacidade de fabricação em tempo hábil? O risco maior, segundo a administração da Intel em Santa Clara, era centralizar grande parte dessa nova responsabilidade em Israel.

A principal carga recairia sobre a fábrica de chips israelense em Jerusalém, que se responsabilizaria por cerca de três quartos da produção mundial da empresa, estabelecendo dois turnos de doze horas por dia, sete dias por semana.

No momento, porém, aquela produção estava sob ameaça. Saddam Hussein declarara que, se os EUA lançassem uma ofensiva, ele responderia com ataques de mísseis contra Israel.

O governo israelense acreditou em Saddam. O Iraque tinha mísseis Scud que poderiam atingir Tel Aviv em menos de dez minutos, e aqueles projéteis poderiam ser armados com ogivas químicas. Em outubro de 1990, o governo israelense ordenou a maior distribuição de máscaras contra gases desde a Segunda Guerra Mundial.

Foi uma época surreal em Israel. Nos jardins da infância, as professoras mostravam às crianças de cinco anos de idade como colocar a máscara contra gás em caso de ataque e praticavam a corrida para as "salas de segurança" especialmente preparadas para o caso de as sirenes soarem. O sistema de distribuição das máscaras foi minucioso, com todas as residências recebendo um comunicado pelo correio informando onde poderiam retirar o equipamento. As FDI instalaram seus escritórios de Comando da Frente Interna em centros de compras; portanto, não era incomum sair para comprar sapatos, tomar um café e, ao mesmo tempo, retirar as máscaras contra gases para toda a família.

Frohman fez o que todo gerente israelense faz durante (ou antes) de uma guerra: preparou planos de contingência para o cenário "padrão", no qual os funcionários seriam convocados para o serviço da reserva. A maioria dos homens israelenses com menos de 45 anos serve por um

Nação empreendedora

mês todos os anos nas forças da reserva. Durante uma guerra prolongada, esses civis-soldados podem ser convocados pelo tempo que o governo julgar necessário. Isso representa uma imenso encargo econômico para as empresas de Israel – incluindo dias de trabalho perdidos e menos produtividade – até mesmo durante os períodos de paz. Durante uma guerra, os funcionários podem se ausentar por semanas ou até mesmo meses. Em consequência disso, algumas empresas israelenses vão à falência durante uma guerra.

No início de janeiro de 1991, as linhas aéreas norte-americanas e europeias suspenderam ou cancelaram seus voos para a região. Em 11 de janeiro, quatro dias antes do prazo dado pelas Nações Unidas para que o exército do Iraque se retirasse do Kuwait, o governo dos EUA aconselhou seus cidadãos a deixarem Israel. Em 16 de janeiro, o governo israelense anunciou que todas as escolas e empresas, com exceção dos serviços essenciais (de energia elétrica, por exemplo), deveriam fechar durante aquela semana e, talvez, por mais tempo. O governo queria que as pessoas ficassem em casa, fora das ruas, e preparadas para correr para as salas de segurança ao som das sirenes que indicariam o ataque aéreo.

Para Frohman, submeter-se às diretrizes do governo significaria suspender a produção do microchip 386 da Intel em um momento decisivo para a empresa. Frohman esperava ter o apoio total da administração no caso de paralisar as atividades, mas sabia que o fato de um empregador estar disposto a permitir a ausência do funcionário por motivo de doença não significava que sua relação não fosse afetada, em especial quando a "enfermidade" provavelmente se repetirá no futuro.

"Já enfrentamos inúmeras dificuldades dentro da empresa em relação à transferência de tecnologias estratégicas e produtos críticos para a operação israelense", recordou-se Frohman. "Eu estava convencido de que, se precisássemos interromper a produção, mesmo por um breve período de tempo, pagaríamos um preço considerável em longo prazo." Frohman gastara tempo e capital político para realizar o sonho que acalentara desde a primeira vez que saíra da Intel: persuadir a administração da empresa a colocar o futuro da organização nas mãos de um posto avançado no exterior, que estava agora prestes a ser atacado por mísseis Scud.

182

Não obstante, Frohman tinha outra preocupação – surpreendentemente maior:

Eu não parava de pensar na sobrevivência da economia de alta tecnologia... ainda pequena em Israel. O bloqueio que servia de empecilho a novos investimentos no país era a impressão sempre presente de instabilidade geopolítica da região. Se não conseguíssemos funcionar em uma situação de emergência, então toda a confiança que as multinacionais, os investidores e os mercados depositavam em nossa estabilidade desmoronaria instantaneamente.

Frohman passara tempo suficiente no exterior para estar bem-familiarizado com o preconceito em investir em Israel. Quase todo dia uma manchete negativa sobre o país se espalhava pelo mundo: outro ataque terrorista... outra provocação na fronteira... mais um banho de sangue. Intifada, violência, terror, guerra. Aquelas eram as únicas informações que as pessoas recebiam. Ele acreditava que já era o momento de Israel e sua economia exportarem outros tipos de notícias.

Conforme o prazo final de 15 de janeiro se aproximava, ele pensava cada vez mais em um debate imaginário numa sala de diretoria – acontecendo em algum lugar dos EUA – entre um executivo entusiasmado quanto a investir em Israel e uma diretoria cautelosa que considerava o executivo imprudente.

De que o entusiasta precisaria para influenciar a diretoria? Entendo o seu ceticismo. Também assisto aos noticiários. Mas não vamos nos esquecer de que a Intel estava produzindo o chip 386 – um dos seus microchips mais importantes – em Israel durante a Guerra do Golfo, e os israelenses não perderam um prazo sequer. Eles seguiram o cronograma e não se atrasaram... nem mesmo uma vez... nem quando os mísseis caíam sobre eles.

Em 17 de janeiro, Frohman informou seus funcionários sobre sua decisão unilateral de manter a Intel de Israel aberta durante a guerra,

Nação empreendedora

desafiando as ordens do governo. Contudo, deixou claro que nenhum trabalhador seria punido por não aparecer.

Às 2 horas da madrugada de 18 de janeiro, Frohman, a exemplo da maioria dos israelenses, foi acordado pelas sirenes de ataque aéreo. Ele e sua família puseram rapidamente suas máscaras contra gases e fecharam-se em sua própria sala de segurança. Quando soou a sirene indicando que tudo estava em ordem, eles foram informados de que oito mísseis haviam atingido Tel Aviv e Haifa – próximo às principais instalações de P&D da Intel –, mas não estavam equipados com ogivas químicas. Eram esperados mais mísseis nos próximos dias. Se Saddam equiparia ou não os próximos Scuds com agentes químicos, ninguém sabia ao certo.

Às 3h30 da madrugada, quando Frohman chegou à fábrica com sua máscara contra gases, foi direto à "sala limpa" – o centro da fábrica de chips, onde os técnicos trabalhavam em trajes semelhantes aos de astronautas para manter o ambiente livre de poeira. O trabalho ali já fora retomado. Ele foi informado de que, quando as sirenes começaram a soar, os funcionários foram para uma sala de segurança na fábrica, mas, depois de rápidos telefonemas para casa, voltaram aos seus postos de trabalho. Quando começou o primeiro turno da manhã após o ataque, Frohman esperava ver – no melhor cenário imaginado – metade dos funcionários do turno. Apareceram 75%. Depois de um segundo ataque por mísseis iraquianos na noite seguinte, o comparecimento ao centro de projetos de Haifa aumentou para 80%. Quanto mais agudos os ataques, maior era o comparecimento. "Bem-vindos ao novo 'estado normal' de Israel."

Os executivos da sede da Intel em Santa Clara não eram capazes de entender o que estava acontecendo. Durante uma conferência à distância com Santa Clara dois dias depois, as sirenes de ataque aéreo soaram de novo. A equipe israelense pediu um instante para mudar de lugar, colocou as máscaras contra gases e continuou a conferência da sala de segurança. Um grupo de trabalhadores da Intel até mesmo instalou uma creche e um playground no prédio, uma vez que as escolas continuavam fechadas e os funcionários queriam participar da missão de desafio de Frohman, mas não tinham escolha a não ser levar os filhos para o trabalho. Além de

184

cumprir suas tarefas regulamentares, os trabalhadores se ofereciam como voluntários para fazer turnos e cuidar das crianças.

O legado do comprometimento de Frohman ainda é testemunhado nas decisões de novas empresas multinacionais quanto a manter operações decisivas em Israel. Algumas dessas facilidades, como a Google, foram construídas mais ou menos na época da guerra do Líbano em 2006.

A explicação para isso não é apenas o talento para a engenharia, mas também fatores mais intangíveis, como a motivação para o sucesso, uma característica tanto individual quanto nacional. Os israelenses têm um termo para isso – *davka*, uma palavra intraduzível do hebraico que significa mais ou menos "apesar de" com um toque de "continuar se lembrando dos erros do passado com indiferença". O raciocínio, por assim dizer, era: "Quanto mais eles nos atacam, maior é o nosso sucesso."

Como disse Eitan Wertheimer a Warren Buffett no início da guerra do Líbano de 2006: "Decidiremos que lado vencerá esta guerra aumentando a produção a patamares cada vez mais elevados, o tempo todo, mesmo enquanto os mísseis caem sobre nós."[10] Os israelenses, ao fazer da sua economia e da reputação de suas empresas uma questão de orgulho nacional e uma medida de libertação e força, despertaram entre os investidores estrangeiros uma confiança sem precedentes na capacidade de o país cumprir com seus compromissos ou até mesmo superá-los. Graças a Dov Frohman, Eitan Wertheimer e muitos outros, a questão de risco catastrófico para os investidores e multinacionais que pensam em fazer negócios em Israel é praticamente irrelevante.

Nação empreendedora

NOTAS

1. Entrevista com Yoelle Maarek, ex-diretora, Centro de P&D do Google em Haifa, Israel, janeiro de 2009.
2. Joel Leyden, "Microsoft Bill Gates takes google, terrorism war to Israel", Israel News Agency, 2006, <http://www.israelnewsagency.com/ microsoftgoogleisraelseo581030.html>. Acesso em novembro de 2008.
3. Citação da transcrição de uma entrevista de um filme documentário conduzida pelo American Israel Public Affairs Committee (AIPAC) em 2007, fornecida aos autores.
4. Dan Senor é um investidor da Vringo.
5. Entrevista com Alice Schroeder, autora de *The snowball*, 2008.
6. Uzi Rubin, Hezbollah's rocket campaign against northern Israel: a preliminary report, Jerusalem Issue Brief, v. 6, n. 10 (31 de agosto de 2006), <www.jcpa.org/brief/brief006-10.htm>.
7. Entrevista com Eitan Wertheimer, presidente da diretoria da Iscar, janeiro de 2009.
8. Dov Frohman e Robert Howard, *Leadership the hard way: why leadership can't be taught—and how you can learn it anyway* (San Francisco: Jossey-Bass, 2008), pp. 1-16. Todas as citações de Frohman nesta passagem são do livro dele.
9. As entrevistas desta passagem com o executivo sênior da Intel não são oficiais, dezembro de 2008.
10. Entrevista com Eitan Wertheimer.

Capítulo 10
Yozma: o fósforo

Ao falar sobre os primeiros anos do rock'n'roll, John Lennon disse certa vez: "Antes de Elvis, nada existia." Em relação ao sucesso do capital de risco e do empreendedorismo de alta tecnologia em Israel, parafraseando Lennon, antes do Yozma não existia nada.

—Orna Berry

O filho de Orna Berry, Amit, enviou-lhe o que seria uma mensagem de 32 milhões de dólares. Amit recuperara a mensagem da secretária eletrônica da mãe. Um vice-presidente da Siemens, o conglomerado alemão de telecomunicações, ligara para ela, mas Berry perdera a ligação. Ela estava em mais uma viagem ao exterior para apresentar sua empresa embrionária a organizações maiores dispostas a comprá-la. A mensagem da Siemens assinalou o começo de um processo que culminaria na primeira aquisição de uma empresa israelense por uma empresa europeia. A transação foi concluída em 1995.

Embora atualmente seja um acontecimento bastante comum – os europeus investem centenas de milhões de euros em empresas israelenses –, em 1995 uma nova empresa israelense ser adquirida por outra europeia era algo de que não se ouvia falar. Orna Berry acredita que um novo programa do governo israelense na época, chamado Yozma, foi o que tornou aquilo possível. Ela também considera que centenas de

Nação empreendedora

outras empresas iniciantes tiveram experiências semelhantes em razão da iniciativa do governo.

Berry é aclamada como uma das principais líderes empresariais de Israel.[1] Em 1997, ela foi nomeada cientista-chefe do Ministério da Indústria, Comércio e Trabalho – o *tsar* da inovação em Israel; em 2007, tornou-se presidente da Associação de Capital de Risco de Israel. Obteve Ph.D em ciência da computação pela Universidade do Sul da Califórnia, trabalhou para a empresa de consultoria de tecnologia Unisys nos EUA e retornou a Israel para trabalhar para a IBM e, posteriormente para a Intel.

Em 1992, no entanto, foi uma empreendedora de primeira viagem. Ao lado de cinco colegas da Fibronics, ela fundou a Ornet Data Communications, uma das primeiras empresas de tecnologia de Israel. A Ornet Data desenvolvia programas e equipamentos para computadores para redes locais de comunicação (*Local Area Networks* – LANs), com o intuito de duplicar a velocidade da transmissão de dados.

Embora a maioria dos usuários entrasse na web por meio de linhas telefônicas, a tecnologia de rede Ethernet crescia como um meio de se conectar às LANs – grupos de computadores fisicamente próximos em residências e escritórios. As LANs faziam circular mais informações, com maior rapidez, entre os computadores da rede, mas a largura de banda era ainda bastante limitada. A Ornet Data criou um recurso para esses computadores em rede que, segundo estimativas de Berry, multiplicaria a largura de banda em cinquenta vezes.

A Ornet Data tinha apenas um punhado de funcionários em Carmiel, cidade no norte de Israel, e um escritório em Boston que Berry usava quando estava na cidade. No início da empresa, ela viajou várias vezes aos EUA para tentar levantar dinheiro, mas logo percebeu que não havia nenhum disponível.

Ela nos contou o seguinte: "Não existia um mecanismo para o financiamento de alto risco em estágio inicial na ausência de capital de risco local."[2]

O capital de risco é um fundo de investimentos normalmente aplicado em empresas de tecnologia com perspectiva de alto crescimento. Para a maioria dos investidores estrangeiros, porém, investir dinheiro em

Israel parecia absurdo. Para eles, Israel era sinônimo de religiões antigas, escavações arqueológicas e conflitos sanguinários. Até mesmo os investidores que se maravilharam com a capacidade de Israel em P&D ficavam assombrados com a onda de violência que se espalhava com o levante palestino – ou intifada – no final da década de 1980. Isso foi antes da decisão de Dov Frohman em manter a Intel funcionando durante a Guerra do Golfo em 1991.

De acordo com Jon Medved, fundador da Israel Seed Partners:

> Mesmo que você convidasse os investidores para apostar em Israel e apresentasse todos os argumentos possíveis até perder o fôlego, no final, eles apenas debochavam de você.[3]

A escassez de capital de risco em Israel durante a década de 1980 também estava criando outros problemas. No Ocidente, o papel do capitalista de risco não é simplesmente fornecer dinheiro, mas oferecer orientações abalizadas e manter o contato entre uma rede de investidores, de compradores em potencial e de novos clientes e parceiros, que tornam o setor de risco bastante valioso para uma empresa em princípio de formação. Um bom capitalista de risco ajuda os empreendedores a formar suas organizações.

"Estava muito claro que faltava alguma coisa em Israel na época", disse Yigal Ehrlich, outro cientista-chefe que trabalhara para o governo no final da década de 1980. "Embora em Israel fôssemos muito bons em desenvolver tecnologias, não sabíamos administrar empresas ou produtos de mercado."[4]

Os empreendedores israelenses precisavam pensar em escala mundial desde o princípio, criando produtos para mercados a milhares de quilômetros de distância e a vários fusos horários dali. Mas surgiam dúvidas importantes: Como configurar os produtos conforme as necessidades do mercado? Como fabricar, comercializar e, finalmente, distribuir o produto a clientes tão longe do Mediterrâneo?

Antes da introdução do capital de risco em Israel, existiam duas fontes de financiamento: as verbas do GCC e a verba Binacional.

Nação empreendedora

No primeiro caso, as empresas iniciantes israelenses podiam inscrever-se no Gabinete do Cientista-Chefe (GCC) para a compatibilização de verbas. Estas, porém, não correspondiam nem remotamente ao montante de recursos de que as novas empresas realmente necessitavam e, em consequência disso, a maioria fracassava. Um relatório do governo publicado no final da década de 1980 afirmava que 60% das empresas de tecnologia que se consideravam merecedoras de verbas do GCC não eram capazes de levantar o capital de "segundo turno" para comercializar seus produtos. Isso significava que elas poderiam até criar ótimos produtos, mas não conseguiriam vendê-los.[5]

No segundo, as empresas israelenses poderiam candidatar-se ao que eram chamadas de verbas binacionais. Criada a partir de 110 milhões de dólares investidos pelos governos norte-americano e israelense, a Fundação Binacional de Pesquisa e Desenvolvimento Industrial criou um financiamento para apoiar consórcios comerciais americano-israelenses. A Binacional oferecia verbas modestas que variavam de 500 mil a 1.000.000 de dólares aplicadas ao longo de dois a três anos. Os recursos seriam recuperados por meio de pequenos *royalties* auferidos sobre os projetos bem-sucedidos.[6]

Ed Mlavsky tornou-se diretor-executivo da Binacional quando, em 1978, fez um comentário de improviso em uma reunião do Conselho Consultivo EUA-Israel sobre a área de P&D Industrial. A Binacional fora criada dois anos antes, mas, até então, não financiara um único projeto. O conselho se reunira para escolher um sucessor para a fundação; os integrantes estavam muito decepcionados com os numerosos candidatos. Mlavsky, nascido na Inglaterra, mas no momento cidadão norte-americano e vice-presidente-executivo da Tyco International, disse: "Cavalheiros, isso é horrível; até eu sou capaz de fazer um trabalho melhor do que qualquer um desses |candidatos|." A comissão considerou aquela uma ótima ideia e tentou convencer Mlavsky a sair do emprego e a se mudar com a família para Israel.

A esposa de Mlavsky não era judia nem tinha forte ligação emocional com aquele país, mas, com o incentivo do norte-americano Jordan Baruch, o secretário-assistente de Comércio para Ciência e Tecnologia, Mlavsky acabou viajando e participando daquilo que ele considerou "uma entrevista para um emprego que eu não queria num país em que não tinha

190

a menor intenção de morar". No final, depois de viajar para Israel em 1979 e se apaixonar pela cultura de pioneirismo daquele jovem país, a esposa o ajudou a se decidir. Mlavsky tirou uma licença da Tyco, guardou os móveis em um depósito e foi para Israel. Ele acabaria permanecendo no cargo por treze anos até se tornar o cofundador da Gemini, uma das primeiras empresas de capital de risco financiadas pelo governo de Israel. Em parte, o que agradou a Mlavsky foi a disposição que havia em Israel para testar qualquer ideia, o que ele somente valorizaria plenamente depois de chegar lá e envolver-se com a vida israelense.

Mlavsky chamava a Binacional de uma espécie de "serviço de encontros" porque ele e sua equipe faziam o papel de "casamenteiros" entre empresas israelenses que tivessem tecnologias disponíveis e as norte-americanas que pudessem comercializá-las e distribuí-las nos EUA. Além de promover essa aproximação, nosso "serviço de encontros" ainda subsidiava as despesas das empresas participantes.

A maioria das empresas de tecnologia norte-americanas que a Binacional procurava tinha orçamentos de P&D limitados. Por serem empresas de capital aberto de portes médio a grande, não se sentiam atraídas por lançar mão de receitas trimestrais para pagar por pesquisas dispendiosas. Mlavsy se recorda:

Nós as procurávamos [as empresas norte-americanas] e dizíamos: 'Existe esse lugar chamado Israel, do qual vocês podem ou não ter ouvido falar. Podemos colocá-los em contato com vários engenheiros inteligentes, criativos e experientes de lá. Vocês não precisarão pagar para contratá-los nem tirá-los de lá ou se preocupar com o que acontecerá depois que o projeto terminar. Aliás, não iremos apenas apresentá-los a esse grupo, mas lhes disponibilizar 50% do capital relativo à sua parte no projeto. Também liberaremos o equivalente a 50% do montante que os israelenses precisarão do outro lado'."

Até o presente momento, a Binacional investiu mais de 250 milhões de dólares em 780 projetos que resultaram em 8 bilhões de dólares em vendas diretas e indiretas.[7]

Nação empreendedora

O programa da Binacional não se restringiu apenas à geração de receitas: ele ajudou a ensinar às novíssimas empresas de tecnologia israelenses como fazer negócios nos EUA. As recém-nascidas trabalhavam em colaboração estreita com suas parceiras norte-americanas. Muitas alugavam espaços para manter escritórios nos EUA e enviavam funcionários para que aprendessem mais sobre o mercado e seus clientes.

Na ausência de financiamento patrimonial, a Binacional oferecia um atalho para os mercados norte-americanos. Até mesmo quando o empreendimento fracassava, restava ainda um tremendo aprendizado sobre como criar produtos destinados aos mercados em vez de simplesmente desenvolver tecnologias.

Em 1992, cerca de 60% das empresas israelenses que abriram seu capital na Bolsa de Nova York e 75% das relacionadas no sistema Nasdaq, tinham sido apoiadas pela Binacional.[8] Os capitalistas e investidores de risco norte-americanos estavam começando a prestar atenção. Ainda assim, 74% das exportações de alta tecnologia por parte de Israel eram geradas por 4% das empresas de alta tecnologia.[9] Os benefícios não estavam sendo dispersos de maneira ampla. Se as novas empresas de tecnologia não conseguissem obter as verbas da Binacional ou do governo, elas precisavam conseguir sobreviver sozinhas usando recursos e contatos próprios e muitos outros meios de alcançar sucesso.

Jon Medved aprendeu a sobreviver sozinho quando, em 1982, saiu de porta em porta vendendo os semicondutores fabricados pelo pai. Na época, a empresa era composta por apenas dez pessoas que trabalhavam dentro de uma garagem para fabricar transmissores e receptores ópticos. Medved admitiu que não assistira a nenhuma aula de Matemática ou Física na faculdade e que não sabia nada sobre as nuanças do negócio que o pai montara. Além disso, não falava hebraico.

"Eu falava diante de grupos de engenheiros israelenses que não sabiam nada sobre fibra óptica", recorda-se Medved:

Discorria sobre o assunto, mas se por acaso algum deles fizesse alguma pergunta técnica difícil, eu simplesmente alegava não entender o que dizia em hebraico – 'Desculpe, não consigo entendê-lo![10]

Medved escreveu um plano de negócios para a empresa e, utilizando-se do primeiro programa de planilhas em seu computador, desenvolveu projeções de receita; mas, a exemplo de Orna Berry, descobriu que era impossível levantar fundos.

O cientista-chefe Ehrlich tornou-se obcecado em descobrir um meio de superar os desafios de financiamento com que os empreendedores deparavam. Mas sempre encontrava alguma oposição: "Não desperdice seu tempo com empresas novas e pequenas. Elas não cumprem o que prometem."[11] Em vez disso, os economistas do governo procuravam aumentar os financiamentos e as parcerias entre Israel e as grandes empresas multinacionais, que, àquela altura, empregavam milhares de israelenses.

Na época, outro desafio se impunha a Israel: como o país resolveria a questão de aproximadamente 1 milhão de imigrantes soviéticos que começavam a chegar ao país. O governo acreditava que, para absorver esses imigrantes, a economia israelense precisaria criar 500 mil novos empregos. Como um em cada três imigrantes soviéticos era cientista, engenheiro ou técnico, o setor de alta tecnologia de Israel parecia ser a melhor solução. Mas os centros de P&D existentes, sozinhos, nunca conseguiriam absorver os diversos novos empregados.

Em 1991, o governo tinha criado incubadoras de tecnologia – 24 delas. Essas incubadoras deram à maioria dos cientistas russos os recursos e o financiamento de que precisavam na etapa inicial de P&D para suas inovações. A meta era não apenas desenvolver a tecnologia, mas também determinar se aquele produto poderia ou não ser comercializado. O governo financiou centenas de empresas por meio de pequenos pagamentos de até 300 mil dólares. Isso manteve muitos dos novos imigrantes russos trabalhando em suas especialidades, mas os que recebiam sua parte do dinheiro possuíam pouca ou nenhuma experiência com empresas de risco iniciantes. Os financiadores do governo não tinham como oferecer o apoio e a administração de que esses empreendedores precisavam para converter aqueles êxitos em P&D em produtos comercialmente viáveis.

"Todos os anos em que tentei analisar o sucesso dessas pequenas empresas fiquei decepcionado", disse Ehrlich. "Embora tivessem sucesso em P&D, não as víamos alcançar êxito em termos de crescimento empresarial."[12] Ele se convenceu de que o único antídoto seria um setor de capital de risco privado. Contudo, ele também sabia que, para obter sucesso, um setor de capital de risco israelense precisaria ter fortes vínculos com os mercados financeiros estrangeiros. Os contatos internacionais simplesmente não estavam prontos para levantar fundos – os aspirantes israelenses à obtenção de capital de risco precisavam ser orientados. Havia milhares de empresas de capital de risco nos EUA que conheciam os detalhes relativos às novas e bem-sucedidas empresas de tecnologia do Vale do Silício. Elas tinham experiência no desenvolvimento das empresas, entendiam de tecnologia, do processo de financiamento e poderiam orientar os empreendedores de primeira viagem. Era isso o que Ehrlich queria levar para Israel.

Foi quando um grupo de jovens burocratas do Ministério das Finanças apareceu com a ideia de um programa que batizaram de Yozma, que, em hebraico, significa "iniciativa".

Como nos disse Orna Berry, "Ao falar sobre os primeiros anos do rock'n' roll, John Lennon disse certa vez: "Antes de Elvis, nada existia". Em relação ao sucesso do capital de risco e do empreendedorismo de alta tecnologia em Israel, parafraseando Lennon, antes do Yozma não existia nada".[13]

A ideia era de o governo investir 100 milhões de dólares para criar dez novos fundos de capital de risco. Cada fundo precisaria ser representado por três partes: capitalistas de risco israelenses em treinamento, uma empresa estrangeira de capital de risco e uma empresa ou banco de investimentos israelenses. Existia também um fundo de 20 milhões de dólares do Yozma que investiria diretamente em empresas de tecnologia.

Inicialmente, o programa Yozma oferecia uma compatibilização de 1,5:1, ou seja, se os sócios conseguissem levantar 12 milhões de dólares para investir em novas tecnologias israelenses, o governo daria 8 milhões do fundo. A procura foi imensa; então, o governo aumentou o nível de requisitos, passando a exigir que as empresas de capital de risco levantassem 16 milhões de dólares para obter os 8 milhões do governo – 2:1.

O verdadeiro atrativo para os capitalistas de risco estrangeiros, porém, era o potencial criado sobre esse programa. O governo reteria 40% da participação no patrimônio no novo fundo, mas ofereceria aos sócios a opção de comprar mais barato sua participação no patrimônio depois de cinco anos se o fundo fosse bem-sucedido. Isso significava que, embora o governo participasse do risco, também oferecia aos investidores toda a remuneração. Esse era um bom negócio fora do comum na perspectiva do investidor.

"Esse foi um raro programa do governo que tinha embutido um mecanismo de entrada e outro de saída", disse Jon Medved. "Esse era o segredo do seu sucesso." Também era raro que um programa do governo realmente desaparecesse depois que tivesse atendido ao seu propósito inicial em vez de continuar indefinidamente.

Na época, a maioria dos judeus da diáspora com tino empresarial investia em Israel. Eles consideravam a filantropia e os negócios como duas atividades distintas. Embora fizessem enormes doações para organizações sem fins lucrativos que beneficiavam Israel, na maioria das vezes relutavam em investir no esforço de alta tecnologia do país.

Havia exceções, é claro. Stanley Chais, um gerente financeiro na Califórnia, ajudou a levantar dinheiro para a primeira rodada dos financiamentos do Yozma estabelecendo reuniões particulares na Califórnia com judeus abastados. Ele levantou milhões de dólares para os fundos. Erel Margalit, que deixou a Autoridade de Desenvolvimento de Jerusalém para administrar um dos primeiros fundos, disse que grande parte da primeira rodada de financiamentos foi levantada junto a pessoas que possuíam alguma "sensibilidade especial em relação a Jerusalém ou Israel". O primeiro investidor institucional de Margalit foi a gigante das seguradoras francesas GAN, cujo presidente era um judeu francês que Margalit conhecera por acaso durante um voo a Paris.

"O governo era usado como o catalisador", disse Ehrlich. O primeiro fundo do Yozma foi criado em parceria com a Discount Israel Corporation, um banco de investimentos, e a Advent Venture Partners, uma empresa de Boston estreante em capital de risco. Ele foi liderado por Ed Mlavsky, o diretor de longa data da Fundação Binacional, e por Yossi Sela.

Clint Harris, um sócio da Advent, disse que soube que havia algo diferente em relação a Israel já em sua primeira viagem. Num táxi a caminho do aeroporto para o hotel em Tel Aviv, o motorista perguntou-lhe por que

Nação empreendedora

estava visitando Israel. Harris respondeu que estava ali para ter uma percepção do setor de capital de risco. O motorista passou então a discorrer sobre a situação do setor de capital de risco no país.

O fundo patrocinado pela Advent seria chamado de Gemini Israel Funds e um dos primeiros investimentos foi em novembro de 1993, quando eles aplicaram 1 milhão de dólares na Ornet Data Communications. Esse investimento, assim como a ajuda administrativa, era exatamente do que a Ornet precisava para ser bem-sucedida.

Reconhecendo a falta de experiência empresarial da Ornet, Mlavsky e Sela ajudaram a recrutar Meir Burstin para atuar como o presidente do conselho de administração na nova empresa. Burstin trabalhava havia muito tempo no mundo empresarial de alta tecnologia – tendo fundado e liderado a Tekem, uma das primeiras empresas de software de Israel, tendo depois atuado como presidente da Tadiran, uma das grandes empresas na área de tecnologia de defesa de Israel. Instantaneamente, Burstin emprestou credibilidade e experiência à Ornet.

Contudo, quando a empresa estava quase fechando suas portas devido ao uso insensato da primeira grande rodada de financiamentos, Yossi Sela, do Gemini, assumiu como CEO interino da empresa e passou a viajar de Ramat Hasharon a Carmiel, um trajeto de duas horas de automóvel, quatro dias por semana. "Foram precisos seis meses de determinação sistemática", recordou-se Sela,

> por parte da equipe de financiamentos tanto da Gemini quanto da Ornet para vender a empresa e impedir a separação da equipe administrativa – para não mencionar as inúmeras horas de estrada de que gostaria de esquecer – mas, enfim, conseguimos.[14]

A outra peça que foi decisiva para o sucesso da empresa foi a capacidade da Gemini em atrair a Walden Venture Capital como investidor. A Walden era uma empresa estabelecida no Vale do Silício que tinha experiência no tipo de tecnologia que a Ornet desenvolvera. O retorno de mais de três vezes o seu investimento em cerca de dois anos criou a primeira história de sucesso da Ornet Gemini.

Os dez fundos do Yozma criados entre 1992 e 1997 levantaram mais de 200 milhões de dólares com a ajuda dos financiamentos do governo. Esses fundos foram comprados ou privatizados no período de cinco anos e hoje administram aproximadamente 3 bilhões de dólares de capital e oferecem apoio a centenas de novas empresas israelenses. Os resultados eram claros. Como observou Erel Margalit, "o capital de risco foi o fósforo que provocou o incêndio".[15]

Diversos fundos do Yozma obtiveram sucesso inicialmente com investimentos em empresas como a ESC Medical, que projetava e fabricava equipamentos médicos, como os lasers; a Galileo, uma empresa de semicondutores de alto nível; a Commontouch, um provedor de e-mails e mensagens; e a Jacada, que disponibiliza espaços de trabalho on-line para funcionários de atendimento ao consumidor de empresas importantes.

Ao longo do tempo, outras entraram no mundo do capital de risco – até mesmo sem o apoio governamental do Yozma. Jon Medved havia acabado de perder um financiamento do Yozma. Anos depois de vender a empresa que ele e o pai criaram, ele soube que havia uma destinação de 5 milhões de dólares do Yozma disponível para investir em empresas embrionárias. Conhecidos como "financiamentos na origem", esses investimentos tendem a ser considerados os de maior risco. Assim, o Yozma efetivamente ofereceu uma compatibilização de 1:1 – na qual os investidores tinham de entrar com 2,5 milhões de dólares para obter outros 2,5 milhões do governo.

Medved procurou Yigal Ehrlich com investidores prontos para preencher os cheques e perguntou sobre a verba. Infelizmente era tarde demais. Mas não importava. Na comunidade de risco norte-americana, o programa do Yozma estava gerando comentários suficientes para superar a incerteza dos investidores quanto a fazer negócios em Israel. Segundo Medved, "o país empolgara investidores suficientes para serem capazes de entrar com os 2,5 milhões necessários e dar início à Israel Seed Partners em 1994", mesmo sem a contrapartida do governo. O fundo rapidamente cresceria para 6 milhões e a Israel Seed chegaria a levantar 40 milhões em 1999 e 200 milhões em 2000.

De acordo com a Israel Venture Association, existem atualmente 45 fundos de capital de risco israelenses. Ed Mlavsky afirmou que ao longo do período de 1992 até o início de 2009 houve um total de 240 empresas de capital de risco em Israel, definidas como empresas tanto estrangeiras quanto nacionais investindo em empresas embrionárias israelenses.

Logo, outros governos ao redor do mundo tomavam conhecimento do sucesso do Yozma. O cientista-chefe Ehrlich recebia telefonemas de governos estrangeiros, incluindo Japão, Coreia do Sul, Canadá, Irlanda, Austrália, Nova Zelândia, Cingapura e Rússia, todos querendo visitar Israel e conhecer os fundadores do Yozma.

Em dezembro de 2008, a Irlanda lançou um "fundo de inovação" de 500 milhões de euros destinado a atrair cofinanciamentos de capitalistas de risco estrangeiros. "O estado irlandês – que ironicamente não manteve relações diplomáticas com Israel nos seus quarenta anos de existência – tinha copiado o Estado judeu", escreveu David McWilliams, um economista irlandês.

A exemplo do Yozma, o fundo de inovação da Irlanda atrai capitalistas de risco estrangeiros para a Irlanda por intermédio de uma série de fundos de capitais de risco apoiados pelo Estado, que fazem parceria com fundos do setor privado. McWilliams afirmou:

> A grande ideia é atrair não somente capitais norte-americanos e *know-how* comercial, mas também trazer empreendedores de toda a Europa. No momento, o continente europeu dispõe de imensas reservas de talento científico, mas pouca experiência na criação de empresas iniciantes. A pergunta que fazem muitos investidores é: onde está a Google europeia? Essa é uma pergunta que se justifica. E, se nos próximos dez anos, essa suposta Google europeia fosse instalada em Israel, se valesse de cérebros irlandeses e de outros países europeus e se utilizasse de capital norte-americano? Isso é exatamente o que se deseja.[16]

O Yozma ofereceu o componente decisivo que faltava para permitir que o cenário tecnológico de Israel participasse da grande expansão tecnológica da década de 1990. Entretanto, em 2000, o setor de tecnologia israelense foi atingido por múltiplos golpes de uma só vez: o rompimento da bolha tecnológica mundial, o processo de paz de Oslo, que literalmente explodiu em uma onda de terrorismo, e a entrada da economia em recessão.

Ainda assim, as empresas embrionárias de Israel rapidamente se adaptaram e se refizeram. Durante esse período, o país mais que duplicou a sua participação no bolo mundial de capital de risco em relação à Europa, crescendo de 15% para 31%. Isso, porém, ocorreu dentro de um ambiente de tributação e regulamentação que, embora favorecesse as empresas iniciantes de tecnologia e os investidores estrangeiros, não beneficiava o resto da economia.

Por exemplo, embora uma empresa embrionária de tecnologia conseguisse obter financiamento de numerosas fontes, qualquer um que iniciasse uma empresa mais convencional teria inúmeros problemas em obter um simples e pequeno empréstimo comercial. Os mercados de capitais de Israel estavam altamente concentrados e limitados. Um setor em particular que parecia ser natural para Israel – o de serviços financeiros – era impedido de decolar.

Em 2001, Tal Keinan formou-se em Administração em Harvard.

Muitos dos meus amigos que saíam para trabalhar em Wall Street eram judeus, então, me ocorreu que Israel não possuía um setor financeiro como aquele. Quando se tratava de gerenciar investimentos, o país não estava sequer no mapa, disse Keinan.

A razão estava nas regulamentações do governo. Nos capitais de risco, descobriu Keinan:

Da maneira como o regime regulatório e fiscal foi estabelecido aqui, era possível o investidor atuar como se não estivesse em Israel; isso era ótimo, e criava um setor maravilhoso. O governo basicamente ficava com as mãos longe do capital de risco. No entanto, não se podia fazer nada significativo com o capital de risco no exterior. Não

Nação empreendedora

era possível receber os honorários sobre o desempenho em nenhuma moeda com que se trabalhasse. Portanto, nada se podia fazer no setor, que não tinha a menor chance de sucesso.[17]

O negócio de asset-management (administração de ativos) seguia um modelo simples. As empresas recebiam um honorário administrativo fixo de cerca de 1% a 2% sobre o dinheiro que administravam. Mas o aspecto verdadeiramente positivo estava nos honorários sobre o desempenho, que são tipicamente de 5% a 20% do retorno sobre o investimento, dependendo da empresa.

Até janeiro de 2005, era ilegal para as empresas financeiras israelenses cobrar honorários sobre o desempenho. Portanto, não é de surpreender que não houvesse quem atuasse nessa área. A mudança ocorreria pelas mãos do então ministro das Finanças, Benyamin "Bibi" Netanyahu.

Com o apoio do primeiro-ministro Ariel Sharon, em 2003, Netanyahu cortou as taxas dos impostos, a transferência de pagamentos, os salários dos funcionários públicos e 4 mil empregos no governo. Ele também privatizou os principais símbolos da influência remanescente do governo sobre a economia – a exemplo da companhia aérea nacional, a El Al, e a empresa nacional de telecomunicações, a Bezeq – e instituiu reformas no setor financeiro.

Tendo atacado o papel sufocante do governo em nossa economia, Bibi não foi apenas um reformador, mas um revolucionário. Uma reforma acontece quando se muda a política do governo; uma revolução acontece quando se muda a postura de um país. Acredito que Bibi tenha sido capaz de mudar a postura", afirmou Ron Dermer, que atuou como conselheiro junto a quatro ministros das Finanças israelenses, incluindo Netanyahu.[18]

Netanyahu comentou:

Eu explicava às pessoas que a economia privada era como um homem magro, carregando nas costas um homem gordo – o governo.

Apesar de as minhas reformas provocarem greves nacionais intensas por parte dos sindicados de trabalhadores, minha caracterização da economia despertou simpatias. Qualquer um que tentasse iniciar um negócio [não tecnológico] em Israel se identificava com ela.[19]

As reformas de Netanyahu obtiveram um crescente apoio público conforme a economia começou a deslanchar.

Ao mesmo tempo, um pacote de reformas do setor bancário implantado por Netanyahu também começou a surtir efeito. Essas reformas deram início à retirada dos títulos do governo que garantiam cerca de 6% de retorno anual. Até esse momento, os gestores de ativos dos fundos de pensão e de seguros de vida israelenses simplesmente investiam nesses títulos garantidos israelenses. Os fundos de pensão e de seguros de vida "podiam atender aos seus compromissos com os beneficiários apenas comprando os títulos previstos. Portanto, era exatamente isso o que faziam – não investiam em outra coisa", disse-nos Keinan. "Em virtude desses títulos, não houve incentivos para os investidores institucionais israelenses investirem em nenhum fundo de investimento privado."

No entanto, conforme os títulos do governo começavam a vencer e não podiam ser renovados, eram liberados cerca de 300 milhões de dólares ao mês que precisavam ser investidos em outro lugar. "Então, sem qualquer explicação, obteve-se uma reserva de capital para estimular um setor de investimentos", observou Keinan enquanto estávamos sentados olhando para o Mediterrâneo do alto do seu escritório no 34º andar em Tel Aviv.

Em consequência disso, atualmente existem pouquíssimas dentre as grandes administradoras financeiras internacionais que não tenha alguma expressão em Israel em bens patrimoniais, no novo mercado de ações de empresas, que não existia três anos atrás, ou no *shekel*.

Em consequência das reformas do setor financeiro de Netanyahu, também foi legalizada a cobrança de honorários sobre desempenho pelas administradoras de investimentos. Keinan não perdeu tempo e fundou a KCPS, a primeira empresa de administração de bens para atender a todo o espectro financeiro em Tel Aviv e em Nova York, bem ao estilo Wall Street.

No instante em que tive acesso ao texto da lei das reformas de Bibi, minhas engrenagens começaram a girar. Estava claro que isso poderia realmente liberar a nossa economia nas áreas não ligadas à alta tecnologia.

Keinan argumenta que havia muitos talentos locais disponíveis, mas não aproveitados.

Se vocês imaginarem o que os jovens israelenses aprendem em algumas unidades de informações estratégicas, por exemplo. [...] Eles geralmente adquirem habilidades analíticas quantitativas altamente sofisticadas – algoritmos, modelagem das tendências macroeconômicas etc. Se quisessem entrar para a alta tecnologia, sempre haveria uma porção de novas empresas esperando por eles quando saíssem do serviço militar. Contudo, se quisessem ir para o setor financeiro, teriam de deixar o país. Isso agora mudou. Pensem nisso. Há israelenses trabalhando na Fleet Street em Londres simplesmente porque não havia lugar para eles aqui. Agora, desde 2003, já existe um lugar para eles em Israel.

Notas

1. Jennifer Friedlin, "Woman on a mission", *Jerusalem Post*, 20 de abril de 1997.
2. Entrevista com Orna Berry, sócia dos Gemini Israel Funds e presicente de várias empresas da carteira dos Gemini, janeiro de 2009.
3. Entrevista com Jon Medved, CEO e diretor, Vringo, maio de 2008.
4. Entrevista com Yigal Erlich, fundador, presidente e sócio-gerente do grupo Yozma, maio de 2008.
5. Gil Avnimelech e Morris Tuebal, Venture capital policy in Israel: a comparative analysis and lessons for other countries, estudo de pesquisa, Hebrew University School of Business Administration and School of Economics, outubro de 2002, p. 17.
6. As informações sobre os financiamentos do BIRD provêm de uma entrevista com Ed Mlavsky, presidente sócio-fundador dos Gemini Israel Funds, dezembro de 2008.
7. BIRD (Israel-U.S. Binational Industrial Research and Development Foundation), BIRD Foundation to Invest $9 Million in 12 Advanced Development Projects in Life Sciences, Energy, Communications, Software and Nanotechnology ,<www.birdf.com/_Uploads/255BOG08PREng.pdf>.
8. Dan Breznitz, *Innovation of the state* (New Haven: Yale University Press, 2007), p. 60.
9. Ed Mlavsky em uma apresentação de PowerPoint aos alunos de MBA da Wharton, 2008.
10. Entrevista com Jon Medved.
11. Entrevista com Yigal Erlich.
12. Ibid.
13. Entrevista com Orna Berry.
14. Yossi Sela, sócio-gerente, Gemini Venture Funds,<www .gemini.co.il/?p=Te amMember&CategoryID=161&MemberId=197>.
15. Entrevista com Erel Margalit.
16. David McWilliams, Ireland Inc. gets innovated, *Sunday Business Post On-Line*, 21 de dezembro de 2008, <www.sbpost.ie/post/pages/p/ story.aspx-qqqt=DAVID+McWilliams-qqqs=commentandanalysis-qqqid=38312-qqqx=1.asp>; acesso em janeiro de 2009.
17. Entrevista com Tal Keinan, cofundador da KCPS, maio e dezembro de 2008.

Nação empreendedora

18. Entrevista com Ron Dermer, ex-adido econômico, Embaixada de Israel nos EUA e conselheiro sênior do primeiro-ministro Benjamin Netanyahu, setembro de 2008.

19. Entrevista com Benjamin Netanyahu, primeiro-ministro de Israel, dezembro de 2008.

PARTE 4

UM PAÍS COM UM OBJETIVO

CAPÍTULO 11
Traição e oportunidade

Os dois verdadeiros responsáveis pela alta tecnologia israelense são: o boicote árabe e Charles de Gaulle. Ambos nos obrigaram a desenvolver nossa indústria.
—YOSSI VARDI

Ao longo de todo este livro, chamamos a atenção para o modo como a cultura improvisatória e anti-hierárquica das FDI acompanha os israelenses em suas novas empresas e molda a economia do país. Essa cultura mescla-se poderosamente com a magia tecnológica que os soldados adquirem nas unidades militares de elite e com o setor de defesa mantido pelo Estado. Porém, não houve nada de normal no nascimento desse setor defensivo. Até então, jamais se ouvira falar em qualquer país tão pequeno que tivesse seu próprio e engenhoso complexo industrial militar. Em Israel, suas origens estão enraizadas em uma traição radical e repentina por parte de um grande aliado.

A melhor maneira de entendermos o momento da virada de Israel é analisando outro grande evento cujo efeito foi semelhante no contexto norte-americano. Durante os anos de grande expansão do pós-guerra, a posição mundial dos EUA foi subitamente ameaçada quando a União Soviética ultrapassou o país com o lançamento do primeiro satélite no espaço – o Sputnik I. O fato de os soviéticos serem capazes de assumir a

Nação empreendedora

dianteira na corrida espacial foi um golpe atordoante para os EUA. Mas, em retrospecto, isso acabou se provando um benefício para a economia norte-americana.

O economista da inovação John Kao afirma o seguinte:

O Sputnik teve um efeito 'despertador' e fez com que os EUA reagissem. Revisamos os currículos universitários e enfatizamos o ensino de Ciências e Matemática. Aprovamos a Lei de Defesa da Educação Nacional e disponibilizamos 900 milhões de dólares para a educação (cerca de 6 bilhões em valores atuais), oferecendo bolsas de estudo, empréstimos estudantis e equipamento científico para as escolas".[1] Criamos a NASA e o programa Apollo, assim como uma nova e poderosa agência do Pentágono destinada a reanimar a comunidade civil de P&D.

Pouco mais de uma década depois, Neil Armstrong pisaria na Lua. O programa Apollo e os investimentos do Pentágono relacionados à defesa estimularam uma geração de novas descobertas que acabaram sendo comercializadas e causando um impacto transformador na economia. As pesquisas orquestradas e o esforço para o desenvolvimento fizeram nascer setores empresariais totalmente novos dentro da aviônica e das telecomunicações, assim como a própria internet, e tornaram-se um legado da reação norte-americana ao Sputnik.

Israel teve seu próprio momento Sputnik dez anos depois dos EUA. Às vésperas da Guerra dos Seis Dias, em 1967, Charles de Gaulle ensinou a Israel uma inestimável lição sobre o preço da dependência.

De Gaulle, o fundador da Quinta República da França, entrara e saíra de altos cargos nas forças armadas e no governo desde a Segunda Guerra Mundial e atuara como presidente de 1959 a 1969. Depois da independência de Israel, De Gaulle forjara uma aliança com o Estado judeu e alimentara o que os líderes israelenses acreditaram ser uma profunda amizade pessoal. A aliança incluía o fornecimento por parte da França de equipamentos e caças militares decisivos e, até mesmo, um acordo secreto para a cooperação no desenvolvimento de armas nucleares.[2]

A exemplo de outros Estados pequenos, Israel preferia comprar grandes sistemas de armamentos de outros países em vez de aplicar enormes recursos em sua produção. Entretanto, em maio de 1950, os EUA, a Grã-Bretanha e a França publicaram uma Declaração Tripartite que limitava as vendas de armas ao Oriente Médio.

Sem nenhum fornecimento imediato do exterior, a indústria de armamento de Israel começou a desenvolver fábricas subterrâneas e clandestinas de armas e munições. Uma fábrica foi literalmente construída no subterrâneo, embaixo da lavanderia de um *kibbutz* – as máquinas eram mantidas em funcionamento para mascarar os ruídos oriundos do subsolo. Em 1948, essas fábricas, construídas com ferramentas bélicas excedentes contrabandeadas dos EUA, produziam diariamente centenas de metralhadoras e eram complementadas por uma corrida indiscriminada à procura de armamentos em todo o mundo. Na verdade, desde a década de 1930, David Ben-Gurion já enviava emissários ao exterior para conseguir armas. Em 1936, por exemplo, Yehuda Arazi conseguira esconder fuzis em uma caldeira a vapor enviada da Polônia para o porto de Haifa; em 1948, ele se fez passar por embaixador da Nicarágua e negociou a compra de cinco velhos canhões franceses.

Os israelenses se valeram desses esquemas, próprios de uma república das bananas, até 1955, quando a União Soviética ignorou a imperfeita Declaração Tripartite e fez, via Tchecoslováquia, uma venda de armas de 250 milhões de dólares ao Egito. Em resposta, De Gaulle favoreceu o outro lado. Em abril de 1956, ele começou a transferir para Israel armas modernas e em grandes quantidades. O minúsculo Estado finalmente tinha um fornecedor nacional de armas de primeira linha.

Depois que o Egito nacionalizou o canal de Suez, em 1956, as relações entre França e Israel somente se estreitaram. A França dependia do canal para o transporte marítimo da região até a Europa e as FDI ajudavam a assegurar o acesso francês ao Suez. Em retribuição, a França abasteceu Israel com cada vez mais armas utilizando-se de operações cada vez mais numerosas. A agência de espionagem francesa recorria à ajuda de Israel para solapar a resistência antifrancesa na Argélia, um dos baluartes coloniais do

Nação empreendedora

país europeu. Em 1960, a França prometeu fornecer a Israel, ao longo dos dez anos seguintes, 200 tanques AMX 13 e 72 caças Mystère.[3]

No entanto, em 2 de junho de 1967, três dias antes de Israel lançar um ataque preventivo contra o Egito e a Síria, De Gaulle simplesmente cortou a ajuda a Israel ao declarar: "A França não dará sua aprovação — nem seu apoio — ao primeiro país que empunhar suas armas."[4]

Porém, havia muito mais por trás da decisão do presidente francês do que simplesmente tentar desarmar uma guerra no Oriente Médio. Novas circunstâncias exigiam novas alianças por parte do país europeu. Em 1967, a França se retirara da Argélia e, deixando atrás de si uma longa e cruel guerra norte-africana, sua prioridade passou a ser uma reaproximação com o mundo árabe. Não havia mais interesse da França em ficar ao lado de Israel. "A França gaullista não tem amigos, apenas interesses", observou o semanário francês Le Nouvel Observateur na ocasião.[5]

Depois de eleito, em 1969, Georges Pompidou optou pela continuidade dessa política. Os 200 tanques AMX com que a França comprometera-se originalmente com Israel foram redirecionados à Líbia enquanto os cinquenta caças Mirage, pelos quais Israel já havia pago, foram enviados para a Síria, um dos mais ferozes inimigos de Israel.

Os israelenses rapidamente tomaram medidas substitutas provisórias. O fundador da Força Aérea, Al Schwimmer, recrutou pessoalmente um engenheiro suíço simpatizante para lhe fornecer as plantas do motor do Mirage, assim Israel poderia copiar e projetar o caça francês. Israel também retomou a prática de contrabando. Em uma missão em 1969, cinco canhoneiras israelenses enfrentaram ondas de 6 metros em uma corrida de 5 mil quilômetros da França para Israel, transportando milhões de dólares em embarcações navais que também haviam sido prometidas a Israel antes do novo embargo. Conforme narrado pitorescamente pela revista Time, em 1970:

Desde Bismarck não havia tamanha perseguição no mar. [...] Em diversos momentos, [os israelenses] foram acompanhados pelos aviões de reconhecimento franceses, por um Canberra da Real Força Aérea de Malta, por petroleiros soviéticos, por inúmeros radares da

210

Sexta Frota norte-americana, por cinegrafistas de TV e até mesmo por pescadores italianos.[6]

Tais mistificações, contudo, não podiam servir de compensação para a dura verdade: a corrida armamentista no Oriente Médio acelerava-se exatamente no momento em que Israel perdera o seu fornecedor mais indispensável de armas e aviões. O embargo francês de 1967 deixou Israel em uma posição extremamente vulnerável.

Antes da guerra de 1967, os EUA já tinham começado a vender armamentos para Israel começando pela administração Kennedy, em 1962, com a transferência de mísseis Hawk terra-ar. Embora, a princípio, Jerusalém realmente desejasse que os norte-americanos assumissem o lugar da França como o principal fornecedor de armas do país, a traição francesa criara um consenso em Israel de que não seria mais possível confiar tão cegamente em fornecedores de armas estrangeiros. O governo israelense decidiu que deveria iniciar rapidamente a produção de seus principais armamentos, como tanques e aviões de caça, muito embora nenhum outro país de pequeno porte tivesse alcançado sucesso nessa área.

Tal motivação pela independência produziu o tanque Merkava, apresentado pela primeira vez em 1978 e atualmente em sua quarta geração. Também levou ao Nesher – uma versão israelense do avião Mirage – e depois ao Kfir, que voou pela primeira vez em 1973.[7]

O projeto mais ambicioso de todos, porém, foi produzir o caça a jato Lavi usando motores de fabricação norte-americana. O programa foi financiado em conjunto por Israel e os EUA. O Lavi foi projetado não apenas para substituir o Kfir como também para se tornar um dos melhores caças do mundo.

O Lavi começou a ser fabricado em grande escala em 1982 e fez seu voo inaugural em 31 de dezembro de 1986. Entretanto, em agosto de 1987, depois que bilhões de dólares já haviam sido investidos na construção de cinco aviões, pressões crescentes tanto em Israel quanto nos EUA levaram ao cancelamento do programa, primeiro no Congresso norte-americano e, depois, por uma votação acirrada – de 12-11 – no gabinete israelense.

Muitos anos depois, o projeto e seu cancelamento permanecem um assunto controverso. Enquanto alguns acreditam que tenha sido um desperdício impossivelmente ambicioso desde o princípio, outros afirmam que aquela fora uma grande oportunidade perdida. Em um artigo de 1991 na revista Flight International, durante a Operação Tempestade no Deserto, um editor escreveu sobre suas impressões ao voar no Lavi em 1989: "Justamente agora que as forças da coalizão lutam no Golfo elas perderam o avião de que realmente precisavam. É uma verdadeira lástima que eu tenha voado no melhor caça do mundo sabendo que a aeronave nunca entraria em serviço."[8]

Apesar de o programa ter sido cancelado, o desenvolvimento do Lavi teve significativas repercussões nas forças armadas. Em primeiro lugar, houve um importante avanço psicológico: os israelenses haviam demonstrado para si mesmos, seus aliados e adversários que não dependiam de ninguém para garantir um dos elementos mais básicos para a sobrevivência nacional – um avião de caça avançado. Em segundo, em 1988 Israel ingressava em uma elite composta por cerca de apenas uma dezena de países que lançaram satélites ao espaço – uma conquista improvável sem o conhecimento tecnológico acumulado no desenvolvimento do Lavi. Em terceiro, embora o Lavi tenha sido cancelado, os bilhões investidos no programa colocaram Israel em um novo patamar nos sistemas aviônicos e, de certa maneira, promoveram a expansão da alta tecnologia. Quando o programa foi encerrado, seus 1.500 engenheiros ficaram subitamente desempregados. Alguns deles deixaram o país, mas a maioria permaneceu, resultando em uma grande injeção de talentos da engenharia das áreas militares no setor privado. O enorme talento tecnológico concentrado na fabricação de um avião fora repentinamente direcionado para a economia.[9]

Yossi Gross, um dos engenheiros do Lavi, cuja mãe sobrevivera a Auschwitz e emigrara da Europa depois do Holocausto, nasceu em Israel. Ele se formou em engenharia aeronáutica no Technion e passou a trabalhar nas Indústrias Aeronáuticas Israelenses (IAI), onde ficaria por sete anos.

Depois de começar no departamento de projetos, Gross tornou-se um engenheiro de testes de voo. Quando surgiu com uma nova ideia para trens de pouso, seus supervisores solicitaram-lhe que não os incomodasse com novas sugestões, apenas copiasse o modelo do F-16 norte-americano. "Eu estava trabalhando em uma empresa grande, com 23 mil funcionários, onde não se pode ser criativo", lembrou ele.[10]

Pouco tempo depois do cancelamento do Lavi, Gross decidiu não apenas deixar as IAI, mas todo o campo da aeronáutica. "No aeroespaço não se pode ser empreendedor", explicou ele. "O governo é o dono do setor e os projetos são enormes. Mas aprendi muito na área técnica e isso me ajudou imensamente."

Esse ex-engenheiro de voo conseguiu fundar dezessete empresas iniciantes e desenvolver mais de 300 patentes. Portanto, de certo modo, Yossi Gross deveria agradecer à França. Charles de Gaulle certamente não pretendia impulsionar o cenário tecnológico israelense. De qualquer modo, ao convencer Israel de que o país não poderia confiar em estrangeiros para acordos armamentistas, o então presidente francês prestou uma contribuição fundamental à economia israelense. O grande desenvolvimento na área de P&D das forças armadas que se seguiu ao boicote da França a Israel proporcionou a uma geração de engenheiros israelenses uma experiência notável. Isso, porém, não teria catalisado o surgimento de novas empresas israelenses se não estivesse combinado a algo mais – a profunda filosofia interdisciplinar, a enorme capacidade e a grande disposição de experimentar o novo, independentemente do quanto tal comportamento pudesse desestabilizar as normas sociais.

Nação empreendedora

NOTAS

Epígrafe: Citado em Julie Ball, Israel's booming hi-tech industry, BBC News, 6 de outubro de 2008, <http://news.bbc.co.uk/2/hi/business /7654780.stm>. Acesso em janeiro de 2009.

1. John Kao, *Innovation nation* (Nova York: Free Press, 2007).

2. Michael Bar-Zohar, *Shimon Peres: the biography* (Nova York: Random House, 2007). p. 223. Também *Reuters*, "Peres biography: Israel, France had secret pact to produce nuclear weapons", 30 de maio de 2007.

3. Michael M. Laskier, Israel and Algeria amid french colonialism and the Arab-Israeli conflict, 1954–1978, Israel Studies, 2 de junho de 2001, pp. 1–32, <http://muse.jhu.edu/journals/israel_studies/v006/6.2laskier.html>.Acesso em setembro de 2008.

4. De Gaulle citado em Alexis Berg e Dominique Vidal, De Gaulle's lonely predictions, *Le Monde Diplomatique*, junho de 2007, <http://mondediplo.com/2007/06/10degaulle>. Acesso em setembro de 2008.

5. Citado em Berg e Vidal, De Gaulle's lonely predictions.

6. Israel's fugitive flotilla, *Time*, 12 de janeiro de 1970, <www.time.com/time/magazine/article/0,9171,942140,00.html>.

7. Stewart Wilson, *Combat aircraft since* 1945 (Fyshwick, Austrália: Aerospace Publications, 2000), p. 77.

8. Ruud Deurenberg, Israel aircraft industries and lavi, *Jewish Virtual Library*, 26 de janeiro de 2009, <www.jewishvirtuallibrary.org/jsource/Society_&_Culture/lavi.html>.

9. James P. DeLoughry, The United States and the lavi, *Airpower Journal* v. 4, n. 3 (1990), pp. 34–44, <www.fas.org/man /dod-101/sys/ac/row/3fal90.htm>.

10. Entrevista com Yossi Gross, diretor e cofundador da TransPharma Medical, e fundador de muitas novas empresas de instrumentação médica, dezembro de 2008.

Capítulo 12
De ogivas a gêiseres

Se a maioria das forças aéreas fosse projetada como um carro de corridas da Fórmula 1, a Força Aérea Israelense seria um jipe batido com uma enorme caixa de ferramentas em seu interior. Numa pista fechada, o Fórmula 1 vence, mas aqui aprendemos desde o primeiro dia a praticar off-road. *[...] Carros de corrida não dariam certo em nosso ambiente.*

—Yuval Dotan

Doug Wood é um novo e improvável recruta de Israel. Seu jeito calmo e pensativo o destaca entre seus colegas israelenses mais agressivos. Ele foi contratado em Hollywood para fazer algo que nunca havia sido tentado em Jerusalém. Wood é o diretor do primeiro filme de animação de longa-metragem a ser produzido pelo AnimationLab, a nova empresa fundada pelo capitalista de risco israelense Erel Margalit.

Wood trabalhou como vice-presidente de Desenvolvimento e Produção de Filmes de Animação na Turner, Warner Brothers e na Universal. Quando Margalit pediu a Wood para se mudar para Jerusalém com o intuito de criar um filme de animação, Wood respondeu inicialmente que precisaria verificar se Jerusalém tinha uma comunidade criativa de verdade. Depois de passar algum tempo na Bezalel em Jerusalém — a principal academia de arte e design do país ele se convenceu.

Nação empreendedora

Conheci os professores universitários da região, alguns roteiristas da TV e [o escritor] Meir Shalev, além de alguns outros grandes contadores de histórias. Eles eram tão competentes quanto os melhores profissionais encontrados nas mais avançadas faculdades de artes do mundo, se não melhores.

No entanto, ele também identificou algo diferente em relação a Israel. "Aqui existe uma mentalidade multitarefa. Consultamos inúmeros profissionais da área técnica israelense; eles nos apresentaram maneiras inovadoras de melhorar nossa produção e de fazer tudo mais diretamente. Certa vez, tive a oportunidade de trabalhar em um projeto criativo ao lado de um típico estudante da Bezalel — cabelos compridos, brinco em uma orelha, shorts e sandálias de dedo. De repente, surgiu um problema com uma máquina. Eu estava a ponto de chamar os técnicos para consertar o equipamente, quando o rapaz deixou seu desenho de lado e começou a lidar com o problema como se fosse um engenheiro experiente. Perguntei-lhe então onde ele aprendera a fazer aquilo. Acabei descobrindo que ele era também piloto de caça da Força Aérea. Esse estudante de Artes é um piloto de caça? Era como se todos aqueles mundos estivessem o tempo todo se chocando — ou colaborando — uns com os outros dependendo de como se observa."[1]

Não é surpresa que a prática de multitarefas, a exemplo de muitas outras vantagens que os tecnólogos israelenses parecem ter, seja incentivada pelas FDI. O piloto de caça Yuval Dotan contou-nos que existe nas forças armadas israelenses uma predisposição bastante nítida contra a especialização. "Se a maioria das forças aéreas fosse projetada como um carro de corridas da Fórmula 1, a Força Aérea Israelense seria um jipe batido com uma enorme caixa de ferramentas em seu interior. Numa pista fechada, o Fórmula 1 vence, mas aqui aprendemos desde o primeiro dia a praticar *off-road*. [...] Carros de corrida não dariam certo em nosso ambiente".[2]

A diferença entre as estratégias do Fórmula 1 e de um jipe não diz respeito apenas a números; cada um produz táticas e modos de pensamento divergentes em seus pilotos. Isso pode ser observado nos diferentes "planos de ataque" que cada força aérea prepara para as missões. Na maioria das

Dan Senor & Saul Singer

forças aéreas ocidentais, o plano de ataque consiste no envio de ondas de aviões contra o inimigo; a meta é acertar as bombas nos alvos.

Os EUA tipicamente usam quatro ondas de aeronaves especializadas para concluir uma missão: uma patrulha de combate aéreo destinada a preparar um corredor livre de aviões inimigos; outra que ataca todos os sistemas antiaéreos responsáveis pelo disparo de mísseis; uma terceira, especializada em guerra eletrônica, composta de aviões-tanque e de aeronaves dotadas de equipamentos antirradares, que proporcionam uma imagem completa da batalha; e, finalmente, as responsáveis pelos ataques propriamente ditos – os aviões bombardeiros. Estes são protegidos pelo apoio aéreo de caças "para assegurar que nada aconteça", explicou Dotan.

"O método é impactante e perfeitamente coordenado", completou Dotan.

> É logisticamente bastante desafiador. Cada piloto precisa encontrar o avião-tanque no lugar certo, reunir-se com os aviões de guerra eletrônica no momento exato e assim por diante. Basta uma distração e tudo falhará. Mesmo que tivesse os recursos necessários, a FAI jamais poderia adotar um método como esse. Seria simplesmente uma bagunça, pois não somos disciplinados o bastante.

No método israelense, quase toda aeronave é multifuncional. "Aqui não se entra em combate sem a utilização de mísseis ar-ar, não importa qual seja a missão", disse Dotan.

> De repente, o piloto pode estar rumando para um alvo no sul do Líbano, com zero chance de encontrar outra aeronave, e dar de frente com o inimigo. Nesse caso, sua base estará a dois minutos de voo e alguém certamente virá em seu socorro. Ainda assim, não existe a alternativa de se entrar em território hostil sem mísseis ar-ar.

De maneira semelhante, praticamente toda aeronave da FAI já possui sistemas de guerra eletrônica a bordo. Ao contrário da Força Aérea norte--americana, não existe uma formação específica para derrotar os radares inimigos. "Você simplesmente tem de se arranjar. Não é tão eficaz, mas é incrivelmente mais flexível." Por fim, em um típico plano de ataque israelense, cerca de 90% da aeronave é carregada de bombas, e os alvos são assinalados. No plano de ataque dos EUA, somente os integrantes da última onda carregam bombas.

No método israelense, cada piloto conhece não apenas seu alvo, mas também os outros alvos de outras formações.

Se uma aeronave é atingida, por exemplo, duas aeronaves se dividem para socorrer o piloto abatido ou encarar um combate enquanto os demais pilotos se responsabilizam pelos alvos abandonados. Espera-se que os pilotos o façam – é uma consequência natural. Cerca da metade de nosso tempo é usada para atacar alvos de outros colegas.

As diferenças são ainda mais evidentes quando israelenses e norte--americanos voam lado a lado em exercícios conjuntos. Dotan surpreendeu-se ao descobrir em um desses exercícios que os pilotos norte-americanos recebiam uma espécie de "programação" com as manobras que deveriam utilizar durante o voo. "Vimos aquilo e dissemos: Mas que diabo é isso? Quantas vezes não sabemos o que nossos colegas irão fazer?" Para Dotan, que atualmente é um investidor, o método norte-americano se parece com "sair para um dia de negócios dizendo: 'Não importa o que aconteça no mercado, estou comprando |ações|'" – usando, é claro, linguagem financeira.

A mentalidade multitarefas cria um ambiente em que posições hierárquicas – e a compartimentalização que os acompanha – significam pouco. Foi exatamente isso o que Doug Wood notou ao fazer sua transição para Jerusalém: "Isso é ótimo porque os estúdios convencionais de Hollywood dizem que você precisa de um 'chefe de projeção' e de um 'coordenador de produção' ou 'desenhista de layout'. Mas, em Israel, os títulos praticamente não importam, pois as mesmas pessoas trabalham em mais de uma área."

Por exemplo, temos um colega que está na equipe de geração de imagem por computador, mas que também trabalha na criação de modelos em 3-D. De repente, estamos trabalhando em uma sequência e ele aparece com uma fala engraçada para o fim desse trecho de 30 segundos que estamos produzindo. Na verdade, gostei tanto daquela fala que reescrevi o roteiro apenas para poder incluí-la no final. Assim, aquele profissional de geração de imagem por computador cruzou os limites disciplinares e se arriscou em uma área que caberia apenas ao roteirista.

O termo usado pelos norte-americanos para esse tipo de interdisciplinaridade é *mashup* (mistura). Esse termo vem sendo rapidamente transformado e adquirindo novos significados. Embora se referisse originariamente à fusão de duas ou mais músicas, também passou a designar combinações digitais e de vídeo, assim como aplicativos da web que misturam dados de diferentes sites – como o HousingMaps.com, que exibe graficamente classificados do tipo Craiglist* no Google Maps. Uma mistura ainda mais radical, a nosso ver, é aquela em que uma inovação nasce da combinação de tecnologias e disciplinas radicalmente diferentes.

As empresas nas quais as misturas são mais comuns em Israel estão nos setores de instrumentação médica e de biotecnologia, em que é possível encontrar engenheiros especializados em túneis de vento colaborando com médicos no aperfeiçoamento de um aparelho do tamanho de um cartão de crédito que tornará as injeções obsoletas. Está também em empresas como a que desenvolveu um pâncreas artificial implantável para combater o diabetes (que trabalha com células-beta, fibras óticas e algas no Parque Nacional de Yellowstone, nos EUA). Outro exemplo vem de uma empresa iniciante criadora de um comprimido que, uma vez ingerido, é capaz de transmitir imagens de dentro do intestino do paciente.

Gavriel Iddan era um cientista de foguetes na Rafael, uma das principais desenvolvedoras de armamento para as FDI. Ele se especializou nos sofisticados aparelhos eletro-ópticos que permitem aos mísseis "visualizar" seu alvo. Os foguetes normalmente não seriam o primeiro lugar onde alguém procuraria respostas para a área médica, mas Iddan teve

---

* Trata-se de uma rede de comunidades on-line que disponibiliza anúncios gratuitos aos usuários. Tais anúncios são bastante variados e incluem desde empregos a conteúdo erótico. (N.E.)

Nação empreendedora

uma ideia inteiramente nova: adaptou a mais nova tecnologia de miniaturização usada no cone que forma a ponta dos mísseis e desenvolveu uma câmera instalada dentro de um comprimido.

Na época, muitas pessoas lhe disseram que seria impossível atulhar uma câmera, um transmissor, uma luz e uma fonte de energia dentro de um comprimido que pudesse ser engolido pelo ser humano. Iddan persistiu, chegando a ponto de testar seus protótipos em frangos que comprava no supermercado para checar se o dispositivo era capaz de transmitir através dos tecidos do animal. Ele iniciou uma empresa em torno dessas câmeras-comprimidos, ou PillCams, e batizou sua empresa de Given Imaging.

Em 2001, a Given Imaging tornou-se a primeira empresa do mundo a ser negociada na Bolsa em Wall Street depois dos ataques de 11 de Setembro. Em 2004, seis anos depois de sua fundação, a Given Imaging já havia comercializado 100 mil PillCams. No início de 2007, a empresa atingiu a marca de 500 mil unidades e, no fim de 2007, alcançava quase 700 mil.

Atualmente, a última geração de PillCams transmite dezoito fotografias por segundo e pode ser mantida no corpo do paciente por horas, de modo indolor. O vídeo produzido pode ser avaliado por um médico em tempo real, na mesma sala ou em qualquer outro ponto do planeta. O mercado continua amplo e tem atraído importantes concorrentes; a Olympus, gigante do mercado, produz atualmente sua própria câmera-comprimido. Não surpreende o fato de outras empresas entrarem no páreo, já que as doenças do trato gastrointestinal são responsáveis por mais de 30 milhões de consultas médicas somente nos EUA.

A história da Given Imaging não é apenas mais uma narrativa sobre a transferência de tecnologia das forças armadas para os setores civis, ou de um empreendedor que deixou uma importante empresa de tecnologia de defesa para abrir sua própria companhia. Trata-se de um exemplo de mistura tecnológica, da combinação não apenas de campos distantes como mísseis e medicina, mas da integração de uma série de tecnologias impressionantes – óptica, eletrônica, baterias, transmissão de dados sem fio e até softwares – que ajudam os médicos a analisar o que estão visualizando. Essas misturas são o Santo Graal da inovação tecnológica. Na verdade, um estudo recente feito pela Universidade de Tel Aviv revelou que as patentes originárias de Israel são distinguidas mundialmente por conciliar o maior número e o mais diverso conjunto de patentes precedentes.[3]

Uma dessas misturas, que fechou a lacuna entre as forças armadas e a medicina, foi a Compugen, cujos três fundadores – o presidente Eli Mintz, o encarregado-chefe de tecnologia Simchon Faigler, e o chefe de programação Amir Natan – se conheceram no curso de elite Talpiot das FDI. Outro aluno do Talpiot que participa da Compugen, Lior Ma'ayan, disse que 25 dos sessenta matemáticos da empresa foram empregados graças à sua rede de contatos do exército.

Nas FDI, Mintz criava algoritmos que possibilitavam a pesquisa de pistas dentro da infinidade de dados do serviço de informações. Estas seriam decisivas para o sucesso de Israel na caça às redes de terroristas. Quando sua esposa, uma geneticista, contou sobre os problemas que surgiam ao pesquisar uma infinidade de coleções de dados genéticos, Mintz acreditou que seria capaz de encontrar uma maneira melhor de fazer isso.

Mintz e seus parceiros estavam prestes a revolucionar o processo do sequenciamento genético. O laboratório Merck comprou o primeiro sequenciador da Compugen um ano depois que a nova empresa foi fundada em 1993, bem antes de o genoma humano ter sido mapeado com sucesso. Contudo, isso era apenas o começo. Em 2005, a Compugen transformou seu modelo empresarial e adentrou o campo da descoberta e desenvolvimento de medicamentos, fazendo isso usando técnicas diferentes das utilizadas pelas empresas que, até então, dominam o setor farmacêutico.

Combinando matemática, biologia, ciência da computação e química orgânica, a Compugen tem sido pioneira no desenvolvimento do que denomina medicamentos "preditivos". Ao invés de testar milhares de compostos na esperança de chegar a algo que "funcione", a estratégia da Compugen é começar no nível genético, trabalhando para desenvolver medicamentos com base no modo como os genes se expressam por meio da produção de proteínas.

Um aspecto importante do método da Compugen é sua combinação incomum de laboratórios: os *dry labs* e os *wet labs** "Imagine trabalhar na

---

* *Dry lab* (laboratório seco): local onde se realizam análises matemáticas, computacionais ou aplicadas para simular fenômenos que, de outra maneira, seriam difíceis ou impossíveis de estudar. *Wet lab*: local onde produtos químicos, drogas e outros materiais ou matérias biológicas são testados

Big Pharma no exterior ou em outra parte do país", explicou Alon Amit, vice-presidente de tecnologia da Compugen.

> Poderíamos esperar por grandes atrasos nos processos se dependêssemos das idas e vindas entre diferentes tipos de laboratórios; é muito mais adequado dispor de biólogos e matemáticos literalmente no mesmo andar discutindo o que testar e como fazê-lo e, ao mesmo tempo, influenciando os modelos.[4]

Embora a maior empresa de Israel, a Teva, seja farmacêutica, assim como a Compugen e numerosas outras empresas israelenses, o campo mais procurado pelas novas organizações do país é o de aparelhos médicos, muitos deles relacionados à produção de medicamentos. Esse campo parece se encaixar perfeitamente à inclinação israelense pelo pensamento multidisciplinar, assim como à sua natural falta de paciência — já que os medicamentos requerem muito tempo para serem desenvolvidos.

Uma dessas empresas que mescla tecnologias é a Aespironics, que desenvolveu um inalador parecido com um iPod, que inclui uma pequena turbina movida pela própria respiração. O problema de muitos inaladores é que sua fabricação é complicada e dispendiosa. Era preciso encontrar uma maneira coerente e eficaz de aspergir o medicamento de modo perfeitamente cadenciado com a respiração do paciente e, assim, maximizar e regular a absorção da droga pelos pulmões.

A Aespironics parece ter resolvido todos esses problemas de uma só vez. Dentro do dispositivo há uma hélice semelhante à de um ventilador que é movida pelo fluxo de ar criado quando o paciente inspira pela borda do equipamento. Quando a hélice gira, toca levemente uma espécie de rede que contém o medicamento, liberando-o no fluxo de ar de modo controlado. Uma vez que a hélice somente funciona quando o usuário inspira, a droga é automaticamente impulsionada para dentro dos pulmões do paciente.

A montagem desse equipamento exigiu uma estranha combinação de conhecimentos de engenharia. Além de especialistas na fabricação

---

e analisados. Eles requerem o uso de água e ventilação direta, entre outras especificações. (N.E.)

de inaladores, a equipe da Aespironics inclui Dan Adler, cuja *expertise* é projetar turbinas a gás e motores a jato. Ele foi professor no Technion e na Faculdade de Formação da Marinha norte-americana, além de prestar consultoria a empresas como a General Dynamics, a Pratt & Whitney e a McDonnell-Douglas.

Misturar mísseis e comprimidos, jatos e inaladores, pode parecer bastante estranho, mas o verdadeiro campeão no campo da combinação pode ser Yossi Gross, a quem conhecemos no Capítulo 11. Nascido em Israel e formado em engenharia aeronáutica no Technion, Gross trabalhou na indústria aeronáutica israelense por sete anos antes de sair em busca de mais desafios como empreendedor.

Ruti Alon, da Pitango Ventures Capital, que investiu em seis das dezessete novas empresas de Gross, afirma que seu estilo multidisciplinar é o segredo do sucesso.

> Ele tem formação em engenharia aeronáutica e eletrônica. Também conhece muito sobre física, fluxo sanguíneo e hemodinâmica, o que pode ser muito útil na criação de aparelhos que precisam ser implantados no corpo humano.

"Além disso", disse Alon com um sorriso, "ele conhece uma porção de médicos".[5]

Algumas das empresas de Gross combinam essas tecnologias radicalmente diversas a tal ponto que se assemelham à ficção científica. A Beta-O2, por exemplo, é uma nova empresa que trabalha em um "biorreator" implantável para substituir o pâncreas deficiente em portadores de diabetes. Tais pacientes sofrem de um transtorno que faz com que suas células-beta não produzam insulina. As células-beta transplantadas poderiam fazer o trabalho, mas o corpo as rejeitaria; em contrapartida, elas não podem viver sem um suprimento de oxigênio.

A solução encontrada por Gross foi criar um microambiente autocontido que inclui algas produtoras de oxigênio encontradas nos gêiseres do Parque de Yellowstone, nos EUA. Uma vez que as algas precisam de luz para sobreviver, o aparelho, do tamanho de um marca-passo, inclui uma

Nação empreendedora

fonte de luz de fibra óptica. As células-beta consomem oxigênio e produzem gás carbônico; as algas fazem exatamente o contrário, criando um ecossistema autocontido. O biorreator é projetado para ser implantado sob a pele do paciente em um procedimento que leva quinze minutos e não requer internação, devendo ser substituído uma vez por ano.

Combinar algas geotérmicas, fibras óticas e células-beta para tratar o diabetes é típico do estilo tecnológico multidisciplinar de Gross. Outra de suas novas empresas, a Transpharma, combina duas inovações diferentes – pulsos de radiofrequência (RF), que produzem microcanais temporários através da pele, e o primeiro curativo em pó já desenvolvido. "É um aparelho pequeno", explica Gross:

> é como um telefone celular, que se apoia sobre a pele por alguns segundos. Por meio da remoção de células por RF, ele cria centenas de microcanais na pele. O curativo em pó é então aplicado. A maioria dos curativos se baseia em gel ou adesivos. Nós, porém, imprimimos o medicamento seco no curativo. Quando o aplicamos sobre a pele, o fluido intersticial sai lentamente dos microcanais e "empurra" o pó liofilizado |congelado a seco| do curativo transportando-o para debaixo da pele.

Gross afirma que esse aparelho resolve um dos problemas mais intratáveis de aplicação de medicamentos: como fazer passar moléculas grandes, como as proteínas, através da camada exterior da pele sem utilizar uma injeção. Os primeiros produtos aplicarão hormônio do crescimento humano e medicamento para a osteoporose; estão em fase de preparação curativos para aplicar insulina e outros medicamentos, hormônios e moléculas – a maioria deles atualmente aplicada por injeções.

A inclinação israelense para as misturas tecnológicas é mais do que uma curiosidade; é uma marca cultural que está no cerne daquilo que faz de Israel um país tão inovador. Ela é um produto da formação multidisciplinar que os israelenses obtêm geralmente pela soma de suas vivências militares e civis. Contudo, é também um estilo de pensamento

224

que produz soluções especialmente criativas e tem o potencial de abrir novos setores e avanços "perturbadores" na área de tecnologia. Trata-se de uma forma de livre-pensamento difícil de imaginar em sociedades menos libertas ou culturalmente mais rígidas, incluindo algumas que superficialmente parecem estar na vanguarda do desenvolvimento comercial.

Notas

1. Entrevista com Doug Wood, chefe de criação, Animation Lab, maio de 2008.
2. Entrevista com Yuval Dotan (nome fictício), dezembro de 2008.
3. Manuel Trajtenberg e Gil Shiff, Identification and mobility of Israeli patenting inventors, *Discussion Paper n.* 5-2008, Pinchas Sapir Center for Development, Tel Aviv University, abril de 2008.
4. John Russell, Compugen transforms its business, Bio-ITWorld.com, outubro de 17, 2005, <www.bio-itworld.com/issues/2005/oct/bus-compugen?page:int=-1>.
5. Entrevista com Ruti Alon, sócio, Pitango Venture Capital, e presidente e diretores de BioControl, BrainsGate e TransPharma Medical, dezembro de 2008.

Capítulo 13
O dilema do xeque

O futuro da região dependerá de ensinarmos aos nossos jovens como tomar a iniciativa de criar empresas.

—Fadi Ghandouor

A formação de Erel Margalit normalmente não faria prever um futuro no capital de risco. Ele nasceu em um *kibbutz*, lutou no Líbano em 1982 como soldado das FDI, estudou Matemática e Filosofia na Universidade Hebraica de Jerusalém e depois fez doutorado em Filosofia na Universidade de Colúmbia. Sua dissertação tratava dos predicados de líderes históricos – ele os considera como "líderes empreendedores" – que exerceram profunda influência em seu país ou até mesmo na civilização (entre os perfis apresentados estavam os de Winston Churchill e David Ben-Gurion).

Com o passar do tempo, Margalit acabou trabalhando para Teddy Kollek, o prefeito de Jerusalém, de 1965 a 1993. Desde aquela época (e até os dias de hoje), a cidade se esforça para impedir que os jovens se transfiram para a vizinha Tel Aviv, a vibrante capital empresarial de Israel. Margalit planejava encorajar a abertura de novas empresas em Jerusalém por intermédio da prefeitura. Contudo, depois de Kollek ser derrotado na

Nação empreendedora

eleição municipal de 1993, decidiu implementar o plano sozinho, com o apoio do setor privado. Batizou esse novo fundo de capital de risco com o nome de Jerusalem Venture Partners (JVP) e, inicialmente, foi financiado pelo programa Yozma.

Desde que fundou a JVP em 1994, Margalit levantou centenas de milhões de dólares junto a empresas internacionais, como a francesa Telecom S.A., a alemã Infineon Technologies AG, a Reuters, a Boeing, a Universidade de Colúmbia, o MIT, além do governo de Cingapura, para citar apenas algumas instituições. Margalit tem apoiado dezenas de empresas, muitas com ofertas públicas de ações, que foram vendidas para agentes internacionais, produzindo retornos inesperados. A JVP estava por trás da PowerDsine, da Fundtech e da Jacada, todas atualmente relacionadas no sistema Nasdaq. Um dos seus pontos altos foi com a Chromatis Networks, empresa de redes óticas, que foi vendida para a Lucent por 4,5 bilhões de dólares.

Em 2007, a revista Forbes classificou Margalit em 69° lugar de sua Midas List que inclui "os cem maiores e melhores capitalistas de risco do mundo". Ele está entre os três israelenses que fazem parte dessa lista, composta, em sua maioria, por norte-americanos.

No entanto, a contribuição de Margalit para Israel vai além dos negócios. Ele está investindo imensas somas de sua fortuna pessoal – e de seu conhecimento empresarial – para revitalizar o cenário artístico de Jerusalém. Ele lançou o Maabada, o Laboratório de Artes de Jerusalém, que é um dos mais importantes na exploração do vínculo entre tecnologia e arte, colocando lado a lado artistas e tecnólogos de um modo jamais visto em qualquer outro lugar do mundo.

Vizinho ao teatro sem fins lucrativos que fundou usando um imóvel abandonado, Margalit reformou uma gráfica e transformou-a na sede de uma próspera empresa de animação, a AnimationLab, que visa competir com a Pixar e outras na produção de longas-metragens animados.

Jerusalém poderia parecer o último lugar do mundo para se construir um estúdio de cinema de classe internacional. Centro das três religiões monoteístas, a antiga cidade de Jerusalém é quase tão diferente de Hollywood quanto é possível imaginar. Embora alguns filmes de

228

Israel recentemente tenham sido lançados com destaque em festivais internacionais de cinema, a produção de filmes não é exatamente uma especialidade do país. Entre outras questões complicadas inclui-se o fato de o cenário artístico israelense estar centrado na secular Tel Aviv, e não em Jerusalém, que é mais conhecida pelos locais sagrados, turistas e escritórios do governo. A visão de Margalit de criar empresas, empregos, indústrias e espaços criativos, no entanto, estava especificamente ligada a Jerusalém.

Esse compromisso cultural pode ser fundamental para o sucesso dos grupos econômicos, dos quais o setor de alta tecnologia é um estudo de caso. Um "grupo" (*cluster*) – como explica o autor do conceito, o professor Michael Porter, da Faculdade de Administração de Empresas de Harvard – é um modelo exclusivo de desenvolvimento econômico porque se baseia na "concentração geográfica" de instituições interligadas – empresas, agências do governo, universidades – em um campo específico.[1] Eles produzem um crescimento exponencial para suas comunidades porque o fato de todos morarem e trabalharem dentro de um grupo, de algum modo, integra a vida do outro.

Um exemplo, de acordo com Porter, é o "grupo do vinho" do norte da Califórnia, que é composto por centenas de estabelecimentos vinícolas e milhares de produtores independentes de uvas. Há também os fornecedores de implementos agrícolas para a uva, os fabricantes de equipamentos de irrigação das plantações, os produtores de barris e os criadores dos rótulos das garrafas, sem mencionar todo um setor local de mídia, como as empresas de propaganda e publicações especializadas na comercialização do vinho. A Universidade da Califórnia, em Davis, também nessa região, oferece um curso de viticultura e enologia mundialmente renomado. O Instituto do Vinho localiza-se no sul, em San Francisco, e o governo da Califórnia, na vizinha Sacramento, possui comissões especializadas para tratar do setor vinícola. Estruturas comunitárias semelhantes existem em todo o mundo. Entre elas estão o "grupo da moda", na Itália, o "grupo de biotecnologia", em Boston, o "grupo do cinema", em Hollywood, o "grupo financeiro (de Wall Street), Nova York, e o "grupo de tecnologia", no norte da Califórnia.

Porter sustenta que uma intensa concentração de pessoas trabalhando e conversando a respeito do mesmo setor proporciona às empresas melhor acesso aos funcionários, aos fornecedores e às informações especializadas. Um grupo não existe apenas no local de trabalho: ele é parte do cerne da vida, do cotidiano e envolve a interação entre colegas, seja na cafeteria local, na porta da escola ou na saída da igreja. Os contatos comunitários tornam-se contatos do setor e vice-versa.

Como afirma Porter, "a cola social" que une um grupo também facilita o acesso a informações decisivas. Um grupo deve se formar em torno de "relacionamentos pessoais, do contato face a face, de uma sensação de interesse comum e da condição de 'ser membro'". Isso remonta ao que Yossi Vardi comentou certa vez: em Israel, "todo mundo conhece todo mundo e existe um alto grau de transparência".

Margalit argumentaria que Israel detém exatamente o conjunto de condições necessária para produzir um grupo dessa espécie, o que é raro. Afinal, tentativas de criar grupos nem sempre são bem-sucedidas na mesma medida. Considere-se, por exemplo, Dubai. Se procurarmos nos Emirados Árabes Unidos um equivalente para Erel Margalit, certamente surgirá em mente o nome de Mohammed Al Gergawi, o presidente e chefe-executivo da Dubai Holding, uma das maiores empresas de propriedade do xeque Mohammed bin Rashid Al Maktoum, o governante de Dubai (e também o primeiro-ministro e ministro da Defesa dos Emirados Árabes Unidos). Para todos os efeitos e propósitos, o xeque Mohammed é o presidente da "Dubai Inc." Não existe distinção entre as finanças públicas de Dubai e a riqueza particular do xeque.

O salto de Al Gergawi para a preeminência aconteceu quando ele conheceu o xeque Mohammed num *majlis*,* onde pessoas comuns têm acesso ao governante – pensando-se nisso como a versão árabe de uma reunião na Câmara Municipal, mas bem menos interativa. Durante a visita, o xeque Mohammed apontou para Al Gergawi e declarou: "Eu conheço você e sei que vai longe".[2]

---

* Termo árabe cujo significado é "assembleia legislativa". É usado em vários países do norte da África e do Oriente Médio. (N.E.)

O fato é que Gergawi, então um burocrata de nível médio em um ministério do governo, havia sido identificado meses antes por um dos "compradores misteriosos" do xeque Mohammed, cujo trabalho é vasculhar o reino em busca de líderes em potencial. Pouco depois do *majlis*, Gergawi foi inserido em um processo acelerado para se tornar capaz de administrar uma das três principais empresas do xeque. Outros dentro do governo de Dubai relataram que Gergawi foi escolhido porque era considerado um tecnocrata competente, já que executava as ordens extremamente bem, mas jamais questionaria a visão do governante.

O sistema econômico de Dubai baseia-se amplamente no patronato, o que mantém a cidadania local passiva (apenas 15% dos 1,4 milhão de residentes de Dubai são cidadãos dos Emirados). A exemplo de Cingapura, trata-se de uma sociedade extremamente ordeira e não há espaço para protestos — nem mesmo pacíficos — contra o governo. Muitos dos fundadores da primeira organização de direitos humanos têm emprego no governo e são dependentes da benevolência do xeque Mohammed.

A liberdade de expressão é assegurada constitucionalmente, mas não abrange críticas ao governo nem nada considerado ofensivo ao Islã. Quando se trata da transparência do governo, especialmente quanto à economia, a tendência é se deslocar na direção errada. Uma nova legislação sobre a mídia torna qualquer desonra à reputação ou à economia dos Emirados um crime punível por multas de até 1 milhão de *dirhams* (aproximadamente 270 mil dólares). O governo mantém uma lista de websites banidos, que é imposta pela censura estatal à internet (os usuários não se conectam diretamente à rede, mas a um servidor *proxy* monitorado pelo monopólio estatal de telecomunicações). Em obediência ao boicote da Liga Árabe, nem os visitantes nem os moradores podem ligar para Israel de linhas fixas ou de telefones celulares — o código 972 é bloqueado.

O xeque Mohammed decretou recentemente que seu filho de 25 anos de idade, o xeque Hamdan, seria o príncipe da Coroa; um filho mais novo e o irmão foram nomeados seus dois vices. Não há possibilidade de um cidadão equivalente a Erel Margalit desempenhar um cargo de liderança no alto escalão do governo dos Emirados nem de se candidatar a um cargo público. O próprio Mohammed Al Gergawi é um dos poucos cidadãos

Nação empreendedora

dos Emirados, entre os 210 mil em todo o país, que tem o direito de atuar em cargos no governo ou de liderança nas empresas do xeque.

Apesar disso, dentro de sua história secular como centro comercial, Dubai está aberta aos estrangeiros para negociar de têxteis a pérolas. Para atrair comerciantes iranianos e indianos, o bisavô do xeque Mohammed declarou a cidade-Estado livre de impostos no início da década de 1900.

Na década de 1970, o pai do xeque Mohammed, Rashid bin Saeed Al Maktoum, ordenou a dragagem da enseada de Dubai e construiu ali o maior porto artificial do mundo, em Jebel Ali, 35 quilômetros a sudoeste de Dubai. Em 1979, o porto de Jebel Ali já havia se tornado o maior porto do Oriente Médio e sido classificado juntamente com a Grande Muralha da China e a represa Hoover como uma das três únicas construções humanas que podiam ser vistas do espaço. Atualmente, Jebel Ali é o terceiro mais importante centro de reexportação (depois de Hong Kong e Cingapura).

Para Rashid, esse perfil comercial liberal baseava-se no fato de que o manancial econômico de Dubai acabaria por secar. Com apenas 0,5% das reservas de petróleo e de gás do vizinho Abu Dhabi e uma fração ainda menor em relação à Arábia Saudita, as reservas de Dubai poderiam acabar em 2010. Como Rashid ficou famoso por declarar certa feita: "Meu avô montava um camelo, meu pai montava um camelo, eu dirijo um Mercedes, meu filho dirige um Land Rover, o filho dele também irá dirigir um Land Rover, mas meu bisneto montará um camelo."

Além de criar um porto de categoria internacional, o xeque Rashid também estabeleceu a primeira zona de livre comércio do Oriente Médio, que permitia aos estrangeiros repatriar 100% do seu capital e lucros; possibilitava ainda que os estrangeiros detivessem 100% do domínio sobre suas propriedades e empresas. Isso fugia às exigências nos Emirados e em grande parte do mundo árabe de que todas as empresas fossem de propriedade majoritária de nativo do país.

A geração seguinte da família real – liderada pelo xeque Mohammed – levou o modelo da Zona Livre ainda mais adiante com a criação de parques empresariais destinados a setores industriais específicos. O primeiro deles foi a Dubai Internet City (DIC), criada com a ajuda da Arthur Andersen e da McKinsey & Company.

232

A DIC oferecia uma base ideal para qualquer empresa de tecnologia que negociasse no Oriente Médio, no subcontinente indiano, na África ou na ex-república soviética – coletivamente um mercado potencial de 1,8 bilhão de pessoas com PIB total de 1,6 trilhão de dólares. Sem demora, 180 empresas assinaram como locatárias, incluindo a Microsoft, a Oracle, a HP, a IBM, a Compaq, a Dell, a Siemens, a Canon, a Logica e a SonyEricsson.

De certo modo, a DIC foi um sucesso admirável: em 2006, um quarto das 500 maiores empresas do mundo marcava presença em Dubai. A cidade-Estado tentou então replicar essa história de sucesso fundando a Dubai Health Care City, a Dubai Biotechnology and Research Park, a Dubai Industrial City, a Dubai Knowledge Village, a Dubai Studio City e a Dubai Media City (em que a Reuters, a CNN, a Sony, a Bertelsmann, a CNBC, a MBC, a Arabian Radio Network e outras empresas de mídia têm presença importante).

O diretor de marketing da DIC, Wadi Ahmed, cidadão britânico de origem árabe, explica: "Fizemos da teoria [de grupo] de Porter uma realidade. Se reunirmos todas as empresas do mesmo segmento[...], as oportunidades se concretizam. É a rede de relacionamentos da vida real. Trata-se de aproximar o integrador com os desenvolvedores de software. Entre os nossos grupos incluem-se seiscentas empresas trabalhando a 2 quilômetros de distância umas das outras. [...] O Vale do Silício tem algumas semelhanças, mas é apenas uma região, não uma entidade única administrada."[3]

É bem verdade que Dubai, a princípio, apresentou taxas de crescimento impressionantes e, em curto prazo, converteu-se em um importante centro comercial. Porém, nunca houve nenhuma comparabilidade entre o número de empresas iniciantes em Israel e em Dubai ou no montante de capital de risco que Dubai tem sido capaz de atrair em comparação a Israel, além do número de novas invenções e patentes. Portanto, o que torna Israel e Dubai diferentes dessa maneira?

Aprofunde-se um pouco no que está ocorrendo na Internet City de Dubai, por exemplo, e a resposta começa a surgir. Na DIC não é possível encontrar qualquer nova empresa de P&D ou cujo foco seja a inovação.

Dubai abriu as portas para empresas mundiais inovadoras e muitas apareceram, mas vieram para disseminar inovações feitas em outros lugares em mercados regionais. Dubai, portanto, não criou grupos inovadores em crescimento, mas grandes e bem-sucedidos centros de prestação de serviços. Portanto, quando Mohammed Al Gergawi foi escolhido pelo xeque Mohammad para ajudar a catalisar o milagre econômico de Dubai, o trabalho era fazer crescer e administrar essa empresa empolgante, mas não necessariamente geradora de inovação ou de capital de risco.

Em Israel, a história é diferente. Margalit é um dentre as dezenas de milhares de empreendedores em série. Ninguém o escolheu, apenas ele próprio. Todo o seu sucesso adveio da criação de empresas inovadoras e do seu vínculo com um ecossistema mundial de risco e tecnologia que está constantemente em busca de novos produtos e mercados. Embora a infraestrutura material que facilitou esse processo em Israel possa ter sido inferior à de Dubai, a infraestrutura cultural revelou-se um solo imensamente mais fértil para o cultivo da inovação.

Atrair novos integrantes para um grupo oferecendo um meio menos dispendioso de fazer negócios poderia ser suficiente para se criar um grupo, mas não para mantê-lo. Se essa for sua única margem competitiva, algum outro país sempre aparecerá para torná-la mais barata. São os outros elementos qualitativos – como as verdadeiras comunidades estreitamente unidas cujos integrantes estão comprometidos a viver, trabalhar e formar família no grupo – que contribuem para o crescimento sustentável. Mas, definitivamente, um sentido de comprometimento e destino compartilhados que transcenda as rivalidades comerciais cotidianas não é fácil de produzir.

Os obstáculos a Dubai, nesse sentido, são profundos. Os cidadãos estrangeiros – europeus, empresários do golfo, sul-asiáticos ou trabalhadores temporários árabes – estão lá somente para ganhar dinheiro. Depois de atingir tal objetivo, eles voltam para casa ou seguem para uma próxima aventura. Eles têm uma relação transacional com Dubai; não fazem parte de uma comunidade estreitamente unida, não estão em busca de criar raízes nem construindo algo novo. Eles avaliam sua estada e conquistas em relação às comunidades em seu país de origem, não a

Dubai. Seu comprometimento emocional e suas raízes estão em outro lugar. Acreditamos que esse seja um obstáculo fundamental para que um grupo funcione em todos os sentidos, assim como um impedimento para o cultivo de uma economia empreendedora voltada para a inovação."Se existe uma bolha da internet em Israel, então Yossi Vardi personifica a própria bolha."[4] Assim diz o cofundador da Google, Sergey Brin, ao se referir ao papel de Vardi na reconstrução do setor de internet em Israel a partir das cinzas que restaram da quebra do mercado tecnológico mundial em 2000. O nome de Vardi tornou-se sinônimo do universo das novas empresas israelenses de internet. Contudo, ele é mais conhecido pelo ICQ, o programa de bate-papo da internet fundado pelo seu filho, Arik Vardi e três colegas quando tinham pouco mais de 20 anos de idade. Isaac Applbaum, do The Westly Group, diz que o ICQ – o mais popular programa de bate-papo do mundo – foi um dentre algumas das empresas que "transformaram a tecnologia para sempre", juntamente com a Netscape, a Google, a Apple, a Microsoft e a Intel.

O ICQ (um trocadilho com a expressão inglesa "I *seek you*" ou "estou à sua procura") foi lançado em novembro de 1996 com financiamento de Vardi. Foi o primeiro programa a permitir que os usuários do Windows se comunicassem em tempo real. A America On-line (AOL) inventou seu próprio programa de bate-papo, chamado de Instant Messenger (AIM), praticamente ao mesmo tempo, mas a princípio o programa da AOL só estava disponível aos seus assinantes.

O programa israelense espalhou-se muito mais rápido do que o da AOL. Em junho de 1997, pouco mais de seis meses após seu lançamento – quando apenas 22% das residências norte-americanas possuíam acesso à internet –, o ICQ tinha mais de 1 milhão de usuários. Em mais um semestre, o número de usuários já havia saltado para 5 milhões; dez meses depois, para 20 milhões. No fim de 1999, o ICQ registrava um total de 50 milhões de usuários registrados, o que o tornou o maior serviço internacional on-line. O ICQ tornou-se o programa mais baixado da história da Cnet.com, com 230 milhões de downloads.

De volta a meados de 1998, quando o ICQ possuía cerca de 12 milhões de usuários, a AOL comprou a empresa iniciante pelo maior preço

Nação empreendedora

considerado na época como o maior pago por uma empresa israelense de tecnologia: 407 milhões de dólares.

Embora, na época, Israel já estivesse bem-situada no campo da alta tecnologia, a venda do ICQ foi um fenômeno nacional. Ela inspirou muitos outros israelenses a se tornarem empreendedores. Os fundadores da ICQ eram, afinal, um grupo de jovens hippies. Exibindo a resposta comum israelense a todas as formas de sucesso, muitos imaginaram: "Se esses caras conseguiram, sou capaz de fazer ainda melhor." Além disso, a venda foi uma fonte de orgulho nacional, como ganhar uma medalha de ouro na Olimpíada tecnológica mundial. Uma manchete local declarou que Israel tornara-se uma "superpotência" da internet.[5]

Vardi investe em novas empresas da internet porque acredita nelas. Mas seu foco persistente na internet enquanto praticamente todo mundo preferia os setores clássicos "israelenses" – comunicações e segurança – ou os mais novos e ousados – como tecnologia de purificação e biotecnologia – não é atribuível apenas ao cálculo dos lucros. Em primeiro lugar, Israel é o país de Vardi, é seu grupo e ele está consciente de sua posição como "participante" dessa comunidade – que ele espera que seja bem-sucedida. Com esse compromisso, Vardi também está consciente do seu papel na sustentação desse setor ao longo de períodos menos intensos. Investir em um propósito pessoal, assim como nacional, tem sido chamado de "patriotismo lucrativo" e, recentemente, obtido atenção renovada.

Há mais de um século, o preeminente banqueiro J. P. Morgan quase estabilizou sozinho a economia norte-americana durante o Pânico de 1907. No momento em que não existia o Federal Reserve, o Banco Central dos EUA, "Morgan não só comprometeu parte do seu próprio dinheiro como também organizou toda a comunidade financeira para participar do resgate", afirmou Ron Chernow, historiador empresarial e biógrafo.[6]

Quando surgiu a crise de 2008, Warren Buffett desempenhou papel semelhante ao bombear 8 bilhões de dólares na Goldman Sachs e na General Electric em apenas duas semanas. Quando o pânico se aprofundou, Buffett sabia que sua decisão de fazer investimentos vultosos poderia sinalizar ao mercado que ele, o mais respeitado investidor norte-

-americano, não esperava que as ações despencassem ainda mais e acreditava que a economia não entraria em colapso.

As intervenções de Vardi não se comparam às de Buffett, certamente, mas, ainda assim, ele exerceu grande influência sobre o conjunto de novas empresas israelense, representando um papel de liderança ao manter vivo o segmento da internet dentre todos os outros. Sua simples presença e persistência constantes em um setor ao qual todos pareciam condenar, provocou uma grande reviravolta.

Durante a TechCrunch de 2008, uma importante conferência na área de tecnologia, foram destacadas as 51 novas empresas mais promissoras do mundo, sete das quais eram israelenses; muitas contaram com capital levantado de Yossi Vardi. O fundador da TechCrunch, Michael Arrington, é um grande incentivador de Vardi: "Vocês [israelenses] deveriam construir uma estátua de Yossi Vardi em Tel Aviv", diz ele.[7]

Em seu livro mais vendido, intitulado *Feitas para durar* (Rocco, 2007), o guru empresarial James Collins identifica diversas empresas bem-sucedidas de longa duração que têm algo em comum: uma missão expressa em no máximo uma ou duas frases. "A missão", escreveu Collins, "é a razão para uma organização ser fundamental. [Ela] reflete a importância que as pessoas atribuem ao trabalho da empresa [...] além de simplesmente ganhar dinheiro." Ele relaciona quinze exemplos de missão. Todos eles pertencem a empresas – incluindo a Walmart, a McKinsey, a Disney e a Sony – exceto uma: Israel. Collins nos apresenta a missão de Israel com as seguintes palavras: "oferecer um lugar seguro na Terra para o povo judeu". A formação da economia de Israel, a participação de todos em seu grupo – ações intercambiáveis – e o compartilhamento disso com os lugares mais distantes no mundo é o que, em parte, motiva os "lucrativos patriotas" de Israel.[8] Como observou a historiadora Barbara Tuchman diante da expansão tecnológica desse país, "com todos os seus problemas, Israel tem uma vantagem soberana: um sentido de propósito, uma razão de ser. Os israelenses podem não ter abundância nem uma vida sossegada, mas possuem o que a riqueza tende a suprimir: a motivação".[9]

A ausência de motivação é um problema em diversos países da cooperativa das nações do Golfo (PCG), composta dos Emirados, da Arábia

Nação empreendedora

Saudita, de Bahrein, do Kuwait, de Qatar e de Omã. No caso de Dubai, que é um dos estados dos Emirados, a maioria dos empreendedores que veio de outros lugares está interessada em lucros – o que é importante –, mas não está motivada em integrar a comunidade em Dubai. Como vimos na teoria do grupo estudada pelo professor Porter, o lucro, isoladamente, impulsiona uma economia nacional apenas até certo ponto. Quando os momentos econômicos são difíceis, como vimos em Dubai – ou crescem as incertezas em relação à segurança –, aqueles que não estão comprometidos em constituir um lar, uma comunidade e um Estado muitas vezes são os primeiros a fugir.

Em outras economias dos PCG, como, por exemplo, na Arábia Saudita, o problema é o oposto. Existe tanto uma comunidade como a motivação. Já vimos como os sauditas – jovens e velhos – têm tremendo orgulho da modernização econômica e de infraestrutura de sua economia. Para muitos, existe uma linhagem tribal que remonta a séculos, e constituir uma economia avançada que seja reconhecida mundialmente é uma questão de raízes – ou comunal – e uma satisfação nacional.

Porém, todas essas economias enfrentam desafios que podem inibir qualquer potencial para o progresso.

Diversos líderes empresariais e governamentais de todo o mundo árabe têm se concentrado em estimular uma economia empreendedora de alto crescimento, observando discretamente Israel. "De que maneira vamos criar 80 milhões de empregos na próxima década?", indagou Riad al-Allawi, um empreendedor jordaniano bem-sucedido com interesses comerciais em toda a região. Oitenta milhões é o número que sempre ouvimos de especialistas durante as nossas viagens por todas as capitais empresariais árabes.

As economias árabes do norte da África (Egito, Argélia, Marrocos e Tunísia); do Oriente Médio (Líbano, Síria, Palestina, Iraque e Jordânia) e do Golfo Pérsico (Arábia Saudita, EAU, Qatar, Bahrein, Kuwait e Omã) aproximam-se de 225 milhões de habitantes, cerca de 3% da população mundial. O PIB total das economias árabes em 2007 foi de 1,3 trilhão de dólares – quase dois quintos da economia da China. A distribuição da riqueza, porém, varia amplamente: existem economias com muito petróleo

238

e população reduzida (tais como o Qatar, com 1 milhão de habitantes e PIB *per capita* de 73.100 dólares) e economias com escassez de petróleo e populações enormes (tais como o Egito, com 77 milhões de habitantes, mas PIB *per capita* de apenas 1.700 dólares). Generalizações sobre estratégias de desenvolvimento para a região são arriscadas; as economias do mundo árabe têm diferentes tamanhos, estruturas e recursos naturais.

Apesar de todas as diferenças, o desafio econômico unificante para o mundo árabe-muçulmano é sua própria "bomba-relógio" demográfica: aproximadamente 70% da população tem menos de 25 anos de idade. Para empregar todas essas pessoas será necessária a criação de 80 milhões de novos empregos em 2020, como nos disse Al-Allawi.[10] Atingir essa meta significa gerar empregos a uma taxa duas vezes maior que a dos EUA durante a década da expansão de 1990. "O setor público não criará tais empregos; as grandes empresas também não irão criá-los", diz Fadi Ghandour, um bem-sucedido empreendedor jordaniano. "A estabilidade e o futuro da região vão depender de ensinarmos aos nossos jovens como criar novas empresas."[11]

No entanto, o empreendedorismo tem desempenhado um papel apenas insignificante nas economias do mundo árabe. Mesmo antes de sua economia implodir, menos de 4% da população adulta está trabalhando efetivamente no estágio inicial de pequenas empresas. Então, quais são os obstáculos para um "país embrionário" árabe? As respostas incluem o petróleo, os limites à liberdade política, a condição das mulheres e a qualidade da educação.

A imensa maioria da atividade econômica da região é motivada pela produção e refinamento dos hidrocarbonetos. Sem considerar o petróleo, o PIB das exportações de todo o mundo árabe – cuja população é de aproximadamente 250 milhões de pessoas – é menor do que o da Finlândia, que ostenta uma população de 5 milhões de habitantes. Fora o petróleo, existem algumas grandes multinacionais, como a Emirates Airlines, sediada nos Emirados; a Orascom Telecom, sediada no Egito; e a jordaniana Aramex, um provedor de apoio logístico (a Orascom e a Aramex foram fundadas e constituídas por empreendedores experientes). As empresas familiares de prestação de serviços também são importantes

Nação empreendedora

e – no caso de países como o Egito – as têxteis e de agricultura também. Contudo, o setor do petróleo é de longe o maior contribuinte para o PIB. A região produz quase um terço do petróleo mundial e 15% do gás de todo o globo.

Existe uma demanda de petróleo sempre crescente, e a China e a Índia são os exemplos mais destacados de países que precisam de mais petróleo. No início de 1998, as demandas desses dois países somadas aumentaram um terço em menos de uma década. Portanto, por mais que os preços do petróleo flutuem, a demanda está passando por uma transformação mundial.

Entretanto, a economia do petróleo do mundo árabe bloqueou o empreendedorismo de alto crescimento. Distribuir a dádiva da riqueza gerada pelo petróleo entre as massas tem isolado governos no Golfo Pérsico da pressão por reformas políticas e econômicas. A riqueza gerada pelo petróleo aglutinou o poder de governos autocráticos, os quais não precisam recolher impostos dos seus cidadãos e, portanto, ser muito sensíveis às suas críticas. Como os historiadores do mundo muçulmano têm observado, nos países árabes, "o inverso do dito familiar é verdadeiro: Nenhuma representação sem tributação".[12]

As tão prementes reformas que as elites consideram uma ameaça – o direito à liberdade de expressão, a tolerância à experimentação e o acesso aos dados econômicos básicos e às informações do governo – são necessárias para uma cultura em que os empreendedores e os inventores possam prosperar. Entre todas as razões pelas quais o empreendedorismo ajuda as economias a crescerem e as sociedades a progredirem estão a recompensa ao mérito, à iniciativa e aos resultados, e não à posição social. É precisamente por isso que os governos do Golfo têm se sentido ameaçados por ele. Foi isso que o historiador Samuel Huntington chamou de "o dilema do rei": todos os monarcas que promovem a modernização econômica acabam tentando compensá-la com a manutenção de limites sobre a liberalização política, pois esta sempre representa ameaças ao poder do monarca. No mundo árabe, o jornalista britânico Chris Davidson, autor de *Dubai: the vulnerability of success* [Dubai: a vulnerabilidade do sucesso], chama isso de o "dilema do xeque".

240

Com a exceção do Líbano e do Iraque, nunca houve eleições genuinamente livres em nenhum dos outros 22 países da Liga Árabe. Depois que uma tentativa de eleição nos Emirados, em 2006, atraiu um fraco comparecimento dos eleitores, um destacado integrante do governo comentou: "Isso é especialmente decepcionante, considerando que todos os candidatos e participantes eram de excelentes famílias e aprovados pessoalmente pelos governantes dos Emirados."[13]

Vários governos árabes do Golfo têm buscado contornar o "dilema do xeque" usando a riqueza do petróleo para modernizar a infraestrutura rígida de suas economias enquanto deixam as estruturas políticas praticamente intocadas. A renda das expansões anteriores do petróleo – na década de 1970 – não foi absorvida pelas economias regionais, mas, ao invés disso, gasta em importações do Ocidente, em investimentos no exterior ou em armamento para os exércitos. As economias locais efetivamente não se beneficiaram. Porém, desde 2002, mais de 650 bilhões de dólares desses novos ganhos inesperados do petróleo – motivados pela demanda – têm sido reinvestidos apenas nas economias do Golfo.

Ao lado da estratégia de formação de grupos adotada por Dubai e alguns outros países árabes do Golfo, grande parte do petróleo da região foi usada em incorporações imobiliárias. O setor imobiliário dos PCG tem sido o de maior crescimento do mundo. Entre 2000 e 2010, um total estimado em 16,35 milhões de metros quadrados de novos espaços arrendáveis – novos prédios de escritórios, centros de compras, hotéis, instalações industriais e conjuntos de casas e apartamentos – foram acrescidos à região, a maioria na Arábia Saudita e nos Emirados. O setor cresceu 20% ao ano durante esse período (o crescimento anual da China em espaços arrendáveis foi de 15%).

Entretanto, de maneira muito semelhante ao resto do mundo, a bolha imobiliária árabe estourou. Até o início de 2009, os valores residenciais e comerciais em Dubai, por exemplo, caíram 30% e esperava-se que caíssem ainda mais. Os proprietários têm efetivamente abandonado seus imóveis e simplesmente deixado o país para evitar a perspectiva de punição legal de prisão por falta de pagamento de uma dívida. Os projetos de construção em larga escala têm sido congelados.

Nação empreendedora

Portanto, nem o petróleo, nem os imóveis, nem os grupos formaram uma economia de alto crescimento empreendedora ou inovadora.

Com a "bomba-relógio" demográfica em contagem regressiva, os governos ricos em petróleo do Golfo também tentaram constituir grupos de pesquisas acadêmicas. Todo grupo tecnológico tem uma coleção de ótimas instituições educacionais. O Vale do Silício teve o seu início notoriamente em 1939 quando William Hewlett e David Packard, dois engenheiros formados na Universidade de Stanford, juntaram seus 538 dólares e fundaram a Hewlett-Packard. Com um ex-professor de Stanford como mentor, eles abriram o negócio em uma garagem nas vizinhanças de Palo Alto.

No entanto, as instituições culturais e sociais do mundo árabe, conforme relatado por uma comissão de intelectuais árabes sancionada pela ONU, são cronicamente subdesenvolvidas. O Relatório sobre o Desenvolvimento Humano Árabe das Nações Unidas, que apresentou as pesquisas da organização de 2002 a 2005, revelou que o número de livros traduzidos anualmente para o árabe em todos os países árabes somados foi de um quinto do número traduzido para o grego. O número de patentes registradas entre 1980 e 2000 na Arábia Saudita foi 171; no Egito, 77; no Kuwait, 52; nos Emirados, 32; na Síria, 20; e na Jordânia, 15 – em comparação com 7.652 em Israel. O mundo árabe tem os mais altos índices de analfabetismo do mundo e um dos menores números de cientistas pesquisadores em atividade cujos artigos são citados com frequência. Em 2003, a China publicou uma lista das 500 melhores universidades do mundo; a lista não incluiu uma única menção às mais de 200 universidades do mundo árabe.[14]

Reconhecendo a importância das universidades para a atividade de P&D, que é necessária para as patentes e as inovações, a Arábia Saudita está inaugurando a Universidade de Ciência e Tecnologia Rei Abdullah para criar um local de pesquisas para 20 mil professores, funcionários e estudantes. Essa será a primeira universidade da Arábia Saudita a ter estudantes de ambos os sexos nas mesmas classes. O Qatar e os Emirados formaram parcerias com instituições acadêmicas icônicas ocidentais. A Cidade da Educação do Qatar abriga campi satélites da Faculdade de Medicina da Universidade de Cornell, cursos de Ciência da Computação

242

e de Administração de Empresas da Universidade Carnegie Mellon, um curso de relações internacionais da Universidade de Georgetown e um curso de Jornalismo da Universidade Northwestern. Abu Dhabi – um dos sete componentes dos Emirados – fundou um campus satélite da Universidade de Nova York. A ideia era que, se o mundo árabe fosse capaz de atrair os pesquisadores e pensadores mais inovadores de todo o mundo para passar seu tempo ali, isso ajudaria a estimular uma cultura de inovação localmente.

Apesar de tudo, nenhuma dessas instituições fez muitos progressos até o momento, pois não podem recrutar um quadro confiável de talentos acadêmicos e pesquisadores de todo o mundo para criar raízes e assumir um compromisso de longo prazo com o mundo árabe. "Isso tudo se relaciona mais com levar as marcas educacionais para o Golfo do que com a imigração de cérebros", comentou Chris Davidson. "Essas universidades concentram-se na formação da reputação nacional, não verdadeiramente na inovação."[15]

O caso de Israel foi diferente. Universidades da mais alta qualidade foram fundadas bem antes de o Estado existir. O professor Chaim Weizmann, um químico de renome mundial que basicamente lançou o campo da biotecnologia com sua invenção de um novo método para a produção da acetona, comentou sobre a singularidade da inauguração da Universidade Hebraica de Jerusalém em 24 de julho de 1918:

> À primeira vista, parece paradoxal que, em uma terra com uma população tão dispersa, onde tudo ainda precisa ser feito, um lugar que ainda implora por itens simples como arados, estradas e portos, devêssemos começar pela criação de um centro de desenvolvimento espiritual e intelectual.[16]

O primeiro quadro de diretores da Universidade Hebraica incluía Weizmann, o primeiro presidente de Israel, assim como Albert Einstein, Sigmund Freud e Martin Buber. O Technion foi fundado em 1925. O Instituto Weizmann de Ciências surgiu em 1934 e, em 1956, a Universidade de Tel Aviv — a maior universidade de Israel na atualidade. No final da década de 1950, a população de Israel estava em cerca de 2 milhões de habitantes e o país já iniciara quatro universidades de categoria internacional. Outras importantes universidades, como a Universidade Bar-Ilan, a Universidade de Haifa e a Universidade Ben Gurion do Negev, foram fundadas em 1955, 1963 e 1969, respectivamente.

Atualmente, Israel tem oito universidades e 27 faculdades. Quatro delas estão entre as principais 150 universidades de todo o mundo e sete estão entre as 100 principais universidades do Pacífico Asiático. Nenhuma delas é um campus satélite do exterior. As instituições de pesquisa israelenses também foram as primeiras no mundo a comercializar descobertas acadêmicas.

Em 1959, o Instituto Weizmann criou a Yeda (cujo significado em hebraico é "conhecimento") para comercializar pesquisas. Desde essa época, a Yeda produziu milhares de produtos e empresas de sucesso na área de tecnologia médica. Entre 2001 e 2004, o instituto acumulou 1 bilhão de *shekels* (mais de U$ 200 milhões de dólares) em receitas de *royalties*. Em 2006, a Yeda foi classificada como a primeira no mundo entre os institutos acadêmicos do ponto de vista do rendimento em *royalties*.[17]

Vários anos depois da criação da Yeda, a Universidade Hebraica fundou sua empresa de transferência de tecnologia, a Yissum ("implementação", em hebraico). A Yissum fatura mais de 1 bilhão de dólares anualmente em vendas de pesquisas sediadas na Universidade Hebraica e já registrou 5.500 patentes e 1.600 invenções. Dois terços das invenções de 2007 foram no campo da biotecnologia, um décimo era de produtos relacionados à agricultura e outro décimo era dos relacionados à área da ciência e engenharia da computação. Todos eles são vendidos para a Johnson &Johnson, a IBM, a Intel, a Nestlé, a Lucent Technologies e muitas outras multinacionais. No total, a Yissum está em 12º lugar — depois de dez universidades norte-americanas e uma britânica — na classificações de patentes de biotecnologia mundial (a Universidade de Tel Aviv é a 21ª da lista).

Israel, um país de imigrantes, dependeu continuamente de ondas de imigração sucessivas para o crescimento de sua economia. É em grande parte graças a esses indivíduos que o país atualmente se destaca com a a maior quantidade de engenheiros e cientistas *per capita* do que qualquer outro país e produz mais estudos científicos *per capita* do que qualquer outra nação — 109 para cada 10 mil habitantes.[18] Os judeus recém-chegados e seus familiares não judeus têm prontamente garantida a residência, a cidadania e os benefícios. Israel é um país universalmente considerado bastante empreendedor e — a exemplo das FDI — indiferente às limitações da hierarquia.

No Golfo Pérsico, porém, os governos somente concedem visto de residência para até três anos, não mais do que isso — até mesmo para árabes muçulmanos. Não existe uma via para a cidadania nesses países. Assim, os pesquisadores procurados mundialmente não se mostram dispostos a se mudar com a família e investir a carreira em uma instituição cujo país reprime a livre expressão, a liberdade acadêmica e a transparência do governo, impondo um limite de tempo à residência. Embora em diversos países árabes do Golfo tenham sido considerados vistos de residência de cinco a dez anos, até o momento nenhum governo jamais os concedeu.

Essas restrições à residência também são sintomáticas de um obstáculo maior para atrair acadêmicos: os poucos pesquisadores profissionais que têm aparecido rapidamente têm consciência do desejo do governo em mantê-los afastados. As leis emanam da pressão sobre os governos para reagir de acordo com o nacionalismo árabe em geral e, mais especificamente, com o nacionalismo soberano. Por exemplo, uma mulher cidadã dos Emirados que se casa com um expatriado deve abrir mão da sua cidadania, e seus filhos não receberão passaporte dos Emirados nem qualquer benefício previdenciário do governo.

Um dos principais desafios para uma cultura empreendedora de alto crescimento em qualquer lugar do mundo árabe — e não somente do Golfo — é que os métodos de ensino nas escolas de ensino fundamental e médio, e nas universidades baseiam-se na memorização mecânica. De acordo com Hassan Bealaway, um conselheiro junto ao Ministério da Educação egípcio, o aprendizado se relaciona mais com sistemas, padrões e com a condescendência em lugar da experimentação. É, portanto, muito mais o modelo Columbia do que o Apollo.

Nação empreendedora

Essa ênfase na padronização tem restringido uma política educacional que há décadas define o sucesso por meio de uma medida das informações recebidas e não pelos resultados apresentados. Por exemplo, de acordo com um estudo desenvolvido pelos escritórios do McKinsey Institute no Golfo Pérsico, os governos árabes têm se preocupado com o número de professores e os investimentos efetivos na infraestrutura "física" – escolas e computadores – na esperança de melhorar o desempenho dos seus estudantes. Todavia, os resultados das recentes tendências internacionais no estudo de Ciências e Matemática classificaram os estudantes sauditas em 43º lugar entre 45 países (a Arábia Saudita ficou atrás até mesmo de Botswana, que ficou em 42º).[19]

Embora a proporção média entre o número de alunos e professores nos PCG seja de 12 para 1 – um dos mais baixos do mundo em uma comparação favorável com a média de 17 para 1 nos países pertencentes à Organização para a Cooperação e Crescimento Econômico (OCDE) – ela não tem surtido um efeito verdadeiramente positivo. Infelizmente, as evidências internacionais sugerem que essas baixas proporções alunos-professores estão pouco relacionadas a um forte desempenho dos alunos e são ainda bem menos importantes do que a qualidade dos professores. No entanto, os ministros da Educação da maioria dos países árabes não medem o desempenho do professor. As informações ministradas são fáceis de medir por meio de uma metodologia de padronização.

Concentrar-se no número de professores tem implicações nocivas para os meninos do mundo árabe. Muitas escolas do governo são segregadas por sexo: os meninos são ensinados por homens e as meninas, por mulheres. Uma vez que o cargo de professor tradicionalmente tem menos apelos para os homens, há escassez de professores para meninos. Em consequência disso, as escolas de meninos geralmente empregam professores de qualidade inferior, uma vez que a reserva de talentos é muito menor. Na verdade, nos PCG a lacuna entre os sexos quanto ao desempenho estudantil está entre a mais extrema do mundo.

Finalmente, um fator talvez ainda mais importante nas limitações às economias empreendedoras de alto crescimento é o papel das mulheres. David Landes, da Universidade de Harvard, autor do livro seminal

A *riqueza e a pobreza das nações**, sustenta que o melhor barômetro para o potencial de crescimento de uma economia são os direitos legais e a posição das mulheres na sociedade. "Negar as mulheres é privar o país de mão de obra e talento |e| prejudicar a motivação para a realização entre meninos e homens." Landes acredita que nada debilita mais a motivação e a ambição do que o sentimento de merecimento. Toda sociedade tem elites, e várias delas já nascem em sua posição de alto escalão. Porém, não existe um sentimento mais amplamente disperso de merecimento do que incutir na mente de metade das pessoas de um país que elas são superiores, o que, segundo ele, reduz a sua "necessidade de aprender e realizar." Esse tipo de distorção torna uma economia inerentemente não competitiva e é o resultado da condição economicamente subordinada das mulheres no mundo árabe.[20]

A economia de Israel e muitas outras no mundo árabe são laboratórios reais para a teoria econômica dos grupos e, mais amplamente, do que é preciso para os países gerarem – ou inibiram – as inovações. O contraste entre os dois modelos demonstra que uma visão simplista dos grupos – que sustente que um conjunto de instituições pode ser montado mecanicamente e que, por vontade própria, faça aparecer um lugar como o Vale do Silício – é falha. Além disso, parece que a aposta no país, a "motivação" de Tuchman, proporciona uma liga essencial que ajuda a encorajar os empreendedores a produzir e assumir riscos.

---

* Rio de Janeiro: Campus Elsevier, 2008. (N.E.)

Nação empreendedora

Notas

1. Entrevista com Michael Porter, professor de economia, Harvard Business School, março de 2009.
2. Rhoula Khalaf, "Dubai's ruler has big ideas for his little city-state", Financial Times, 3 de maio de 2007.
3. Michael Matley e Laura Dillon, "Dubai strategy: past, present, future", Harvard Business School, 27 de fevereiro de 2007, p. 3.
4. Citado em Assaf Gilad, "Silicon wadi: who will internet entrepreneurs turn in to crisis?" Cataclist, 19 de setembro de 1998.
5. Saul Singer, Superpower in silicon wadi, Jerusalem Post, 19 de junho de 1998.
6. Citado em Steve Lohr, Like J. P. Morgan, Warren Buffett braves a crisis, New York Times, 5 de outubro de 2008.
7. Citado em Eyal Marcus, Israeli start-ups impress at TechCrunch50, Globes On-line, 14 de setembro de 2008.
8. James C. Collins e Jerry I. Porras, Built to last: successful habits of visionary companies (Nova York: HarperCollins, 1997), p. xix, 224.
9. Barbara W. Tuchman, Practicing history: selected essays (Nova York: Ballantine Books, 1982), citado em Collins e Porras, Built to Last, p. xix.
10. Entrevista com Riad al-Allawi, empreendedor jordaniano, março de 2009.
11. Fadi Ghandour, in Stefan Theil, Teaching entrepreneurship in the arab world, Newsweek International, 14 de agosto de 2007; também disponível em <www.gmfus.org/publications/article.cfm?id=332>. Acesso em março de 2009.
12. Bernard Lewis, Free at last? The arab world in the twenty-first century, Foreign Affairs, março/abril de 2009. Observação semelhante foi feita por Samuel Huntington.
13. Citado em Christopher M. Davidson, Dubai: the vulnerability of success (Nova York: Columbia University Press, 2008), p. 166.
14. UNDP (United Nations Development Programme), The arab human development report, 2005: towards the rise of women in the arab world (Nova York: United Nations Publications, 2006).
15. Entrevista com Christopher M. Davidson, autor de Dubai: the vulnerability of success, março de 2009.

248

16. Citado em Fannie F. Andrews, *The holy land under mandate*, v. 2 (Boston: Houghton and Mifflin, 1931), p. 4.

17. Hagit Messer-Yaron, *Capitalism and the ivory tower* (Tel Aviv: Ministry of Defence Publishing, 2008), p. 82.

18. America-Israel Friendship League, "Facts about Israel and the U.S"., <www.aifl.org/html/web/resource_facts.html>.

19. McKinsey & Company, Perspective on the middle east, north Africa and south Asia (MENASA) region, julho de 2008. Todos os dados desta parte derivam desse estudo.

20. David Landes, *The wealth and poverty of nations* (Nova York: Norton, 1999), pp. 412–13.

Capítulo 14
Ameaças ao
milagre econômico

Estamos usando cada vez menos os cilindros para movimentar a máquina.
—Dan Ben-David

A economia israelense ainda está iniciando. O cenário de empresa em início de atividades, que parece tão bem-estabelecido atualmente, se formou quase simultaneamente à própria economia da internet apenas ao longo de uma década atrás. O alvorecer da expansão tecnológica de Israel não somente coincidiu com a onda mundial da tecnologia da informação, mas com vários outros eventos: a bolha das ações de empresas Ponto.com norte-americanas; a aceleração do setor de capital de risco em Israel por meio do programa Yozma; a onda maciça de imigração da ex-União Soviética; e os acordos de paz de Oslo, em 1993, que produziram o que parecia ser uma perspectiva de paz e estabilidade. Porém, e se o milagre econômico de Israel resultar simplesmente de uma rara confluência de acontecimentos e desaparecer sob circunstâncias menos favoráveis? Além disso, mesmo que a nova economia de Israel não seja apenas o produto de um acaso feliz, quais são as verdadeiras ameaças ao sucesso econômico do país em longo prazo?

Não é preciso especular em relação ao desaparecimento dos fatores positivos que projetaram a expansão tecnológica de Israel no final da década de 1990, afinal, a maioria deles já se extinguiu.

Nação empreendedora

Em 2000, a bolha das ações tecnológicas estourou; em 2001, o processo de paz de Oslo desmoronou, seguido por uma sequência de bombardeios suicidas nas cidades israelenses que temporariamente ruiu o setor do turismo e contribuiu para uma recessão econômica; já o fluxo intenso de imigrantes da ex-União Soviética, que aumentara a população judaica do país em um quinto, exauriu-se no fim da década de 1990.

Esses episódios negativos aconteceram quase tão rápida e simultaneamente quanto seus equivalentes positivos se manifestaram alguns anos antes. Ainda assim, tais ocorrências devastadoras não provocaram o fim da expansão que celebrava apenas cinco anos de existência. De 1996 a 2000, as exportações de tecnologia israelenses mais que duplicaram, de 5,5 bilhões de dólares para 13 bilhões. Quando a bolha tecnológica se rompeu, as exportações caíram ligeiramente a um patamar de menos de 11 bilhões de dólares em 2002 e 2003, mas recuperaram o ímpeto e alcançaram quase 18,1 bilhões de dólares em 2008. Em outras palavras, o motor tecnológico israelense mal teve de reduzir sua marcha em função dos múltiplos golpes que o atingiram entre 2000 e 2004 e já conseguiu não somente se recuperar, mas exceder o nível de exportações de 2000 em quase 40% em 2008.

Um quadro semelhante pode ser visto no financiamento do capital de risco. Quando a bolha do capital de risco estourou em 2000, os investimentos em Israel caíram drasticamente. Porém, a participação de mercado do país no fluxo mundial de capitais de risco aumentou de 15% para 30%, mesmo quando a economia israelense se encontrava sob tensão crescente.

Pode ser, contudo, que Israel não se ajuste tão bem à atual redução da atividade econômica mundial, que, ao contrário de 2000, não se limita às ações tecnológicas internacionais ou ao financiamento do capital de risco, mas está sendo drasticamente sentida também no sistema bancário mundial.

O colapso das finanças internacionais contagiou o sistema bancário de quase todos os países, com duas exceções: nem o Canadá nem Israel registraram uma única falência bancária. Desde a hiperinflação e as crises bancárias de Israel do início da década de 1980 – que culminaram, em 1985, com a intervenção trilateral dos governos israelense e norte-americano e do próprio Fundo Monetário Internacional (FMI) –, foram impostas fortes restrições. As instituições financeiras de Israel apoiam as políticas conservadoras de empréstimos, alavancadas de 5 para 1. Os bancos dos EUA, porém – antes da crise –, estavam alavancados em 26 para 1, e os europeus, a desconcertantes 61 para 1. Não houve refinanciamento de hipotecas em Israel nem jamais chegou a existir um mercado de hipotecas secundárias. Se é que algo aconteceu, houve uma escassez de financiamentos – mesmo antes da crise – para pequenas empresas do país, o que levou ainda mais pessoas ao setor de tecnologia, em que os impostos e as regulamentações eram mais favoráveis e o capital de risco, mais disponível.

Como observou o analista financeiro israelense Eytan Avriel:

Os bancos israelenses eram carroças puxadas por cavalos enquanto os norte-americanos eram carros de corrida. O problema é que esses velozes automóveis chocaram-se irremediavelmente contra o muro, enquanto as carroças prosseguiram mais devagar e conseguiram permanecer no trajeto.[1]

Essa é a boa notícia para Israel. Entretanto, embora a economia israelense não tenha sido exposta a práticas questionáveis de empréstimos, talvez tenha sido exageradamente exposta às finanças de risco, que podem faltar em breve. As empresas de capital de risco são amplamente financiadas por investidores institucionais como fundos de pensão, dotações e fundos de fortunas independentes. Os investidores institucionais separam uma destinação específica para o que são chamados investimentos alternativos (capital de risco, patrimônio privado, fundos de cobertura de risco etc.), tipicamente na faixa de 3% a 5% de suas carteiras globais. Porém, como o valor em dólar do seu patrimônio público (mercado de ações) encolheu – devido principalmente à quebra mundial dos mercados –, houve a queda do montante absoluto em dólares disponível para investimentos alternativos, cujo tamanho diminuiu, reduzindo os fundos disponíveis para investimentos em capital de risco.

Nação empreendedora

Uma oferta reduzida de dólares de capital de risco poderia significar menos "financiamentos na área de inovação" para a economia de Israel. Vale lembrar que milhares de trabalhadores no cenário tecnológico israelense já perderam o emprego e que muitas empresas de tecnologia passaram a adotar semanas de quatro dias de trabalho para evitar mais demissões.[2] Na ausência de novos financiamentos, muitas empresas iniciantes do país já se viram forçadas a fechar.

Além de uma dependência excessiva do capital de risco mundial, as empresas israelenses também são excessivamente dependentes dos mercados de exportação. Mais da metade do PIB de Israel resulta de exportações para a Europa, a América do Norte e a Ásia. Quando essas economias diminuem seu ritmo ou entram em colapso, as novas empresas israelenses têm menos clientes. Em razão do boicote árabe, Israel não teve acesso a mercados mais regionais. O mercado interno, em contrapartida, é pequeno demais para servir como substituto.

As empresas israelenses também acharão difícil negociar saídas, como o ocorrido na oferta pública inicial de ações da Given Imaging no Nasdaq ou com a venda da Fraud Sciences para a PayPal – meios pelos quais os empreendedores e investidores israelenses acabam ganhando dinheiro. Uma diminuição do ritmo mundial levará à redução nas ofertas públicas iniciais de ações e aquisições.

Uma deterioração sistemática na atual situação da segurança regional também poderia ameaçar o sucesso econômico de Israel. Em 2006 e na virada de 2008 para 2009, Israel travou guerras contra dois grupos treinados e financiados pelo Irã. Embora essas guerras tivessem pouca consequência sobre a economia israelense e as empresas do país tenham se tornado peritas em manter seus compromissos com clientes e investidores independentemente das ameaças à segurança, grandes ou pequenas, a próxima ameaça iraniana poderia ser diferente de tudo o que Israel já vivenciou.

O Irã, conforme amplamente relatado pelos organismos regulatórios internacionais e até por organizações noticiosas, está em busca de uma capacitação nuclear. Se o governo iraniano adotar um programa de armas de destruição em massa, isso poderia provocar uma corrida por armas nucleares em todo o mundo árabe e afastar os investimentos estrangeiros na região.

Embora grande parte do interesse internacional se concentre na ameaça potencial de um ataque iraniano com mísseis nucleares contra Israel, as lideranças políticas e de segurança do país advertem contra as consequências de uma capacitação nuclear iraniana na região mesmo que esta nunca venha a ser usada diretamente. Como nos disse o primeiro-ministro Benjamin Netanyahu, "o objetivo do primeiro estágio iraniano é aterrorizar os cidadãos israelenses mais talentosos para que saiam do país".[3]

Portanto, mesmo se a ameaça iraniana não se tornar realidade, a economia israelense ainda poderá ser afetada. Até o momento, porém, a existência ou potencial de tais ameaças não impediram as empresas e os fundos de capital de risco estrangeiros de aumentar seus investimentos no país.

A despeito disso, quando se trata de ameaças à economia, a discussão dentro de Israel se concentra mais nos aspectos nacionais. Talvez isso ocorra pelo fato de o país já estar protegido de ameaças à segurança e à sua economia ou, ainda, por considerar a perspectiva de uma ameaça nuclear grave demais para ser levada em consideração. Na verdade, o economista Dan Ben-David, da Universidade de Tel Aviv, está mais preocupado com outra ameaça – a "fuga de cérebros" dos corpos docentes das universidades israelenses.

Sem dúvida, Israel é um país líder na comunidade acadêmica internacional. Uma pesquisa mundial de 2008 feita pela revista The Scientist indicou duas instituições israelenses – o Instituto Weizmann e a Universidade Hebraica de Jerusalém – como os dois "melhores lugares para se trabalhar no meio acadêmico" fora dos EUA.[4]

Dan Ben-David nos apresentou um estudo de autoria de dois acadêmicos franceses que classificam os países que não os EUA de acordo com as publicações nos mais importantes órgãos de divulgação científica em economia entre 1971 e 2000. O Reino Unido – incluindo a Faculdade de Economia de Londres, a de Oxford e a de Cambridge – veio em segundo

Nação empreendedora

lugar. A Alemanha foi responsável por menos da metade das publicações por membro de corpo docente em relação aos britânicos. Israel foi o primeiro. "Não se trata de uma superioridade de 5% ou 10%, mas de sete vezes mais – em um campeonato só nosso", disse Ben-David, exultante. "E talvez ainda melhores que os economistas de Israel sejam nossos cientistas na área de computação. Já temos dois Prêmios Nobel recentes em Economia e um ou dois em Química."[5]

No entanto, apesar de todo o seu sucesso, Ben-David está preocupado. Ele afirmou que a liderança acadêmica de Israel tem diminuído nos últimos anos e cairá ainda mais à medida que o corpo docente envelhecer e se aposentar e muitas das estrelas ascendentes partirem para lecionar no exterior. Em seu próprio campo, a economia, Ben-David apontou para um estudo segundo o qual, dentre os principais economistas do mundo, conforme aferido pelas citações do seu trabalho entre 1990 e 2000, havia 25 israelenses, treze dos quais efetivamente estavam sediados em Israel. Desde que o estudo foi publicado, só quatro desses permaneceram no país em tempo integral. No entanto, nenhum dos doze israelenses que trabalhavam no exterior em 2000 retornou ao seu país de origem. No total, estima-se que 3 mil professores catedráticos israelenses tenham se mudado para universidades no exterior.

Ben-David é um desses quatro economistas mais cotados que permanece em solo israelense. Ele está preocupado em alertar sobre o contínuo crescimento econômico de Israel. De 2005 até 2008, Israel cresceu substancialmente mais rápido do que a maioria dos países desenvolvidos. Mas, desde então, com a recessão dos últimos anos, argumenta Ben-David, "tudo o que fizemos foi retomar o caminho anteriormente trilhado. Não vivemos uma experiência completamente desconhecida; estamos onde deveríamos estar se não tivéssemos a recessão".

O problema, de acordo com Ben-David, é que, embora o setor de tecnologia tenha avançado e se tornado mais produtivo, o resto da economia não o acompanhou.

> É como um motor. Todos os cilindros de um motor precisam ser usados para que ele funcione perfeitamente. Se compararmos a

população do país a cilindros, perceberemos que os estamos utilizando cada vez menos para movimentar a máquina.

Basicamente, o setor de tecnologia está financiando o resto do país, o que "não nos fornece os instrumentos ou as condições ideias para atuar em uma economia moderna".

Essa subutilização leva ao que acreditamos ser a maior ameaça à continuação do crescimento econômico de Israel: a baixa participação da economia. Pouco mais da metade da força de trabalho israelense contribui para a economia de maneira produtiva, em comparação a 65% nos EUA. A baixa participação da força de trabalho israelense se atribui a duas comunidades minoritárias: os *haredim*, ou judeus ultraortodoxos, e os árabes israelenses.[6]

Entre os civis judeus israelenses convencionais (de idades entre 25 e 64 anos), para adotar uma medida, 84% dos homens e 75% das mulheres estão empregados. Entre as mulheres árabes e os homens *haredi*,* as porcentagens são quase invertidas: 79% e 73%, respectivamente, não estão empregados.[7]

Os ultraortodoxos, ou *haredim*, geralmente não servem nas forças armadas. Na verdade, para se candidatar à isenção do serviço militar, os *haredim* precisam provar envolvimento em estudos em tempo integral em seminários judaicos (*yeshivot*). Essa disposição foi criada por David Ben-Gurion para obter o apoio político dos *haredim* na época da fundação de Israel. Entretanto, embora a "isenção *yeshiva*" tenha sido aplicada inicialmente a apenas 400 estudantes, desde aquela época aumentou para dezenas de milhares que se beneficiam desse critério e não vão para o exército.

A consequência tem sido triplamente prejudicial para a economia: os *haredim* estão isolados da força de trabalho em razão da sua falta de experiência militar; se quiserem a isenção militar, eles não têm permissão para trabalhar – pois precisam se dedicar unicamente aos estudos –, portanto não adquirem nem experiência (empreendedora) no setor

---

* O termo *haredi* se refere ao judeu ultraortodoxo, que observa rigidamente os princípios da Torá. O plural é *haredim*. (N.E.)

Nação empreendedora

privado nem na área militar; a sociedade *haredi* torna-se cada vez mais dependente das pensões do governo para a sobrevivência.

Em relação aos árabes israelenses, existem duas razões básicas para os baixos índices de participação na economia. Em primeiro lugar, considerando que os árabes israelenses não são convocados para o exército, eles, a exemplo dos *haredim*, têm menor probabilidade de desenvolver conhecimentos empreendedores e improvisatórios inculcados pelas FDI. Os árabes israelenses também não desenvolvem as redes de contatos profissionais que os jovens judeus israelenses criam enquanto servem nas forças armadas, o que exacerba uma distância existente já de longa data entre as comunidades judaicas e árabes israelenses.

Todos os anos, milhares de estudantes árabes se graduam nas faculdades israelenses de tecnologia e engenharia. Ainda assim, de acordo com Helmi Kittani e Hanoch Marmari, dirigentes do Centro para o Desenvolvimento Econômico Judeu-Árabe:

> Apenas alguns conseguem encontrar um trabalho que corresponda à sua formação e habilidades. [...] Os árabes graduados de Israel precisam ser equipados com um recurso decisivo que o governo não pode fornecer: uma rede de amigos nos lugares certos.[8]

Na ausência de contatos pessoais, a desconfiança dos judeus israelenses em relação aos árabes israelenses tem maior probabilidade de manter sua influência.

Outro problema é o preconceito dentro da comunidade árabe israelense contra as mulheres no trabalho. Um estudo de 2008 realizado pela organização Mulheres contra a Violência, uma instituição árabe israelense, descobriu que a opinião pública dos árabes locais pode estar mudando lentamente, mas que as atitudes tradicionais continuam entranhadas. Em uma pesquisa de opinião, até mesmo os entrevistados que "se opõem às atitudes ultrapassadas" ainda concordam com a declaração de que:

> A sociedade árabe é predominantemente patriarcal, em que os homens são percebidos como os tomadores de decisão e as mulheres

como inferiores e idealmente subservientes. [...] Um homem que trate sua parceira de maneira diferente das normas estabelecidas e aceitas coloca em perigo sua própria posição social.

Apesar desse paradoxo, a diretora da organização Mulheres contra a Violência, Aida Toma-Suleiman, nos explica que ainda vê os homens como parceiros para a mudança, o que inclui a aceitação das mulheres que trabalham fora de casa.

Existem homens árabes que estão infelizes com esse equilíbrio de poder e querem melhorar as relações entre os sexos. Eles veem isso como algo de seu próprio interesse e também de outras pessoas, disse ela.[9]

Ainda assim, em razão das altas taxas de natalidade em ambos os setores, *haredi* e árabe, os esforços para aumentar a participação da força de trabalho entre eles correm contra o "relógio" demográfico. De acordo com o relatório Israel 2028, publicado por uma comissão oficial de alto nível, há uma projeção de que os setores *haredi* e árabe aumentem sua participação de 29% da população total israelense, em 2007, para 39%, em 2028. Sem mudanças drásticas nos padrões da força de trabalho, tal crescimento reduzirá ainda mais a participação da população na força de trabalho. "As tendências existentes contribuem e demonstram clara oposição ao desenvolvimento desejado", adverte o relatório.[10]

Enquanto fazia sua campanha para retornar como primeiro-ministro, Bibi Netanyahu apresentou como ponto central de sua agenda incluir Israel entre as dez maiores economias do mundo. Um grupo de conselheiros independentes, no Reut Institute, vem trabalhando em uma campanha semelhante chamada "Israel 15". Embora Gidi Grinstein, presidente fundador do Reut, seja um ex-conselheiro do primeiro-ministro Ehud Barak, rival político e ideológico de Netanyahu, ele concorda com Bibi. Segundo ele, a meta de Israel não deveria ser apenas se manter entre os países adiantados, mas ascender ao grupo dos quinze países avaliados em função do alto índice de PIB *per capita*.

Na visão de Grinstein, "esse desafio não é um luxo, mas uma necessidade". No mínimo, Israel deveria crescer 4% *per capita* por uma década. A lacuna atual nos padrões de vida entre Israel e outros países desenvolvidos é perigosa, afirma ele. "Nosso setor empresarial está entre os melhores do mundo, e nossa população é bem-dotada em matéria de conhecimentos especializados e educação. Ao mesmo tempo, a qualidade dos serviços públicos e até de vida em Israel são baixas, e, para muitos, emigrar é uma oportunidade de melhorar sua sorte".[11]

Isso pode parecer exagero, uma vez que números recordes de israelenses expatriados recentemente têm voltado dos EUA e de outros países, em parte devido a uma recém-promulgada isenção de impostos por dez anos sobre rendas auferidas no exterior pelos que retornam. Certamente, outros fatores além da renda entram nas decisões sobre "qualidade de vida".

No entanto, a questão de que Israel pode e deve desenvolver mais rapidamente sua economia é decisiva. De todas as ameaças e desafios com que se defronta o país, a incapacidade de manter o crescimento da economia é talvez a maior, uma vez que envolve superar obstáculos políticos e dar atenção a problemas negligenciados. Israel possui uma base cultural e institucional rara, talvez única, que gera tanto a inovação quanto o empreendedorismo; o que falta são políticas fortes para amplificar e espalhar ainda mais esses bens dentro da sociedade israelense. Felizmente para Israel, será provavelmente mais fácil mudar as políticas do que a cultura, como demonstram países como Cingapura. Como observou Thomas Friedman do The New York Times:

> Prefiro bem mais ter os problemas de Israel, que são em sua maioria financeiros, em muitos casos relativos à governança ou à infraestrutura, do que o obstáculo enfrentado por Cingapura, pois este se refere à cultura.[12]

Notas

1. Citado em Joanna Chen, The chosen stocks rally, Newsweek, março de 14, 2009, <www.newsweek.com/id/189283>.

2. Amiram Cohen, Kibbutz industries also adopt four-day workweek, Haaretz, 12 de março, 2009, <www.haaretz.com/hasen/spages/1070086.html>.

3. Entrevista com Benjamin Netanyahu, primeiro-ministro de Israel, dezembro de 2008.

4. Jennifer Evans, Best places to work for postdocs 2009, The Scientist.com, v. 23, n. 3, p. 47, <www.the-scientist.com/bptw>.

5. Entrevista com Dan Ben-David, Departmento de Economia, Tel Aviv University, junho de 2008.

6. O nível global de participação da força de trabalho de Israel é de 55% dos adultos, entre as mais baixas do Ocidente. A razão principal para isso é a baixa taxa de participação da força de trabalho entre dois grupos minoritários: os judeus ultraortodoxos (uma participação de 40%) e as mulheres árabes (participação de 19%). Esses índices são citados no relatório "Israel 2028", que recomenda trabalhar para aumentar as taxas de participação da força de trabalho dos judeus ultraortodoxos e das mulheres árabes para 55% e 50%, respectivamente, em 2028. U.S.Israel Science and Technology Foundation, Israel 2028: Vision and Strategy for Economy and Society in a Global World, editado por David Brodet (n.p.: U.S.-Israel Science and Technology Foundation, março de 2008).

7. Dan Ben-David, "The moment of truth", Haaretz, 6 de fevereiro, 2007. Também reimpresso com gráficos no website de Dan Ben-David: <http://tau.ac.il/~danib/articles/MomentOfTruthEng.htm>.

8. Helmi Kittani e Hanoch Marmari, The glass wall, Center for Jewish-Arab Economic Development, junho de 15, 2006, <www.cjaed.org.il/Index.asp?ArticleID=269&CategoryID=147&Page=1>.

9. Citado em Yoav Stern, "Study: israeli arab attitudes toward women undergoing change", Haaretz, 14/3/2009, <www.haaretz.com/hasen/spages/1008797.html>.

10. U.S.Israel Science and Technology Foundation, Israel 2028, p. 39.

11. Reut Institute, "Last chance to become an economic superpower", 5 de março, 2009, <http://reut-institute.org/en/Publication .aspx?PublicationId=3573>.

12. Discurso de Thomas Friedman em conferência no Reut Institute, Tel Aviv, junho de 2008.

Conclusão
Agricultores
de alta tecnologia

"O mais prudente a fazer é ousar."
—Shimon Peres

Enquanto esperávamos em uma das antessalas do Gabinete Presidencial, não estávamos muito seguros de quanto tempo ainda teríamos com o presidente Shimon Peres. Aos 85 anos, Peres é o último integrante da geração fundadora do país, que não apenas está vivo, mas ainda ocupa um alto cargo. Peres iniciou sua carreira aos 25 anos como ajudante de David Ben-Gurion e chegou a atuar em quase todos os cargos ministeriais, incluindo dois mandatos como primeiro-ministro. Ele também recebeu um Prêmio Nobel da Paz ao longo de sua trajetória.

No exterior, ele é um dos israelenses mais admirados. Em seu país, contudo, sua reputação é mais controversa. Peres é conhecido principalmente como o pai dos Acordos de Oslo de 1993, que foram celebremente instituídos com um aperto de mãos entre Yitzhak Rabin, Bill Clinton e Yasser Arafat no gramado da Casa Branca, mas que vieram a simbolizar, para muitos israelenses, apenas falsas esperanças, terrorismo e guerra.

É difícil exagerar a influência de Peres na diplomacia de Israel, entretanto não era sobre isso que estávamos principalmente interessados em tratar com ele. Menos conhecido, mas não menos significante, era

Nação empreendedora

seu papel como um empreendedor em série de uma espécie muito peculiar – um fundador de indústrias. Ele nunca passou um momento de sua vida em uma empresa. Na verdade, ele nos contou que nem ele nem Ben-Gurion sabiam nada de economia. Contudo, o estilo de governo de Peres foi o de um empreendedor sempre voltado para o lançamento de novas empresas.

Peres cresceu em um *kibbutz* antes da fundação do Estado. Não foi apenas a estrutura econômica e social dessa invenção israelense que se mostrou inovadora, mas também seu próprio meio de subsistência. "A agricultura é mais revolucionária do que a indústria", Peres foi direto ao ponto quando finalmente nos acomodamos no seu escritório forrado de livros, cercado por recordações de Ben-Gurion e de outros líderes mundiais.

"Em 25 anos, Israel aumentou sua produção agrícola 15 vezes. Isso é incrível." As pessoas não percebem isso, mas a agricultura é "95% ciência e apenas 5% trabalho", disse Peres.

Peres parecia ver tecnologia em toda parte, muito tempo antes de os próprios israelenses pensarem nesses termos. Essa pode ter sido uma das razões pelas quais Ben-Gurion o apoiava tanto; o "Velho" era também fascinado por tecnologia, ele nos disse. "Ben-Gurion acreditava que o futuro estava na ciência. Ele sempre dizia que no exército não havia o bastante para ficar atualizado, pois é preciso estar pronto para o amanhã", lembrou Peres.

Portanto, Ben-Gurion e Peres tornaram-se uma equipe marcadamente tecnológica. Peres e o aventureiro norte-americano Al Schwimmer começaram a sonhar com uma indústria aeronáutica enquanto voavam sobre o Ártico em 1951. Mas, quando voltaram a Israel, foram recebidos por uma forte oposição. "Não podemos nem mesmo fabricar bicicletas", disseram os ministros a Peres, em uma época em que uma indústria nascente de bicicletas realmente fracassara; os refugiados continuavam afluindo para o país; e os gêneros alimentícios ainda eram racionados. Com o apoio de Ben-Gurion, porém, Peres conseguiu se impor.

Posteriormente, a ideia de Peres de iniciar uma indústria nuclear foi igualmente rejeitada. Foi considerada ambiciosa demais até mesmo por cientistas israelenses da área. O ministro das Finanças na época, que acreditava que a economia israelense deveria se preocupar com as exportações de têxteis, disse a Peres: "Foi muito bom que tenha me procurado. Vou me assegurar de que não receba um centavo." Assim, com seu típico descaso pelas normas, Ben-Gurion e Peres acabaram conseguindo financiar o projeto fora do orçamento. Cientistas bem-estabelecidos foram deixados em segundo plano enquanto jovens alunos do Technion eram recrutados e enviados para um treinamento na França.

O resultado foi o reator nuclear em Dimona, em operação desde o início da década de 1960 sem qualquer contratempo e que notoriamente fez de Israel uma potência nuclear. Até 2005, Israel era o décimo maior produtor mundial de patentes nucleares.[1]

Peres, contudo, não parou por aí. Como vice-ministro da Defesa, e para o espanto dos generais que, talvez compreensivelmente, estavam mais preocupados com a escassez crônica de armamentos e com a falta de treinamento e mão de obra, ele aplicou dinheiro em P&D na área de defesa.

Atualmente, Israel é líder mundial na porcentagem do PIB investida em pesquisa e desenvolvimento, o que cria tanto uma vantagem tecnológica decisiva para a segurança nacional quanto um setor tecnológico civil que representa a principal força motriz da economia. O segredo, porém, está no modo como a formação empreendedora do país que Peres incorpora se transformou em uma condição nacional do empreendedorismo.

Tal transformação não foi fácil, tampouco planejada ou prevista. Ela aconteceu mais tarde do que os israelenses esperavam — houve uma "década perdida" de crescimento baixo e hiperinflação entre o período de alto crescimento dos fundadores e o atual, da alta tecnologia. Mas, afinal, ela aconteceu. Essa linha atravessa a época de drenagem dos pântanos para a plantação de laranjas pelos fundadores e permeia a atual, repleta de novas empresas e inventores de chips.

Os empreendedores atuais sentem a presença dessa linha. Embora o ambiente dos fundadores fosse socialista e não visse os lucros com bons olhos, atualmente "existe um meio legítimo de se obter lucro, pois se está inventando algo", disse um dos principais empreendedores de Israel, Erel Margalit.

Não se trata apenas de comercializar mercadorias nem de se beneficiar uma única pessoa da área financeira. Algo está sendo feito pela humanidade. Novos medicamento ou novos chips estão sendo desenvolvidos. Cada indivíduo se sente como um *falah* ["fazendeiro", em árabe] de alta tecnologia; veste-se com informalidade; está ao lado dos companheiros da unidade do exército; conversa sobre um estilo de vida – não necessariamente sobre quanto dinheiro irá ganhar, embora obviamente isso também esteja envolvido.

Para Margalit, inovação e tecnologia são a versão do século XXI para o conceito de se voltar à terra. "A nova versão do pioneirismo sionista se relaciona com criar coisas novas", disse ele.

Na verdade, o que torna a atual mistura israelense tão fértil é o fato de ela ser uma fusão do patriotismo, da motivação e da constante consciência da carência e das adversidades por parte dos fundadores, juntamente com a curiosidade e o desprendimento profundamente enraizados na história judaica e israelense. "A maior contribuição do povo judeu para a história é a insatisfação", explicou Peres. "Isso é ruim para a política, mas bom para a ciência."

"O tempo todo o indivíduo quer mudar e transformar", afirmou Peres, referindo-se tanto à condição judaica quanto à israelense. Ecoando o que ouvimos de quase todo oficial das Forças de Defesa de Israel, Peres disse que, "toda tecnologia que chega a Israel dos EUA vem diretamente para o Exército e, em cinco minutos, eles a mudam". Não obstante, o mesmo acontece fora das FDI, havendo uma necessidade insaciável de remendar, inventar e questionar.

Esse tema pode ser identificado na própria ideia da fundação de Israel. Os fundadores do Estado moderno – ou empreendedores nacionais – estavam construindo o que poderia ser chamado de o primeiro "país-empresa" da história.

Muitos outros países, é claro, surgiram a partir de decretos de potências coloniais. A vizinha Jordânia, por exemplo, foi criada por Winston Churchill em 1921, que decidiu oferecer um reino ao clã hachemita*.

---

* Trata-se de uma família árabe cuja ascendência é comum à de Maomé e é fundadora de várias dinastias em países do leste do Mediterrâneo. (N.E.)

Outros países, a exemplo dos EUA, foram o produto de um processo verdadeiramente empreendedor ou revolucionário, diferente de amálgamas nacionais que se sedimentaram lentamente ao longo dos séculos, como a Inglaterra, a França e a Alemanha. Nenhum, porém, foi o resultado de tamanho esforço consciente para proporcionar, a partir de um esboço, a reencarnação moderna de uma antiga nação.

Alguns países modernos, certamente, podem identificar suas origens nos antigos impérios: a Itália, nos romanos; a Grécia, nos gregos da Antiguidade; a China e a Índia, nos povos que viveram naquelas regiões há milhares de anos. Porém, em todos esses casos, há apenas duas hipóteses: ou os povos antigos continuaram em uma cadeia não interrompida até a modernidade, sem jamais perder o controle do seu território; ou simplesmente desapareceram sem deixar rastros. Somente os fundadores de Israel tiveram a ousadia de tentar dar início a um país moderno, de primeiro mundo, na mesma região da qual seus ancestrais tinham sido expulsos há mais de 2.000 anos.

Então, qual é a resposta para a pergunta central deste livro: o que torna Israel tão inovador e empreendedor? A explicação mais óbvia é um grupo de clássicos como o que o professor de Harvard, Michael Porter, defende, o que o Vale do Silício incorpora e o que Dubai tentou criar. Ele consiste na estreita proximidade de ótimas universidades, de grandes e inovadoras empresas e do ecossistema que as interliga – incluindo fornecedores, escolas de graduação, uma reserva de engenheiros talentosos e capital de risco. Parte dessa porção mais visível do grupo é o papel dos militares em aplicar fundos de P&D em sistemas avançados e em unidades tecnológicas de elite e a ampla disseminação desses investimentos substanciais, tanto em recursos humanos quanto tecnológicos, pela economia civil.

No entanto, essa camada exterior não explica inteiramente o sucesso de Israel. Cingapura possui um competente sistema educacional. A Coreia do Sul tem serviço militar obrigatório e enfrenta uma ameaça intensa à sua segurança desde o início de sua existência. A Finlândia, a Suécia, a Dinamarca e a Irlanda também são países relativamente pequenos que contam com uma tecnologia avançada e excelente infraestrutura,

Nação empreendedora

produzem uma porção de patentes e desfrutam de um crescimento econômico saudável. Alguns desses países cresceram mais rápido e por mais tempo do que Israel e contam com padrões de vida superiores, mas nenhum deles chegou nem mesmo a produzir o número de novas empresas ou atraiu igualmente altos níveis de investimentos de capital de risco.

Antti Vilpponen é um empreendedor finlandês que ajudou a fundar um "movimento de empresas embrionárias" denominado ArcticStartup. com. A Finlândia é a pátria de uma das grandes empresas de tecnologia do mundo, a Nokia, fabricante de telefones celulares. Os israelenses costumam pensar na Finlândia e se perguntar: "Onde está a nossa Nokia?" Eles querem saber por que Israel não produziu uma empresa de tecnologia tão grande e bem-sucedida quanto a Finlândia. Porém, quando perguntamos a Vilpponen sobre o cenário para novas empresas no país, ele apenas lamentou:

> Os finlandeses produzem uma porção de patentes de tecnologia, mas simplesmente não se consegue aproveitá-las em forma de novas empresas. Na Finlândia, o investimento inicial em novas empresas gira ao redor de 300 mil euros, o que é quase dez vezes mais do que o montante necessário em Israel. Este, em contrapartida, produz dez vezes mais empresas novas e proporciona um giro muito menor e mais rápido do que a Finlândia. Estou certo de que ainda testemunharemos um enorme crescimento, mas até o momento estamos muito atrás de Israel e dos EUA no desenvolvimento de uma cultura de novas empresas.[2]

Embora a elevada rotatividade das novas empresas preocupe os israelenses, Vilpponen a vê como algo positivo. O que está claro é que Israel possui algo que os outros países buscam – até mesmo aqueles que estão na linha de frente da competitividade mundial. Além dos componentes institucionais que constituem os grupos, o que falta aos outros países – que a Finlândia, a Coreia do Sul, Cingapura e, até certo ponto, Dubai já possuem – é um núcleo cultural desenvolvido sobre uma estranha combinação de características aparentemente opostas: agressividade e

268

pensamento em equipe; isolamento e interconexão; ser pequeno e pretender ser grande.

Não é fácil quantificar essa porção cultural oculta de uma economia, mas um estudo envolvendo vários professores que compara as culturas de 53 países pode ter identificado parte dela. O estudo em questão tenta classificar os países de acordo com três parâmetros que influenciam especialmente o local de trabalho – o ambiente é mais hierárquico ou igualitário; mais assertivo ou mais protetor; mais individualista ou coletivista?[3]

Tal estudo, ao considerar Israel, encontrou uma combinação relativamente incomum de atributos culturais. Seria de se esperar que um país onde as pessoas são consideradas individualistas fosse correspondentemente menos protetor; que a ambição pessoal pudesse conflitar com o trabalho em equipe; e que, como uma sociedade motivada a estar no topo, esta fosse mais hierárquica. Porém, Israel obteve uma pontuação elevada nos quesitos igualitarismo, proteção e individualismo. Mas, se os israelenses são competitivos e agressivos, como poderiam ser "protetores"? Sendo tão individualistas, como isso explica a falta de hierarquias e a "horizontalidade"?

Em Israel, atributos aparentemente contraditórios como "motivação" e "horizontalismo", "ambição" e "coletivismo" fazem sentido quando se inclui na balança a experiência pela qual passam tantos israelenses nas forças armadas. Lá eles aprendem que devem cumprir sua missão, mas que a única maneira de fazê-lo é em equipe. O grito de guerra dos israelenses é "Venham comigo!" Não existe liderança sem exemplo pessoal, sem que os integrantes da equipe sejam inspirados a atacar juntos. Não existe a possibilidade de deixar alguém para trás. Cada soldado recebe o mínimo de orientação vertical e, daí em diante, espera-se que ele improvise, mesmo que isso implique quebrar algumas regras. Qualquer oficial subalterno pode chamar seus superiores pelo primeiro nome e, se os vir fazendo algo errado, deve agir.

Todo aluno que se destacar no colegial, seja pela capacidade de liderança ou pelas notas obtidas nos exames científicos – ou ambos

Nação empreendedora

—, será aproveitado em uma das unidades de elite das FDI, que desenvolverão suas habilidades e seus conhecimentos com um treinamento intensivo e o mais desafiador possível. Em combate, será responsável por dezenas de pessoas e por milhões de dólares em equipamentos, com a expectativa de que tome decisões de vida ou morte em uma fração de segundo. Nas unidades de tecnologia de elite, será responsável pelo desenvolvimento dos sistemas mais avançados, o que lhe dará a experiência que, provavelmente, alguém com o dobro de sua idade no setor privado não tem.

Quando sair das forças armadas, desde que tenha uma boa ideia, tudo que precisará para lançar uma nova empresa será um telefonema. Todos em Israel conhecem alguém em sua própria família, na universidade ou nas forças armadas que já é um empreendedor ou que sabe como ajudar. Todos são acessíveis por telefone celular ou e-mail. Uma ligação de um desconhecido é perfeitamente aceitável, embora isso quase nunca aconteça, já que ninguém é totalmente estranho dentro da sociedade israelense; como já foi visto, quase todo mundo encontra alguma relação com a pessoa com a qual deseja fazer contato. Recordando as palavras de Yossi Vardi: "Todo mundo conhece todo mundo."

Mais importante ainda, lançar uma empresa embrionária ou entrar para a alta tecnologia tornou-se a ação mais respeitada e normal para qualquer jovem israelense ambicioso. A mãe israelense (como no estereótipo judaico) poderia ficar satisfeita com um filho que se tornasse médico ou advogado, mas ficará pelo menos tão orgulhosa do seu filho(a) como empreendedor(a). O que na maioria dos países é um tanto excepcional, em Israel tornou-se quase um caminho padrão na carreira, apesar de todos saberem que, mesmo em Israel, a probabilidade de se obter sucesso com novos empreendimentos é baixa, assim como em outros países. Mas não há problema em tentar nem em fracassar. O sucesso é obviamente melhor, mas o fracasso não é um estigma, apenas uma experiência importante para seu currículo.

Portanto, o segredo do sucesso de Israel é a combinação entre componentes clássicos dos grupos de tecnologia que existem em toda parte e algumas características peculiares israelenses que potencializam as habilidades e a experiência das pessoas, fazem com que trabalhem juntas com maior eficiência e eficácia e proporcionam relações estreitas e prontamente acessíveis dentro de uma comunidade cada vez mais estabelecida. Para os observadores externos, isso provoca uma pergunta: se o "tempero secreto" dos israelenses é tão peculiar e próprio de sua nação, o que os outros países poderiam aprender com o seu exemplo?

Por sorte, embora a inovação seja escassa, ela é renovável, ao contrário de recursos naturais finitos como petróleo ou água. As ideias podem se espalhar e beneficiar quaisquer países que estejam em condições adequadas para se valer delas, independentemente de onde tenham surgido. George Bernard Shaw escreveu:

> Se você tiver uma maçã e eu tiver uma maçã e trocarmos nossas frutas, continuaremos ainda com uma maçã cada. Mas, se você tiver uma ideia e eu tiver uma ideia e decidirmos trocá-las, cada um de nós terá duas ideias.[4]

Embora a inovação seja, em princípio, um recurso ilimitado, e que se espalha por si próprio, quase toda empresa quer obter o máximo benefício desse processo. As principais empresas do mundo aprenderam há muito tempo que a maneira mais simples de se beneficiar das inovações israelenses é comprando uma de suas empresas embrionárias, instalando um centro de P&D no país ou ambos. O mundo cada vez mais globalizado e o movimento contínuo no sentido de recursos gratuitos significam que há pouca necessidade de as empresas multinacionais tentarem duplicar os ambientes empresariais de países que têm uma vantagem comparativa na fabricação, na inovação ou em acesso a mercados regionais.

Desse modo, a maioria das principais empresas sabe que, em um mercado global, em que a mudança é a única constante, todos precisam saber como inovar. Além disso, embora seja possível para países e empresas se valer da inovação que se origina em toda parte, também existem vantagens corporativas e nacionais para se tornar a fonte da inovação.

Nesse sentido, pode ser possível estimular um ambiente "israelense". Dov Frohman, da Intel de Israel, por exemplo, descobriu que é necessário fazer isso mesmo dentro de Israel. Seu inspirador slogan era: "a última fábrica da Intel a fechar em uma crise". Contudo, já que seus funcionários o consideravam demasiadamente negativo, ele foi alterado para: "sobrevivência por meio do sucesso", cujo significado é: a meta é o sucesso, mas a motivação é a própria sobrevivência, e esta jamais poderia ser considerada certa. Para Frohman, o segredo do sucesso de uma grande empresa é "manter sempre o clima de uma empresa iniciante e precária".[5]

Além disso, embora outras democracias não tenham razões para instituir um projeto como o de Israel, talvez um programa de Serviço Militar obrigatório ou voluntário suficientemente desafiador pudesse oferecer aos jovens em idade pré-universitária mais liderança e capacidade de trabalhar em equipe, além, é claro, das habilidades necessárias para a realização de suas missões e a experiência obtida por meio do próprio serviço militar. Um programa desses também aumentaria a solidariedade social e ajudaria a inculcar nas pessoas a importância de atuar em algo maior do que si mesmas, seja em família, na comunidade, em uma empresa ou no país. Em relação aos militares norte-americanos de ambos os sexos que estão se transferindo para a vida civil, estes não devem ser aconselhados a dar menos destaque à sua experiência militar ao se candidatar a um emprego.

Em qualquer país e, na realidade, em qualquer parte do mundo, as consequências de se aumentar a inovação são tremendas. Paul Romer, considerado um dos principais economistas da "nova teoria do crescimento", observa que a taxa de crescimento anual média dos EUA entre 1870 e 1992 foi de 1,8% – cerca de 0,5% superior à do Reino Unido. Ele acredita que essa margem competitiva tenha sido mantida por "um precedente histórico [dos EUA] de criar instituições que levem a melhores inovações."[6] Romer sugere que subsidiar estudos de pós-graduação e graduação em

Ciência e Engenharia poderia impulsionar o crescimento econômico. Além disso, um sistema de "bolsas de estudo portáteis", que os estudantes pudessem utilizar em qualquer instituição, encorajaria os diretores de laboratório e professores a competir para atender às necessidades de pesquisas e de carreira desses alunos, não apenas deles próprios.

Romer observa que os maiores saltos no crescimento e na produtividade foram produzidos por "metaideias" que aumentaram a geração e a difusão de ideias. A patente e o *copyright* foram uma metaideia decisiva inventada pelos britânicos no século XVII, ao passo que os norte-americanos introduziram a moderna universidade de pesquisa no século XIX e, no século XX, o sistema competitivo de bolsas de pesquisas avaliadas pelos pares.

"Não sabemos qual será a próxima grande invenção para apoiar ideias. Nem sabemos onde ela surgirá", escreveu Romer. "Existem, porém, duas previsões seguras. A primeira: o líder do século XXI será o país que implementar inovações que apoiem mais efetivamente a produção de novas ideias no setor privado. A segunda: novas metaideias desse tipo serão definitivamente encontradas."[7]

Depois de quase uma hora e meia, nosso encontro com o presidente Peres acabou. Ele tinha outro compromisso e a pessoa da próxima reunião agendada já havia chegado. Imediatamente nos preparamos para a despedida, porém, quando nos levantamos, ele fez uma pequena pausa e disse: "Por que vocês não voltam em meia hora para continuarmos?" Então retornamos. Naquele momento, ele antecipou qual seria a sua mensagem para os empreendedores e responsáveis pelas políticas ou diretrizes israelenses nos anos vindouros:

> Esqueçam os velhos setores. Existirão apenas cinco 'novas' áreas de atividades principais, imensas e formidáveis: formas inovadoras de obter energia, conseguir água, usar a biotecnologia, desenvolver mecanismos educacionais – há grande escassez de professores – e implementar uma segurança nacional capaz de nos defender contra o terrorismo.

Nação empreendedora

Ele previu também que as pesquisas no campo da nanotecnologia – para as quais Peres fora da maior importância no levantamento de financiamentos – permeariam todos esses novos setores e ainda outros.

Não sabemos se Peres escolheu os setores certos, mas essa não é questão. Aos 85 anos, ele ainda tinha o *chutzpah* necessário para pensar e defender novos setores. Como acontece na sociedade israelense (e em toda a história de Israel), o pioneirismo e o impulso inovador se fundem em um só elemento. No centro desse estímulo está uma compreensão instintiva de que o desafio com que se depara todo país desenvolvido no século XXI é tornar-se uma fábrica de ideias, o que inclui tanto gerá-las internamente quanto aproveitar as que forem geradas pelo mundo afora. Israel é uma das primeiras fábricas de ideias do mundo e oferece sugestões para as metaideias do futuro. Fazer a inovação acontecer é um processo colaborativo que envolve vários níveis – as equipes, as empresas, os países e o mundo. Embora muitas nações já tenham dominado o processo em relação às grandes organizações, poucas chegaram ao nível mais arriscado e mais dinâmico do processo: tornarem-se novas empresas com base na inovação. Portanto, embora Israel tenha muito a aprender com o mundo, o mundo também tem muito a aprender com Israel. Nos dois sentidos, o mais prudente a fazer, como Peres nos disse, é ousar.

NOTAS

1. Organisation for Economic Co-operation and Development (OECD) e European Patent Office, "Compendium of patent statistics", 2008, <www.oecd.org/dataoecd/5/19/37569377.pdf>.

2. Entrevista com Antti Vilpponen, fundador, ArcticStartup, janeiro de 2009.

3. Craig L. Pearce, Follow the leaders, *Wall Street Journal/ MIT Sloan Management Review*, 7 de julho de 2008, <http://sloanreview.mit.edu/ business-insight/articles/2008/3/5034/follow-the-leaders/>.

4. Citado em Gallup, Gallup reveals the formula for innovation, *Gallup Management Journal*, 10 de maio de 2007, <http://gmj.gallup.com/ content/27514/Gallup-Reveals-the-Formula-for-%20Innovation.aspx>.

5. Dov Frohman e Robert Howard, *Leadership the hard way: why leadership can't be taught—and How you can learn it anyway* (San Francisco: Jossey-Bass, 2008), p. 7.

6. Citado em Ronald Bailey, "Post-scarcity prophet: economist Paul Romer on growth, Technological change, and an unlimited human future", *Reason On--line*, dezembro de 2001, <http://www.reason.com/news/show/28243.html>.

7. Ronald Bailey, *Post-scarcity prophet*; e Paul Romer, *Economic growth*, ambos em *The concise encyclopedia of economics*, editado por David R. Henderson (Indianápolis: Liberty Fund, 2007), <www.stanford.edu/~promer/EconomicGrowth.pdf>.

Posfácio à edição brasileira, por Boris Tabacof

E quanto a nós? Ao longo da leitura desta inspiradora obra, esta é a pergunta que certamente surgirá na mente dos leitores. Este livro tem como objetivo ensinar aos brasileiros a extraordinária façanha de um pequeno país, que embora abrigue apenas um milésimo da população mundial, conseguiu em pouco mais de meio século solidificar-se como um dos mais desenvolvidos do nosso conturbado planeta.

Em uma época em que estamos todos envolvidos em uma competição desenfreada, o termo "inovação" tornou-se um verdadeiro mantra. Isso, no melhor cenário, pode até significar um melhor padrão de vida, mas também é capaz de colocar em risco a própria sobrevivência da humanidade, como é o caso de Israel.

A inovação, como todo mantra que é repetido incessantemente, é, na verdade, um processo complexo que não se limita a novas conquistas tecnológicas ou à sua utilização no desenvolvimento econômico. Sendo um processo histórico complexo, a inovação representa o ápice da dinâmica ação de várias forças sociais, políticas e culturais. O Brasil parece estar no inicio desse processo, que é, sem dúvida, o desafio de nossa época.

O que torna Israel tão inovador? O professor da Universidade de Harvard, Michael Poster, identifica aí a existência de um conglomerado

Nação empreendedora

("cluster") que consiste na enorme proximidade de grandes universidades, importantes organizações, empresas em formação e, ao mesmo tempo, de um ecossistema que as conecta e inclui desde supridores, universidades, talentosos engenheiros e numerosos investidores de capital de risco ("venture capital").

Outros países como Finlândia, Singapura, Coreia e Dubai, possuem, até certo ponto, empreendedores que também se baseiam em inovação. Entretanto, o que lhes falta é o que está por trás dessa camada externa, ou seja, o núcleo cultural construído sobre uma mescla de agressividade e espírito de equipe, de individualismo e conexão, de ser pequeno e querer se tornar grande. Essa feição cultural pode também existir no Brasil, onde o espírito inovador, a agressividade e a disposição de correr riscos são características notáveis. A despeito de existirem em nosso país ilhas e núcleos de excelência técnica, profissional e empreendedora, estas encontram dificuldades em disseminar-se e em assumir as proporções continentais que a sociedade brasileira tanto anseia.

Porém, estes casos de sucesso começam a se multiplicar. Essas ilhas brasileiras de excelência não são, necessariamente, apenas na área de alta tecnologia. Há um amplo espaço para inovações que produz oportunidades de transformar setores intensivos em recursos naturais, mesmo em áreas de conteúdo tecnológico médio.

Os 123 institutos nacionais de ciência e as 400 incubadoras – arranjos produtivos regionais espalhados pelo país – dão origem a ideias que podem transformar-se em empreendimentos.

Um caso emblemático é a transformação do Brasil em terceiro produtor mundial de alimentos, com a possibilidade de que, em algumas décadas, ocupemos o primeiro lugar global. Não nos referimos aqui apenas à grande disponibilidade de áreas agricultáveis, mas especialmente ao aumento da produtividade provocada pelas ações inovadoras de órgãos governamentais e entidades privadas. A Empresa Brasileira de Pesquisa Agropecuária (Embrapa), órgão público dedicado a pesquisas agrícolas, pode ser considerada um paradigma no campo de inovações técnicas e científicas que rapidamente foram disponibilizadas e utilizadas pelo vasto setor produtivo da agropecuária nacional.

O agronegócio brasileiro, que inclui desde as pequenas unidades familiares até os produtores da alta escala, é um importante fator de renda e emprego, mas cumpre a missão global de fornecer alimentos para um mundo cuja população não para de crescer e ostenta padrões cada vez melhores de consumo.

O exemplo da soja é notável. Há apenas quatro décadas começaram a surgir pequenos plantios realizados por imigrantes chineses no Rio Grande do Sul. Havia, na época, a convicção de que a soja somente medrava em regiões mais frias. Mas a Embrapa não ficou de braços cruzados. Pelo contrário, o órgão passou a trabalhar intensamente no desenvolvimento de sementes adaptadas às condições brasileiras. Isso, juntamente com o espírito empreendedor dos agricultores nacionais, levou à rápida ocupação de vastas áreas do cerrado do Brasil Central.

Importantes desenvolvimentos nas culturas de milho, algodão, trigo e fruticultura têm sido objeto de constantes pesquisas. O mesmo ocorre no campo da produção de carnes e laticínios. Hoje sabemos que é perfeitamente possível um aumento significativo da produção pecuária, mesmo com a redução das áreas utilizadas por pastagens. Isso se dá por meio de uma maior produtividade e da crescente preocupação com a sustentabilidade.

A contribuição brasileira para a redução das ofensivas emissões de gases no meio ambiente, encontra na produção do etanol obtido da cana-de-açúcar uma expressão da maior importância. O processo resultou de pesquisas e do desenvolvimento de equipamentos, de processos e da engenharia genética. Por outro lado, a energia obtida da biomassa por meio de pesquisas com espécies florestais de alta produtividade, permite a substituição da energia extraída de combustíveis fósseis altamente poluentes.

O desenvolvimento do eucalipto como fonte de fibras de excelente qualidade para a produção de celulose e papel é outro caso paradigmático de inovação. Industriais brasileiros, percebendo as oportunidades

Nação empreendedora

e as vantagens competitivas do plantio de árvores de crescimento rápido, realizaram pesquisas e investimentos que colocaram o país entre os maiores produtores mundiais de fibra. Isso sem deixar de replantar florestas derrubadas de formações nativas.

Ainda existem, é claro, situações diferenciadas e o predomínio de grandes dificuldades. A ampla deficiência no quadro educacional está certamente na raiz dessa problemática, o que dificulta a obtenção de massa crítica de profissionais qualificados, nos mais diversos níveis, para atender às necessidades operacionais modernas. Especialmente no âmbito do ensino superior existem sérias limitações para que alcancemos a inovação tecnológica que, em última análise, é a fonte da produtividade e do crescimento. O empreendedorismo que atrai o capital de risco necessita de talentos especializados, desde engenheiros e cientistas a gestores de negócios e mercados. Este é, sem dúvida, um diferencial negativo em relação a Israel, onde 45% dos habitantes concluem seus estudos universitários em instituições do mais elevado padrão e que se dedicam não somente ao ensino propriamente dito, mas a pesquisas do mais alto nível.

É primordial que estabeleçamos imediatamente em nosso país uma "ponte" entre a "torre de marfim acadêmica" e o mercado. Isto significa combinar as altamente inovadoras pesquisas acadêmicas à comercialização de descobertas e avanços científicos ocorridos no país. A indústria florestal no Brasil é justamente um exemplo da convergência dessa "torre de marfim" com o mercado, e merece ser reproduzido, pois representa a combinação da pesquisa acadêmica inovadora com a atividade empresarial que leva à criação de novos produtos e serviços. As pesquisas florestais, especialmente do eucalipto, reuniram equipes técnicas de empresas privadas e importantes instituições acadêmicas, como a Universidade de São Paulo (USP). Juntos, esses homens e mulheres realizam pesquisas em engenharia genética que poderão revolucionar não apenas o quadro brasileiro, mas todo o complexo agro-florestal mundial.

Outro exemplo é o Centro de Pesquisas da Petrobrás que trabalha em colaboração com instituições universitárias em busca das inovações necessárias para garantir seu pioneirismo. A Petrobrás já ostenta uma história de sucesso inovador em diversas áreas da ciência e da tecnologia. Seus engenheiros estão acostumados a interagir com as elites acadêmicas, que, por sua vez, partilham dos novos conhecimentos adquiridos.

Uma nova etapa do desenvolvimento tecnológico inovador começa a se delinear neste exato momento, incluindo conteúdos de elevado valor adicionado. Esta é justamente a fase que foi decisiva em Israel e em tantos outros países, com o afluxo dos capitais de risco em busca de oportunidades empresariais. São recursos de investidores brasileiros e, notadamente, não somente de fundos de venture capital, mas também de gigantes multinacionais como a IBM e a GE que pretendem instalar no Brasil centros de pesquisa de nível global. Companhias de TI (tecnologia da informação), de semicondutores e de tecnologia bancária também são visadas como alvo de investimentos de risco, bem como as de nanotecnologia e de fontes alternativas de energia, como a eólica.

Embora ainda como exemplos isolados, há dois casos emblemáticos de desenvolvimento de alto nível em que instituições governamentais tomaram a iniciativa e foram posteriormente seguidas por empresários privados. A Embraer, fundada a princípio por instituições da Aeronáutica, e posteriormente privatizada, encontra-se atualmente entre os principais fabricantes mundiais de aviões comerciais e executivos, dispondo de quadros altamente qualificados de cientistas e engenheiros aeroespaciais. A Petrobrás, por sua vez, é a organização pioneira de nível mundial na área de pesquisa e produção de petróleo em profundidades jamais anteriormente alcançadas. A implementação dessa tecnologia provoca um efeito multiplicador em uma vasta gama de fornecedores de equipamentos e serviços, e torna necessário o desenvolvimento de pesquisas e desenvolvimento de inovações científicas e tecnologias.

Infelizmente, as tradições culturais e legais em nosso país pesam negativamente no sucesso empreendedor. Diferentemente do que ocorre em Israel e nos EUA – mais especificamente no Vale do Silício, esse verdadeiro celeiro de novas ideias e, por conseguinte, de novos empreendimentos que, em geral, são de alto risco –, onde empresários que fracassam nos negócios não são condenados ao descrédito pessoal ou social.

Nação empreendedora

A cultura desses países permite facilmente ao empreendedor iniciar novas empresas mesmo que a anterior tenha fracassado, já que, paradoxalmente, a probabilidade de sucesso dos que tentam de novo é maior do que a dos marinheiros de primeira viagem. Tais reveses são chamados de "fracassos construtivos".

A transposição de fronteiras que separam as várias disciplinas do conhecimento humano, não somente por meio da combinação de diversas tecnologias e especialidades, mas também das artes, do cinema, da música e da literatura, é a nova perspectiva dos negócios – o que denota a existência de uma alma mais humanista, de valores e conteúdos. Este é outro aspecto cultural que pode encontrar terreno fértil no Brasil.

Há grande esperança de que o desenvolvimento econômico brasileiro e de uma nova geração de empreendedores seja caracterizada também pela inovação de seus valores espirituais, e que isso amenize as disputas mais acirradas provocadas pela competição. Faz parte do destino do Brasil inovar em valores humanos e culturais, de modo que os protagonistas do jogo empresarial, os detentores do capital e os representantes das forças de trabalho, encontrem formas de convívio e cooperação, sempre objetivando uma sociedade justa e fraterna.

As experiências relatadas neste livro podem servir de subsidio para o intenso debate sobre o grau de participação do Estado no processo de desenvolvimento econômico de um país. A história que narra esta extraordinária façanha de Israel, que em apenas 60 anos cresceu 50 vezes, não diz respeito somente aos homens e mulheres que, oriundos de uma verdadeira hecatombe, assumiram uma nova nação e empenharam todo o seu esforço individual e coletivo em torná-la grandiosa. Essa história precisa incluir a ação direta das políticas governamentais.

Em Israel, como é descrito neste livro, o planejamento e os empreendimentos estatais dos primeiros anos foram fortemente reforçados por políticas públicas capazes de catalisar a iniciativa privada. A massa de capitais internos e externos criou as condições ideais para a verdadeira explosão empresarial propiciada pela inovação..Uma experiência de Israel na formação de incubadoras de tecnologia por pequenas empresas

282

merece atenção especial. O governo investiu 300.000 dólares em cada empresa cujo objetivo fosse buscar a inovação por meio de pesquisa e desenvolvimento. Tal valor, em caso de sucesso, seria objeto de investimentos de capitais de fundos multinacionais.

Outra iniciativa interessante do governo de Israel foi alocar 100 milhões de dólares para a criação de dez novos fundos de capital de risco. Esse valor não foi usado para criar empresas estatais, pois, desde o início, o objetivo era fazer com que o capital retornasse com o sucesso dos empreendimentos. As políticas públicas do nosso país poderiam perfeitamente incluir programas semelhantes.

Como sinal dos novos tempos, surgem, principalmente nos Estados Unidos e na Inglaterra, instituições que têm como meta a inovação social. Recentemente o presidente dos EUA, Barack Obama, criou o novo Social Innovation Fund (Fundo de Inovação Social), que listou inicialmente 11 investimentos. Tais parcerias público-privadas têm sido consideradas como uma nova combinação de "cérebro e dinheiro". A ideia central é transformar a prestação de serviços públicos utilizando o engenho de pessoas do setor privado capazes de oferecer respostas inovadoras para problemas sociais.

Atualmente no Brasil, os dispêndios públicos e privados em ciência, tecnologia e inovação representam 1,3% do PIB. Há um consenso de que o projeto nacional tenha como meta o alcance de 2,0%, em 2015, e 2,5%, em 2022, quando comemoraremos o bicentenário da Independência.

Brasil e Israel estão histórica e geograficamente distantes, mas a universalidade da coragem e dos valores humanos, sem dúvida, nos oferece a oportunidade de aprender com as importantes lições desse pequeno país.

BORIS TABACOF

VICE-PRESIDENTE DO CONSELHO DE ADMINISTRAÇÃO DA SUZANO HOLDING

VICE-PRESIDENTE DO CONSELHO SUPERIOR DE ECONOMIA DA FIESP

CONSELHEIRO DA BRACELPA (ASSOCIAÇÃO BRASILEIRA DE CELULOSE E PAPEL)

Referências

Fontes publicadas

Abadi, Jacob. Israel's quest for normalization with Azerbaijan and the muslim states of Central Asia |O convite de Israel para a estabilização das relações com o Azerbaijão e os estados mulçumanos da Ásia Central|. *Journal of Third World Studies*, outono de 2002.

Agassi, Shai. Tom Friedman's Column. *The long tailpipe: Shai Agassi's Blog* |O longo tubo de escape: o blogue de Shai Agassi|, 26 de julho de 2008, Disponível em: <http://shaiagassi.typepad.com/>

Alamaro, Moshe. The economics of peace |A economia da paz|. *Harvard Business Review*, V. 80, n. 11 (novembro de 2002).

Andrews, Fannie F. *The holy land under mandate* |A terra santa sob decreto|. v. 1 e 2. Boston: Houghton and Mifflin, 1931.

Arlosoroff, Meirav. Once politicians died poor |Antigamente os políticos morriam pobres|. *Haaretz*, 8 de junho de 2008.

Austin, Robert D. & Stormer, Carl. Miles Davis: Kind of blue. Harvard Business School Case 609-050, outubro de 2008. Case Library, *Harvard Business Publishing*.

Avishai, Bernard. Israel's future: brainpowerw, high tech, and peace" |O futuro de Israel: conhecimento, alta tecnologia e paz|, *Harvard Business Review*, novembro de 1991.

Avnimelech, Gil & Teubal, Morris. *Venture capital policy in Israel: a comparative analysis and lessons for other countries* |A política de capital de risco em Israel:

uma análise comparativa e lições para outros países]. Documento de pesquisa. Hebrew University School of Business Administration and School of Economics, outubro de 2002.

BAILEY, Ronald. Post-scarcity prophet: economist Paul Romer on growth, technological change and an unlimited human future [O profeta da pós-escassez: o economista Paul Romer sobre o crescimento, as mudanças tecnológicas e o futuro sem limites do ser humano]. Reason On-line, dezembro de 2001. Disponível em: <www.reason.com/news/ show/28243.html>

BALL, Julie. Israel's booming hi-tech industry [O bem-sucedido setor de alta tecnologia de Israel]. BBC News, 6 de outubro de 2008. Disponível em: <http://news.bbc.co.uk/2/hi/business/7654780.stm>

BARZILAI, Amnon. A *deep, dark, secret love affair* [Um romance profundo, obscuro e secreto], 17 de julho de 2004. Disponível em: <www.israelforum.com/board/archive/index.php/t-6321.html>

BAR-ZOHAR, Michael. *Shimon Peres: the biography* [Shimon Peres: a biografia]. Nova York: Random House, 2007.

BAUMOL, William J., LITAN, Robert E. & SCHRAMM, Carl J. *Good capitalism, bad capitalism, and the economics of growth and prosperity* [O bom e o mau capitalismo e a economia de crescimento e prosperidade]. New Haven: Yale University Press, 2007.

BBC News. Singapore elder statesman [O veterano estadista de Cingapura], 5 de julho de 2000 Disponível em: < http://news.bbc.co.uk/2/hi/programmes/from_own_correspondent/820234.stm>,

BEN-DAVID, Dan. The moment of truth [O momento da verdade]. Haaretz, 6 de fevereiro de 2007.

BEN-PORATH, Yoram. *The israeli economy: maturing through crises* [A economia israelense: amadurecendo por meio das crises]. Cambridge: Harvard University Press, 1986.

BERG, Alexis & VIDAL, Dominique. De Gaulle's lonely predictions [As previsões solitárias de de Gaulle], Le Monde Diplomatique, junho de 2007, Disponível em: <http://monde diplo.com/2007/06/10degaulle> Acesso em setembro de 2008.

BETTELHEIM, Bruno. *The children of the dream: communal child-rearing and american education* [As crianças do sonho: a criação conjunta de crianças e a educação americana]. Nova York: Simon & Schuster, 2001.

Bird (Israel-U.S. Binational Industrial Research and Development Foundation). *Binacional Foundation to invest $9 million in 12 advanced development projects in life sciences, energy, communications, software and nanotechnology* |A Fundação Binacional investirá $ 9 milhões de dólares em 12 projetos de desenvolvimento nas áreas de biologia, energia, comunicações, software e nanotecnologia|, Disponível em:<www.birdf.com/_Uploads/255BOG08PREng.pdf>

Bohmer, Richard et alii. Columbia's final mission |A última missão do Columbia|. Harvard Business School Case 304090, abril de 2004. *Case Library*, Harvard Business Publishing.

Bremmer, Ian. *The curve*: a new way to understand why nations rise and fall |A curva: uma nova maneira de compreender o motive pelo qual a economia dos países oscila|. Nova York: Simon & Schuster, 2006.

Breznitz, Dan. *Innovation and the state*: political choice and strategies for growth in Israel, Taiwan and Ireland |A inovação e o Estado: escolhas políticas e estratégias para o crescimento em Israel, Taiwan e Irlanda|. New Haven: Yale University Press, 2007.

Brinkley, Joel. *Ethiopian jews and israelis exult as airlift is completed* |Judeus etiopes e israelenses exultam após a conclusão do transporte aéreo|. cf, 26 de maio de 1991.

Buffett, Warren. *Entrevista transcrita do AIPAC e fornecida aos autores*, 8 de janeiro de 2007.

Burgelman, Robert A. & Meza, Philip. *Intel beyond 2003: looking for its third act* |A Intel além do ano 2003: buscando seu terceiro ato|. Graduate School of Business, Stanford University, 2003.

Casadesus-Massanell, Ramon, Yoffie, David B. & Mattu, Sasha. Intel Corp. – 1968–2003 |Corporação Intel – 1968-2003|. Harvard Business School Case 703-427, novembro de 2002. *Case Library*, Harvard Business Publishing.

Central Bureau of Statistics (Israel). Gross domestic product and uses of resources, in the years 1950–1995 |Produto interno bruto (PIB) e o uso de recursos nos anos 1950-1995|. Em *Statistical Abstract of Israel* 2008, n. 59. Table 14.1. Disponível em: <www.cbs.gov.il/reader/shnaton/ templ_shnaton_e.html?num_tab=st14_01x&CYear=2008>

Chen, Joanna, The chosen stocks rally |A recuperação das ações escolhidas|. *Newsweek*, 14 de março de 2009.

Chesbrough, Henry W. & Massaro, Anthony. Rafael Development Corp.: converting military technology to civilian technology in Israel Rafael Development

Corp.: convertendo technologia militar em civil, em Israel. Harvard Business School Case 602011, fevereiro de 2002. *Case Library*, Harvard Business Publishing.

CIA (U.S. Central Intelligence Agency). Country comparisons – population |Comparação entre países – população|. Em The World Fact Book, 2008. Disponível em: <www.cia.gov /library/publications/the-world-factbook/ rankorder/2119rank.html>

_____. Field listing – military service age and obligation (years of age) |Catalogação de campo – obrigatoriedade e idade no serviço militar (anos de idade)|. Em *The World Fact Book*, 2008. Disponível em:<www.cia.gov/library/ publications/the-world-factbook/ fields/2024.html>

Cisco. *Growth of video service delivery drives sales of Cisco CRS-1, the world's most powerful routing platform, to double in nine months* |O crescimento da demanda por vídeos fez com que as vendas do Cisco CRS-1, a mais poderosa plataforma roteadora do mundo, dobrassem em nove meses|. Comunicado à imprensa, 1o de abril de 2008. Disponível em: <http://newsroom.cisco.com/dlls/2008/ prod_040108c.html>

Claire, Rodger W. *Raid on the sun*: inside Israel's secret campaign that denied Saddam the bomb |Ataque surpresa: os bastidores da campanha secreta israelense que negou a bomba a Saddam|. Nova York: Broadway Books, 2004.

CNN Money.com. *Best places to do business in the wired world* |Melhores lugares para negociar no mundo conectado|, Disponível em: <http://money.cnn.com/galleries/2007/ biz2/0708/gallery.road warriorsspecial.biz2/11.html>

Cohen, Amiram. *Kibbutz industries also adopt four-day workweek* |As indústrias dos kibbutz também adotam semana de quatro dias|, *Haaretz*, março de 12, 2009, Disponível em: <www.haaretz.com/hasen/spages/1070086.html>.

Cohen, Avner. *Israel and the bomb* |Israel e a bomba|. Nova York: Columbia University Press, 1999.

Cohen, Eliot A. *Supreme command*: soldiers, statesmen and leadership in wartime |Comando supremo: soldados, estadistas e liderança em tempos de guerra|. Nova York: Anchor Books, 2003.

Cohen, Uri. *The mountain and the hill* |A montanha e a colina|. Tel Aviv University Press, 2006.

Collins, Jim C. & Porras, Jerry I. *Feitas para durar* (Rio de Janeiro: Rocco, 2007).

Coping with current economic challenges [Lidando com os atuais desafios econômicos]. Sessão realizada durante a Israel Venture Association Conference, Tel Aviv, 25 de dezembro de 2008.

Coutu, Diane L. How resilience works [Como funciona a resistência]. *Harvard Business Review*, maio de 2002.

Darling, Marilyn, Parry, Charles & Moore, Joseph. Learning in the thick of it [Aprendendo no âmago da questão]. *Harvard Business Review*, julho de 2005.

David, Anthony, *The sky is the limit*: Al Schwimmer, the founder of the israeli aircraft industry [O céu é o limite: Al Schwimmer, o fundador da indústria aeronáutica israelense]. (Em hebraico) Tel Aviv: Schocken Books, 2008.

Davidson, Christopher M. Dubai: the vulnerability of success [Dubai: a vulnerabilidade do sucesso]. Nova York: *Columbia University Press*, 2008.

Deffree, Suzanne. Mobility boosts Intel Q3, Wall Street sighs with relief [A mobilidade impulsiona o Q3 da Intel, Wall Street respira aliviada]. Electronics Design, Strategy, News (EDN), 15 de outubro de 2008. Disponível em: <www.edn.com/search/index.php?q=Mobility+boosts+Intel+Q3,+Wall+Street+sighs+with+relief&content=siteall&previousTag=&currentTag=&x=0&y=0> Acesso em janeiro de 2009.

DeLoughry, James P. The United States and the Lavi [Os Estados Unidos e o projeto Lavi], *Airpower Journal* V. 4, n. 3 (1990), pp. 34–44, Disponível em: <www.fas.org/man/dod-101/sys/ac/row/3fal90.htm>

Detert, James R. & Edmondson, Amy C. Why employees are afraid to speak [Por que os empregados têm medo de falar]. *Harvard Business Review*, maio de 2007.

Deurenberg, Ruud. Israel aircraft industries and Lavi [A indústria aeronáutica Israelense e o projeto Lavi]. *Jewish Virtual Library*, 26 de janeiro de 2009. Disponível em: <www.jewishvirtuallibrary.org/ jsource/Society_&_Culture/lavi.html>

Devane, Richard. *The dynamics of diaspora networks: lessons of experience* [A dinâmica das redes diáspora: lições da experiência], em *Diaspora networks and the international migration skills* [As redes diáspora e a capacidade internacional de migração], editado por Yevgeny Kuznetsov. Washington, D.C.: World Bank Publications, 2006.

Dinnerstein, Leonard. America and the survivors of the Holocaust [A América e os sobreviventes do Holocausto]. Nova York: *Columbia University Press*, 1986.

Dow Jones Financial Information Services, Venture capital investment outside the US. up 5% to $13.4 billion in 2008 as more money goes to energy, new regions |Os investimentos em capital de risco fora dos EUA sobem 5% e alcançam $ 13,4 bilhões de dólares em 2008, conforme mais dinheiro é aplicado em energia, novas regiões|, 18 de fevereiro de 2009. Disponível em: <www.fis.dowjones.com/PDF/4Q08NonUSvcPR.pdf>

Drucker, Peter F. Discipline of innovation |A disciplina da inovação|. *Harvard Business Review*, agosto de 2002.

Eiland, Giora. The IDF: addressing the failures of the second Lebanon War |Força de Defesa Israelense: discutindo as falhas da segunda guerra contra o Líbano|, em *The Middle East strategic balance*, 2007–2008, |O equilíbrio estratégico do Oriente Médio, 2007–2008|, editado por Mark A. Heller. Tel Aviv: Institute for National Security Studies, 2008.

Elon, Amos, *The israelis: founders and sons* |Os israelenses: fundadores e filhos da nação|. Nova York: Holt, Rinehart and Winston, 1971.

Enright, Michael J. e Andrew, Lee. *Singapore*: committee on Singapore's competitiveness |Cingapura: comitê sobre a competitividade em Cingapura|. Harvard Business School Case HKU033, janeiro de 1999. Case Library, Harvard Business Publishing.

Erlich, Yigal. *Yozma, apresentação em PowerPoint*, 2007.

Evans, Jennifer. Best places to work for postdocs 2009 |Melhores locais para se obter pós-doutorado em 2009|, *The Scientist.com*, v. 23, n. 3, p. 47, Disponível em: <www.the-scientist.com/bptw>

Facing Tomorrow |Encarando o futuro|. Sessão realizada durante a Conferência Presidencial Israelense, Jerusalém, maio de 2008.

Farson, Richard E. & Keyes, Ralph. The failure-tolerant leader |A liderança tolerante ao fracasso|. *Harvard Business Review*, agosto de 2002.

Farzad, Roben. Israel's clean technology pioneers |Os pioneiros da tecnologia limpa de Israel|. *BusinessWeek*, 7 de maio de 2009.

Fear, Jeffrey & Ketels, Christian H. M. Cluster Mobilization in Mitteldeutschland |Mobilização em massa na Alemanha Central|. Harvard Business School Caso 707-004, agosto de 2006. Case Library, *Harvard Business Publishing*.

Fershtman, Chaim & Gandal, Neil. The effect of the arab boycott on Israel: the automobile market |Os efeitos do boicote árabe sobre Israel: o mercado automotivo|. *Rand Journal of Economics*, V. 29, n. 1 (primavera de 1998): pp. 193–214.

FICK, Nathaniel. *One bullet away: the making of a marine officer.* [A uma bala de distância: como nasce um fuzileiro naval] Nova York: Houghton Mifflin, 2006.

FLANIGAN, James, Israeli companies seek global profile [Empresas israelenses buscam um perfil global]. *New York Times*, 20 de maio de 2009.

FRANCISCO, Bambi. AOL's ICQ to debut a big makeover [O ICQ da AOL passará por uma grande transformação]. Market Watch, 20 de abril de 2004. Disponível em: <www.marketwatch.com/News/Story/Story.aspx?guid={308B699C--D4E9-4CD3-A67A-389DEC028B35}&siteid=google&dist=google> Acesso em janeiro de 2008.

FRIEDLIN, Jennifer. Woman on a mission [A mulher em uma missão]. *Jerusalem Post*, 20 de abril de 1997.

FRIEDMAN, Thomas L. *The world is flat: a brief history of the twenty-first century* [O mundo é plano: uma breve história do século XXI]. Nova York: Picador, 2007.

FROHMAN, Dov. Leadership under fire [Liderança sob ataque]. *Harvard Business Review*, dezembro de 2006.

FROHMAN, Dov & HOWARD, Robert. *Leadership the hard way: why leadership can't be taught — and how you can learn it anyway* [A liderança da maneira mais difícil: porque a liderança não pode ser ensinada - e como aprendê-la então]. San Francisco: Jossey-Bass, 2008.

GALLUP. Gallup reveals the formula for innovation [O Gallup revela a fórmula para a inovação], Gallup Management Journal, 10 de maio de 2007, Disponível em: <http://gmj.gallup.com/content/27514/Gallup-Reveals-Formula-Innovation.aspx>Acesso em janeiro de 2009.

GARY, Loren. The right kind of failure [O tipo aceitável de fracasso]. *Harvard Management Update*, 1o janeiro de 2002.

GAVRON, Daniel. *The kibbutz: awakening from utopia* [Os kibbutz: acordando da utopia]. Lanham, Md.: Rowman & Littlefield, 2000.

GHEMAWAT, Pankaj. Distance still matters: the hard reality of global expansion [A distância ainda importa: a díficil realidade da expansão global]. *Harvard Business Review*, setembro de 2001.

GOETZMANN, William & Tarsis, Irina. Dubailand: destination Dubai [O complexo de entretenimento Dubailand: destino Dubai. Harvard Business School Caso 207-005, julho de 2006. Case Library, *Harvard Business Publishing*.

GOLDBERG, Jeffrey. *Netanyahu to Obama: stop Iran — or I will* [Netanyahu a Obama: pare o Irã, ou eu o farei]. Atlantic, 31 de março de 2009.

Nação empreendedora

GOMPERS, Paul A. & ANAPOLSKY, Jeffrey M. The advent Israel venture capital program |O advento do programa de capital de risco de Israel|. Harvard Business School Caso 204-156, abril de 2004. Case Library, *Harvard Business Publishing*.

GOMPERS, Paul A. & BERGSON, Sara. The emergence of 'Silicon Wadi.' |O surgimento do Silicon Wadi| *Harvard Business School* Note 204-156, abril de 2004.

GOMPERS, Paul A. et alii. Skill vs. luck in entrepreneurship and venture capital: evidence from serial entrepreneurs |Habilidade vs. sorte no empreendedorismo e no capital de risco: evidência de empreendedores em série|. Working paper 12592. National Bureau of Economic Research, outubro de 2006. Disponível em: <http://imio.haas.berkley.edu/ williamsonseminar/scharfstein041207.pdf>

GROYSBERG, Boris, RIESENFELD, Tal & SHERMAN, Eliot. Israeli special forces: selection strategy |As forças especiais israelenses: estratégia de seleção|. Harvard Business School Caso 409-041, setembro de 2008. Case Library, *Harvard Business Publishing*.

HAIDER, Don. Ireland: celtic tiger |Irlanda: o tigre celta|. Harvard Business School Case KEL-141, janeiro de 2005. Case Library, *Harvard Business Publishing*.

HANDWERKER, Haim. U.S. entrepreneur makes aliyah seeking 'next big invention' |Empreendedor norte-americano torna a busca pela imigração de judeus para Israel a nova grande invenção. *Haaretz*, 28 de agosto de 2008.

HARI, Johann. The dark side of Dubai |O lado obscuro de Dubai| Independent, 7 de abril de 2009. Disponível em: <www.independent.co.uk/opinion/commentators/ johann-hari/ the-dark-side-of-dubai-1664368.html>

HOROVITZ, Jacques & OHLSSON, Anne-Valerie. Dubai internet city: serving business Dubai, cidade internet: servindo aos negócios|. *Asian Journal of Management Cases*, v. 2, n. 2 (2005): pp. 163–209.

IMD World Competitiveness Yearbook. Lausanne, Switzerland: IMD, 2005.

INTEL INSIDE NEWS. Intel's most unforgettable X86 CPUs and 8086: the first PC processor |As inesquecíveis CPUs X86 da Intel e o 8086: o primeiro processador para PC|, outubro de 13, 2008. Disponível em: <http://intelinsidenews. blogspot.com/2008/10/intels-15-most-unforgettable-x86-cpus.html> Acesso em dezembro de 2008.

INVISTA EM ISRAEL. Life Sciences in Israel: Inspiration, Invention, Innovation |Ciências biológicas em Israel: inspiração, invenção e inovação|, 2006. Disponível em: <www.google.com/url?sa=t&source=web&ct=res& cd=1&url=http%3A%2F%2F.www.israeleconomicmission.com%2Findex.

php%3Foption%3Dcom_docman%26task%3Ddoc_download%26gid%3D
18&ei=aEfKSceDEteLtgerorixAw&usg=AFQjCNFBb4bXAXC68RqYFbIP4
Bv0YDZUnA&sig2=rxbDEjZ-W3 huiyb50qn8Xg>

_____. Recent international mergers and acquisitions |Recentes fusões e aquisições internacionais|. <www.investinisrael.gov.il/NR/exeres/F0FA7315--4D4A-4FDC-A2FA -AE5BF294B3C2.htm>

ISRAEL, Steve. Broadening the picture – beyond America: conclusions |Ampliando o quadro – para além da América: conclusões|. Jewish Agency for Israel. Disponível em: <www.60israel.org/JewishAgency/English/Jewish+Education/Compelling+Content/Worldwide+Community/israeldiaspora/Conclusions.htm>

ISRAEL'S FUGITIVE FLOTILLA |A flotilha fugitiva de Israel|, Time, 12 de janeiro de 1970, Disponível em: <www.time.com/time/magazine/article/0,9171,942140,00.html>

ISRAEL VENTURE CAPITAL (IVC) Research Center Web site. Disponível em: <www.ivc--on-line.com>

JOHANSSON, Frans. The Medici effect: what elephants and epidemics can teach us about innovation |O efeito Medici: o que os elefantes e as epidemias podem nos ensinar sobre inovação|. Boston: Harvard Business School Press, 2006.

JOHNSTON, Jenny. The new argonauts: an interview with AnnaLee Saxenian|Os novos argonautas: uma entrevista com AnnaLee Saxenian|. A GBN World-View Interview, julho de 2006, <http://thenewargo nauts.com/GBNinterview.pdf?aid=37652>

JOYNER, Christopher. Em Boycott and blacklist: a history of arab economic warfare against Israel |Boicote e lista negra: a história da guerra econômica árabe contra Israel|, editado por Aaron J. Sarna. Lanham, Md.: Rowman & Littlefield, 1986.

KAO, John. Nação inovadora: como a América está perdendo seu poder de inovação, porque isso é importante e o que podemos fazer para reconquistá-lo. Rio de Janeiro: Qualitymark, 2008, p. 3 do original em inglês.

KHALAF, Roula. Dubai ruler has big ideas for the little city-state |O governante de Dubai tem grandes ideias para a pequena cidade-estado|. Financial Times, 3 de maio de 2007. Disponível em: <www.ft.com/cms/s/2/eb00cfcc -f9a0-11db--9b6b-000b5df10621.html>

KHANNA, Raun & PALEPU, Krishna G. Emerging giants: building world-class companies in developing countries |Gigantes emergentes: criação de empresas de nível internacional nos países em desenvolvimento| Harvard Business Review, outubro de 2006.

Nação empreendedora

KING, Ian. Intel's israelis make chip to rescue company from profit plunge |Israelenses da Intel fazem chip para salvar os lucros da empresa|. Bloomberg.com, 28 de março de 2007. Disponível em: <www.bloomberg.com/apps/news?pid=206 01109&sid=a2mgYutwVFnM&refer=home> Acesso em janeiro de 2011.

KITTANI, Helmi & MARMARI, Hanoch. The glass wall. the center for jewish-arab economic development |A parede de vidro. O centro para o desenvolvimento econômico judaico-árabe|, 25 junho de 2006. Disponível em: <www.cjaed. org.il/Index.asp?ArticleID=269&CategoryID=147&Page=1> Acesso em janeiro de 2011.

KRAFT, Dina. From far beneath the israeli desert, water sustains a fertile enterprise |De muito abaixo do deserto israelense, a água mantém uma empresa produtiva|. *New York Times*, 2 de janeiro de 2007.

KRANZ, Gene. *Failure is not an option: mission control from Mercury to Apollo 13 and beyond* |A falha não é uma opção: controle das missões – da Mercúrio a Apolo 13 e além|. Nova York: Berkley, 2009.

KUZNETSOV, Yevgeny N., *Diaspora networks and the international migration of skills: how countries can draw on their talent abroad* |As relações da diáspora e a migração internacional de competências: como os países podem planejar seu talento no exterior|. Washington, D.C.: World Bank Institute, 2006.

LANDES, David S. *A riqueza e a pobreza das nações: por que algumas são tão ricas e outras tão pobres.* Rio de Janeiro: Elsevier, 1998.

LASKIER, Michael M. Israel and Algeria amid french colonialism and the arab--israeli conflict |Israel e Argélia, entre o colonialismo francês e o conflito árabe-israelense|, 1954–1978. Israel Studies, 2 de junho de 2001, pp. 1–32. Disponível em: <http://muse.jhu.edu/journals/israel_studies/v006/6.2laskier. html.> Acesso em janeiro de 2011.

LEYDEN, Joel. Microsoft Bill Gates takes Google, terrorism war to Israel |Bill Gates da Microsoft toma o Google, guerra terrorista a Israel. *Israel News Agency*, 30 de outubro de 2005. Artigo não disponível na internet em janeiro de 2011.

LIPSKY, David. *Absolutely american: four years at West Point* |Absolutamente norte--americano: quatro anos em West Point|. Nova York: Vintage Books, 2004.

LOHR, Steve. Like J. P. Morgan, Warren E. Buffett braves a crisis |Assim como J. P. Morgan, Warren E. Buffett enfrenta a crise|. *New York Times*, 5 de maio de 2008.

LOPEZ-CLAROS, Augusto & MIA, Irene. *Israel: factors in the emergence of an ICT powerhouse* |Israel: fatores do surgimento de uma potência em tecnologia de infotmação e comunicação|. Em The global information technology report: leveraging ICT for development, editado por Soumitra Dutta e Augusto Lopez-Claros. Londres: Palgrave Macmillan, 2006. Disponível em: <www.investinisrael.gov.il/NR/rdonlyres/61BD95A0-898B-4F48 -A795-5886B1C4F08C/0/israelcompleteweb.pdf> Não disponível na internet em janeiro de 2011.

LORBER, Azriel. *Misguided weapons: technological failure and surprise on the battlefield*. |Armas desorientadas – fracasso tecnológico e surpresa no campo de batalha| Dulles, Va.: Potomac Books, 2002.

LOVELL, Jim & KLUGER, Jeffrey. *Apollo 13* |Apolo 13|. Nova York: Mariner Books, 2006.

LUTTWAK, Edward N. *The pentagon and the art of war* |O pentágono e a arte da guerra|. Nova York: Simon & Schuster, 1984.

LUTTWAK, Edward N. & Horowitz, Dan. *The israeli army* |O exército israelense|. Londres: A. Lane, 1975.

MALONE, Michael. *Bill & Dave: How Hewlett and Packard built the world's greatest company*. |Bill & Dave: como Hewlett e Packard criaram a maior companhia do mundo|. N.P.: Portfolio Hardcover, 2007.

_____. *Infinite loop: how Apple, the world's most insanely great computer company, went insane* |Loop infinito: como a Apple, a mais insana das grandes empresas de computadores do mundo, enlouqueceu|. Nova York: Doubleday Business, 1999.

MANDEL, Michael. Can America invent its way back? |Conseguirá a América inventar seu caminho de volta?| *BusinessWeek*, 11 de setembro de 2008.

MANOR, Hadas. South african visit yields business worth $30m |A visita dos sul-africanos gera negócios lucrativos avaliados em 30 milhões|. *Globes On-line*, 25 de outubro de 2004.

MARCUS, Eyal. Israeli start-ups impress at TechCrunch50 |Novos empreendimentos israelenses impressionam na TechCrunch50|, *Globes On-line*, 14 de setembro de 2008.

MARKETING CHARTS. Venture capital investment slips 8% in the U.S.; up 5% elsewhere |Investimento em capital de risco caem 8% nos Estados Unidos; e sobrem 5% em todas as demais bolsas|. Disponível em: <www.marketing-charts.com/topics/asia-pacifi c/venture-capital-investment-slips-8-in-us--up-5-elsewhere-8033/>

MARON, Stanley. *Kibbutz demography* |Demografia do Kibbutz|. Em *Crisis in the israeli kibbutz: meeting the challenge of changing time* |Crise no kibbutz israelense: enfren-

Nação empreendedora

tando o desafio dos novos tempos], editado por Uri Leviatan, Hugh Oliver e Jack Quarter. Westport, Conn.: Greenwood Publishing Group, 1998.

MATLY, Michael & DILLON, Laura. Dubai strategy: past, present and future [Estratégia de Dubai: passado, presente e futuro]. *Harvard Business School*, 27 de fevereiro de 2007.

McKINSEY & COMPANY. Perspective on the Middle East, North Africa and South Asia (MENASA) regions [Perspectiva sobre o Oriente Médio, África do Norte e Sul da Ásia]. Julho de 2008.

McWILLIAMS, David. Ireland inc. Gets innovated [A Corporação Irlanda se inova], Sunday Business Post On-Line, 21 de dezembro, 2008. Disponível em <www.sbpost.ie/post/pages/p/story.aspx-qqqt=DAVID+McWilliams-qqqs=commentandanalysis--qqqid=38312-qqqx=1.asp> Acesso em janeiro de 2011.

_____. We're all israelis now [Agora somos todos israelenses]. David McWilliams's blog, 25 de abril de 2004. Disponível em: <www.davidmcwilliams.ie/2004/04/25/were-all-israelis-now> Acesso em janeiro de 2011.

MEEHAN, William F., III, Ron Lemmens e Matthew R. Cohler. What venture trends can tell you [O que as tendências de risco podem nos dizer]. *Harvard Business Review*, julho de 2003.

MESSER-Yaron, Hagit. *Capitalism and the ivory tower* [O capitalismo e a torre de marfim]. Tel Aviv: Ministry of Defence Publishing, 2008.

THE MIDAS LIST [A lista de Midas]. *Forbes*, 25 de janeiro de 2007.

MINDEF SINGAPORE. Ministerial statement on national service defaulters by minister for defence Teo Chee Hean [Declaração ministerial sobre os inadimplentes do serviço nacional pelo ministro da defesa Teo Chee Hean], Disponível em: <www.mindef.gov.sg/imindef/news_and_events/nr/2006/jan/16jan06nr.html> Acesso em janeiro de 2011.

_____ Speech by prime minister Goh Chok Tong at the 35 years of national service commemoration dinner [Discurso do primeiro-ministro Goh Chok Tong no jantar de comemoração dos 35 anos de serviço nacional]. Disponível em: <www.mindef.gov.sg/content/imindef/resources/speeches/2002/07sep02_speech.print.html?Status=1> Acesso em janeiro de 2011

MLAVSKY, Ed. Apresentação em PowerPoint para os alunos de MBA da Universidade Wharton, 2008.

MURRAY, Charles & Bly Cox, Catherine. *Apollo* [Apolo]. Burkittsville, Md.: South Mountain Books, 2004.

NASDAQ. Nasdaq international companies.|Empresas internacionais no Índice Nasdaq| Disponível em: <www.nasdaq.com/asp/NonUSOutput.asp> Acesso em janeiro de 2011.

NELSON, Richard R. *National innovation systems: a comparative analysis* |Sistemas nacionais de inovação: uma análise comparativa|. Nova York: Oxford University Press, 1993.

ORGANISATION FOR ECONOMIC CO-OPERATION AND DEVELOPMENT. Compendium of patent statistics |Organização para a cooperação e o desenvolvimento econômico. Compêndio de estatísticas de patentes|, 2008. Disponível em: <www.oecd.org/dataoecd/5/19/37569377.pdf>

OZ, Amos. Speech at the israeli presidential conference |Discurso na conferência presidencial israelense|, Jerusalém, 14 de maio de 2008.

_____. *A tale of love and darkness* |Uma história de amor e escuridão|. Orlando: Harcourt, 2005.

PAGONIS, William G. Leadership in a combat zone |Liderança em uma zona de combate|. *Harvard Business Review,* dezembro de 2001.

PARAYIL, Govindan. From 'Silicon Island' to 'Biopolis of Asia': innovation policy and shifting competitive strategy in Singapore. |Da Ilha do Silício à Biopolis da Ásia: política de inovação e mudança de estratégia competitiva em Cingapura| California Management Review, v. 47, n. 2 (fevereiro de 2005): pp. 50–73.

PATINKIN, Don. The Israel economy: the first decade |A economia de Israel: a primeira decada|. Jerusalém: Maurice Falk Institute for Economic Research in Israel, 1960.

PEARCE, Craig L. Follow the leaders |Siga os líderes|. Wall Street Journal/ MIT Sloan Management Review, 7 de julho de 2008, Disponível em: <http://sloan-review.mit.edu/executive-adviser/articles/2008/3/5034/follow-the-leaders/> Acesso em janeiro de 2011.

PERES, Shimon. *David's Sling* |A eslinga de Davi|. Nova York: Random House, 1970.

_____. *From these men: seven founders of Israel* |Desses homens: os sete fundadores de Israel|. Nova York: Wyndham Publications, 1979.

_____. Speech to the United Nations general assembly |Discurso à Assembleia Geral das Nações Unidas| *Haaretz,* 24 de setembro de 2008.

PLESSNER, Yakir. *The political economy of Israel: from ideology to stagnation.* |A política econômica de Israel: da ideologia à estagnação| Albany: State University of Nova York Press, 1994.

Nação empreendedora

Porter, Michael E. Clusters and competition: new agendas for companies, governments, and institutions |Conglomerados e competição: novas pautas para empresas, governos e instituições| *Harvard Business School*, junho de 1999.

_____. Clusters and the new economics of competition |Conglomerados e a nova economia de competição|. *Harvard Business Review*, novembro–dezembro de 1998.

_____. *The competitive advantage of nations* |A vantagem competitiva das nações| Nova York: Free Press, 1998.

Porter, Michael E. & Bond, Gregory C. *California wine cluster* |Califórnia, o conglomerado do vinho|. Harvard Business School Case 799-124, junho de 1999. Case Library, Harvard Business Publishing.

Porter, Michael E. & Ketelhohn, Niels W. *Building a cluster: electronics and information technology in Costa Rica* |Construindo um conglomerado: eletrônica e informática na Costa Rica|. Harvard Business School Case 703-422, novembro de 2002. Case Library, Harvard Business Publishing

Porter, Michael E. & Solvell, Orjan. *Finland and Nokia: creating the world's most competitive economy* |A Finlândia e a Nokia: criando a economia mais competitiva do mundo|. Harvard Business School Case 702-427, janeiro de 2002. Case Library, Harvard Business Publishing.

Reardon, Marguerite. Cisco router makes guinness world records |Roteador Cisco nos recordes do Guinness|. CNET News, 1 de julho, 2004. Disponível em: <http://news.cnet.com/Cisco-router-makes-Guinness-World-Records/2100-1033_3-5254291.html.> Acesso em janeiro de 2011.

_____. Cisco sees momentum in sales of key router |A Cisco verifica alta nas vendas de roteadores|. TechRepublic, 6 de dezembro, 2004. DisponEivel em: <www.techrepublic.com/article/cisco-sees-momentum-in-sales-of-key-router/5479086> Acesso em janeiro de 2011.

Reuters. Peres biography: Israel, France had secret pact to produce nuclear weapons |Biografia de Peres: Israel e França tinham um pacto secreto para produzir armas nucleares|. *Haaretz*, 30 de maio de 2007.

Reut Institute. Generating a socio-economic leapfrog: prof. Ricardo Hausmann's visit to Israel – a summary |Gerando um salto sócio-econômico: visita do prof. Ricardo Hausmann a Israel – um resumo| Disponível em: <http://reut-institute.org/data/uploads/PDFVer/20080218%20-%20%20Hausman's%20main%20issues-%20English.pdf. Acesso em janeiro de 2011.

_____. Israel 15 vision [Israel visão15]. 10 de dezembro, 2006. Disponível em: <http://reut-institute.org/en/Publication.aspx?PublicationId=992. Acesso em janeiro de 2011

_____. Last chance to become an economic superpower [Última chance para se tornar uma superpotência econômica]. 5 de março, 2009. Disponível em:<http://reut-institute.org/en/Publication.aspx?PublicationId=3573.

RIVLIN, Paul. *The Israeli economy* [A economia de Israel]. Boulder, Colo.: Westview Press, 1992.

ROBERTO, Michael A., BOHMER, Richard M. J. & EDMONDSON, Amy C. Facing ambiguous threats [Enfrentando ameaças ambíguas]. *Harvard Business Review*, R0611F, novembro de 2006.

ROBERTO, Michael A., EDMONDSON, Amy C. & BOHMER, Richard M. J. Columbia's final mission [A última missão do Columbia]. Harvard Business School Case Study, 2006.

ROMER, Paul M. Economic Growth [Crescimento econômico]. Em *The concise encyclopedia of economics*, editado por David R. Henderson. Indianapolis: Liberty Fund, 2007; Disponível em <www.stanford.edu/~promer/Economic Growth.pdf>

ROSENTHAL, Donna. *The israelis: ordinary people in an extraordinary land* [Os israelenses: pessoas comuns em uma terra extraordinária]. Nova York: Free Press, 2005.

ROSTEN, Leo. *Joys of yiddish* [Os prazeres do ídiche]. Nova York: McGraw-Hill, 1968.

RUBIN, Uzi. Hizballah's rocket campaign against northern Israel: a preliminary report [A campanha do Hezbollah contra o norte de Israel: um relatório preliminar]. *Jerusalem Issue Brief*, v. 6, n. 10 (31 de agosto de 2006). Disponível em: <www.jcpa.org/brief/brief006-10.htm>

RUBINSTEIN, Amnon. Return of the kibbutzim [O retorno dos kibbutzim]. *Jerusalem Post*, 10 de julho de 2007.

SACHER, Howard M. A *history of Israel: from the rise of zionism to our time* [Uma história de Israel: da ascensão do sionismo aos nossos tempos]. 2. ed. Nova York: Knopf, 1996.

SARNA, Aaron J. *Boycott and blacklist: a history of arab economic warfare against Israel* [Boicote e lista negra: uma história da guerra econômica árabe contra Israel]. Totowa, N.J.: Rowman & Littlefield, 1986.

SCHRAMM, Carl J. Economic fluidity: a crucial dimension of economic freedom [Fluidez econômica: uma dimensão crucial da liberdade econômica]. Em 2008 Index of Economic Freedom, editado por Holmes, Kim R., Fekulner, Edwin J. & O'Grady, Mary Anastasia. Washington, D.C.: Heritage Foundation, 2008.

Nação empreendedora

_____.The entrepreneurial imperative: how America's economic miracle will reshape the world |O imperativo empresarial: como o milagre econômico dos Estados Unidos vai remodelar o mundo|. Nova York: HarperCollins, 2006.

SCOTT, Bruce R. & SUMDER, Srinivas Ramdas. Austin, Texas: building a high-tech economy |Austin, Texas: construindo uma economia de alta tecnologia|. Harvard Business School Case 799-038, outubro de 1998. Case Library, Harvard Business Publishing.

SINGER, Saul. Superpower in Silicon Wadi |Superpotência em Silicon Wadi| *Jerusalem Post*, 19 de junho de 1998.

SOLOW, Robert M. Growth theory and after |Teoria do crescimento e além|. Nobel Prize lecture, 8 de dezembro de 1987. Disponível em: <http://nobelprize.org/nobel_prizes/economics/lau reates/1987/solow-lecture.html.>

SNOOK, Scott A., Freeman, LESLIE J. & NORWALK, L. Jeffrey. Friendly fire |Fogo amigo|. Harvard Business School Case 404-083, janeiro de 2004. Case Library, *Harvard Business Publishing*.

STEIL, Benn, Victor, DAVID G & NELSON, Richard R. *Technological innovation and economic performance* |Inovação tecnológica e desempenho econômico|. Princeton: Princeton University Press, 2002.

STERN, Yoav. Study: israeli arab attitudes toward women undergoing change |Estudo: atitudes árabe-israelense em relação à emancipação das mulheres|. *Haaretz*, 14 de março de 2009. Disponível em: <www.haaretz.com/hasen/ stages/1008797.html>

STERNHELL, Zeev. *The founding myths of Israel* |Os mitos fundadores de Israel|. Tradução de David Maisel. Princeton: Princeton University Press, 1998.

SYMMES, Patrick. *The Book* |O livro|. Outside, agosto de 2005. Disponível em:<http://outside.away.com/outside/features/200508/the-israeli-guidebook-1.html.> Acesso em novembro de 2008.

TAL, Alon. National report of Israel, years 2003–2005, to the United Nations convention to combat desertification (unccd). |Relatório nacional de Israel, anos 2003-2005, para a convenção das Nações Unidas para o combate à desertificação (unccd)| julho de 2006. Disponível em: <www.unccd.int/cop/reports/otheraffected/national/2006/israel-eng.pdf>

_____. *Pollution in a promised land: an environmental history of Israel.* |Poluição na terra prometida: uma história ambiental de Israel| Berkeley: University of California Press, 2002.

THEIL, Stefan. Teaching entrepreneurship in the arab world |Ensino do empreendedorismo no mundo árabe|. *News-week International*, 14 de agosto de 2007. Também disponível em: <www.gmfus.org/publications/article.cfm?id=332> Acesso em março de 2009.

TIME / CBS NEWS. *People of the century: one hundred men and women who shaped the last hundred years.* |Pessoas do século: cem homens e mulheres que moldaram os últimos cem anos| Nova York: Simon & Schuster, 1999.

TRAJTENBERG, Manuel & SHIFF, Gil. Identification and mobility of israeli patenting inventors |Identificação e mobilidade dos registros de patentes israelenses|. Discussion Paper N. 5-2008, Pinchas Sapir Center for Development, Tel Aviv University, abril de 2008. Disponível em: <http://sapir.tau.ac.il/papers/sapir-wp/%D7%9E%D7%A0%D7%95%D7%90%D7%9C%20%D7%98%D7%A8%D7%9B%D7%98%D7%A0%D7%91%D7%A8%D7%92%205-08%20%D7%9E%D7%A9%D7%95%D7%9C%D7%91.pdf.

TWAIN, Mark. *The innocents abroad, or the new pilgrims' progress* |Os inocentes no estrangeiro ou o novo avanço dos peregrinos|. Hartford: American Publishing Company, 1870.

UNDP (United Nations Development Programme). *The arab human development report, 2005: towards the rise of women in the arab world* |O relatório árabe de desenvolvimento humano, 2005: rumo a ascensão da mulher no mundo árabe|. Nova York: United Nations Publications, 2006.

_____. Research and development expenditure (% of gdp) |Despesas com desenvolvimento e pesquisa (% do pib)|. *Human development reports* |Relatórios do desenvolvimento humano|, 2007–08

USEEM, Michael. *The leadership moment: nine true stories of triumph and disaster and their lessons for us all* |A hora da liderança: nove histórias reais de triunfo e desastre e suas lições para todos nós|. Nova York: Three Rivers, 1998.

VIETOR, Richard H. K. & EVANS, Rebecca. Saudi Arabia: getting the house in order |Arábia Saudita: colocando a casa em ordem|. Harvard Business School Case 404-083, março de 2002. Case Library, *Harvard Business Publishing.*

VIETOR, Richard H. K. & THOMPSON, Emily J. Singapore Inc |A corporação Cingapura|. Harvard Business School Case 703-040, fevereiro de 2003. Case Library, *Harvard Business Publishing.*

VISE, David A. & MALSEED, Mark. *The Google story* |A história do Google|. Nova York: Delacorte, 2005.

Nação empreendedora

VOGELSTEIN, Fred. The Cisco Kid rides again |Os jovens da Cisco seguem em frente|. Fortune, 26 de julho de 2004. Disponível em: <http://money.cnn.com/magazines/fortune/fortune_archive/2004/ 07/26/377145/index.htm.

VOLANSKY, Ami. *Academy in a changing environment* |Academia em um ambiente em mudança|. Kav Adom–Kibbutz Meuchad Publisher, 2005.

WE ARE ALL INNOVATORS NOW |Somos todos inovadores agora|. Economist Intelligence Unit, 17 de outubro de 2007. Disponível em: <www.eiu.com/index.asp?layout=ib3PrintArticle& article_id=292663614&printer=printer&rf=0> Acesso em janeiro de 2009.

WEICK, Karl E. Prepare your organization to fight fires |Prepare sua organização para combater incêndios|. *Harvard Business Review*, maio de 1996.

WEINER, Eric. *The geography of bliss: one grump's search for the happiest places in the world.* |A geografia da felicidade: a busca dos mau humorados pelos locais mais felizes do mundo| Nova York: Twelve, 2008.

WEIZMANN INSTITUTE OF SCIENCE. Moving with the times |Agindo conforme a situação|. *Weizmann Wonder Wander*, Fall–Winter 1997. Disponível em: <http://wis-wander.weizmann.ac.il/site/en/weizman.asp?pi=422&doc_id=567&interID=562&sq=562.

WEIZMANN'S PATENT ROYALTIES. *Israel high-tech and investment report* |Relatório de investimento e alta tecnologia de Israel|, setembro de 2004. Disponível em: <www.ishitech.co.il/0904ar5.htm>

WIESELTIER, Leon. Brothers and keepers: black jews and the meaning of zionism |Irmãos e guardiões: os judeus negros e o significado do sionismo|. *New Republic*, 11 de fevereiro de 1985.

WILSON, Stewart. *Combat aiircraft since 1945* |Aeronaves de combate desde 1945|. Fyshwick: Aerospace Publications, 2000.

WORLD ECONOMIC FORUM. Utility patents (hard data) |Patentes utilitárias (Informação oficial)|. *Global Information Technology Report* 2008–2009.

_____. Venture capital availability |Disponibilidade de capital de risco|. *World Economic Forum Executive Opinion Survey* 2007, 2008.

WYMAN, David S. *Paper walls: America and the refugee crisis* |Muros de papel: a América e a crise dos refugiados|, 1938–1941. Nova York: Pantheon, 1985.

YOSSI SELA, managing partner |Yossi Sela, sócio-diretor|. Gemini Israel Funds Web site. Disponível em: <www.gemini.co.il/?p=TeamMember&CategoryID =161&MemberId =197>

YEFET, Orna. McDonalds, *Yediot Ahronot*, 29 de outubro de 2006.

ZADOK, Shahar. Intel dedicates Fab 28 in Kiryat Gat [Intel dedica 28 de fevereiro em Kiryat Gat]. *Globes On-line*, 1o de julho de 2008.

ZUCKERMAN, Ezra & FELDSTEIN, Janet. Venture capital in Israel: emergence and globalization. [Capital de risco em Israel: surgimento e globalização] Harvard Business School Case SM88, novembro de 2001. Case Library, *Harvard Business Publishing*.

Entrevistas

ABIZAID, General John (ref.), ex-comandante, Comando Central americano; maio de 2009.

AGASSI, Reuven (papi de Shai), integrante do conselho de novas empresas do Technion; dezembro de 2008.

AGASSI, Shai, fundador e CEO, Better Place; março de 2008 e março de 2009.

AL-ALLAWI, Riad, empreendedor jordaniano; março de 2009.

ALON, Ruti, sócio, Pitango Venture Capital; presidente, diretoria da Bio-Control, BrainsGate e TransPharma Medical; dezembro de 2008.

AMIR, David (nome fictício), piloto, Força Aérea israelense; agosto de 2008.

ANDREESSEN, Marc, fundador, Netscape; julho de 2009.

APPLBAUM, Isaac (Yitz), sócio de empresa de risco, The Westly Group; maio de 2008.

ARIAV, Yoram, diretor-geral, Ministério da Fazenda de Israel; janeiro de 2009.

ASA-EL, Amotz, presidente fundador, *BusinessWeek Israel*, e ex-editor executivo, *Jerusalem Post*; maio de 2008.

AVNER, Yehuda, conselheiro junto aos primeiros-ministros israelenses Levi Eshkol, Golda Meir, Yitzhak Rabin, Menachem Begin e Shimon Peres; embaixador junto ao Reino Unido, Irlanda e Austrália; abril de 2008.

BACHAR, Yossi, ex-diretor-geral, Ministério da Fazenda; maio de 2008.

BARKAT, Eli, presidente e cofundador, grupo BRM; janeiro de 2009.

BEN-DAVID, Dan, Departamento de Economia, Universidade de Tel Aviv; junho de 2008.

BEN-EPHRAIM, brigadeiro-do-ar Rami, chefe da Divisão de Pessoal, Força Aérea israelense; novembro de 2008.

BERRY, Orna, sócia de empresa de risco, Gemini Israel Funds; janeiro de 2009.

BIALKIN, Kenneth J., sócio, Skadden, Arps; janeiro de 2009.

BRODET, David, ex-diretor-geral, Ministério da Fazenda; maio de 2008.

Nação empreendedora

BROKAW, Tom, autor de *The Greatest Generation*; abril de 2009.

CATALANO-SHERMAN, Joni, diretor corporativo de transferência de tecnologia e relações acadêmicas, Corporate Office of Science and Technology (COSAT); dezembro de 2008.

CHALIVA, coronel Aaron, oficial comandante da base de treinamento, Bahad 1, FDI; dezembro de 2008.

CHASE, Al, fundador, White Rhino Partners; fevereiro de 2009.

COHEN, Eliot A., conselheiro do Departamento de Estado; ex-diretor do Programa de Estudos Estratégicos, Faculdade de Estudos Internacionais Avançados, Universidade Johns Hopkins; janeiro de 2009.

DAVIDSON, Christopher M., autor de *Dubai: The Vulnerability of Success*; março de 2009.

DAVIS, Tim, diretor, Entrepreneurship Indicators Project, OECD; março de 2009.

DE HAAN, Uzi, William Davidson Faculty of Industrial Engineering and Management, Technion; julho de 2008.

DERMER, Ron, ex-adido econômico, Embaixada de Israel em Washington, D.C., e conselheiro sênior do primeiro-ministro Benjamin Netanyahu; setembro de 2008.

DILIAN, coronel Tal (res.), ex-chefe da 8100; integrante da diretoria, Atidim; maio de 2008.

DORON, Daniel, presidente, Centro para o Progresso Social e Econômico de Israel; agosto de 2008.

DOTAN, Yuval (nome fictício), piloto de caça, Força Aérea israelense; maio de 2008.

EDELSTEIN, Yuli, ex-ministro da Absorção; integrante do Knesset; maio de 2008.

EDEN, Shmuel (Mooly), vice-presidente e gerente-geral, Mobile Platforms Group, Intel; novembro de 2008.

EDRY, Illy, fundador e estrategista-chefe, Poptok; maio de 2008.

EISENBERG, Michael, sócio, Benchmark Capital; maio de 2009.

ELIAS, Asher, Tech Careers; março de 2009.

EPSTEIN, Asher, diretor, Dingman Center for Entrepreneurship, Universidade de Maryland; maio de 2008.

ERLICH, Yigal, fundador, presidente e sócio-gerente, grupo Yozma; maio de 2008. Executivo sênior do eBay, entrevista não oficial; setembro de 2008.

FARHI, Major Gilad, comandante da unidade de infantaria de Kfir, FDI; novembro de 2008.

FICK, Nathaniel, chefe de operações, Center for a New American Security; autor, *One Bullet Away*; março de 2008.

304

Dan Senor & Saul Singer

FRIEDMAN, Thomas, colunista, *New York Times*; abril de 2009.

GALIL, Uzia, presidente e CEO, Uzia Initiatives & Management Ltd; julho de 2008.

GERSON, Mark, presidente-executivo, Gerson Lehrman Group; janeiro de 2009.

GIDRON, Rafi, & PETRUSCHKA, Orni, cofundadores, Precede Technologies, Chromatis Networks e Scorpio Communications; dezembro de 2008.

GILADI, general-de-brigada Eival (res.), CEO, Portland Trust; março de 2009.

GOREN, Amos, sócio de empresa de risco, Apax Sócios; janeiro de 2009.

GRINSTEIN, Gidi, fundador e presidente, Reut Institute; maio e agosto de 2008.

GROSS, Yossi, diretor e cofundador, TransPharma Medical; fundador de muitas novas empresas de instrumentação médica; dezembro de 2008.

HAMED, Colonel Ramiz, chefe da Unidade de Minorias, Departamento de Recursos Humanos, FDI; novembro de 2008.

HARRIS, Clinton P., fundador e sócio-gerente, Grove Street Advisors; fundador e ex-diretor-gerente, Advent International; janeiro de 2009.

HAUG, Laurent, fundador e CEO, Lift Conference; maio de 2009.

HAUSMANN, Ricardo, ex-ministro de Estado venezuelano e atual diretor do Centro de Desenvolvimento Internacional de Harvard; fevereiro de 2009.

INSTRUTOR DA FORÇA AÉREA, FDI; maio de 2008.

IVRI, David, ex-embaixador junto aos Estados Unidos e ex-comandante-chefe da Força Aérea israelense; dezembro de 2008.

KAGAN, Frederick W., historiador militar; pesquisador adjunto, American Enterprise Institute for Public Policy Research (AEI); dezembro de 2008.

KAPLINSKY, major-general Moshe (res.), CEO, Better Place Israel; novembro de 2008.

KAUFMANN, Yadin, sócio-fundador, Veritas Venture Partners; dezembro de 2008.

DOTAN, Tal, cofundador, KCPS; maio e dezembro de 2008.

KERBS, Gil, capitalista de risco e colaborador da Forbes; janeiro de 2009.

KETELS, Christian H. M., economista, integrante do corpo docente da Faculdade de Administração de Empresas de Harvard e do Instituo de Estratégia e Competitividade; março de 2009.

KOHLBERG, Isaac T., associado-chefe sênior e oficial chefe de desenvolvimento de tecnologia, Universidade de Harvard; janeiro de 2009.

KRANZ, Eugene (Gene) F., ex-diretor e gerente de vôo, NASA; maio de 2009.

LAOR, Michael, fundador da Cisco Systems Development Center em Israel; fevereiro de 2009.

305

Nação empreendedora

Lipow, Jonathan, Departamento de Economia, Universidade de Oberlin; maio de 2008.

Lipsky, David, autor, *Absolutely American*; março de 2009.

Lowry, Colonel John (res.), gerente-geral, Harley-Davidson Motor Company; novembro de 2008.

Luttwak, Edward, associado sênior, Centro de Estudos Estratégicos e Internacionais (CSIS); dezembro de 2008.

Luttwak, Yael, ex-comandante de armamento de tanques, FDI; produtor de documentários; agosto de 2008.

Maarek, Yoelle, ex-diretora, Google's R&D Center em Haifa, Israel; janeiro de 2009.

Maoz, Darya, antropóloga, Universidade Hebraica; junho de 2009.

Margalit, Erel, fundador da Jerusalem Venture Partners (JVP); maio de 2008.

Matanya, Aviatar, oficial superior, programa Talpiot; dezembro de 2008.

Matias, Yossi, diretor, Google's R&D Center em Tel Aviv, Israel; janeiro de 2009.

McLaughlin, Andrew, diretor, políticas públicas e assuntos governamentais do Google; janeiro de 2009.

McMaster, general-de-brigada H. R., Exército americano; maio de 2009.

McWilliams, David, economista irlandês; julho de 2009.

Medved, Jon, CEO e diretor, Vringo; maio de 2008.

Messer-Yaron, Hagit, presidente, Open University; janeiro de 2009.

Mitchell, Lesa, vice-presidente, Kauffman Foundation; março de 2009.

Mlavsky, Ed, presidente e sócio-fundador, Gemini Israel Funds; dezembro de 2008.

Molla, Shlomo (Neguse), integrante do Knesset, partido Kadima; março de 2009.

Moralli, Dorit, proprietária, El Lobo restaurante e pousada em La Paz, Bolívia; março de 2009.

Nagel, general-de-brigada Jacob (ref.), vice-diretor do Mafat, FDI; dezembro de 2008.

Netanyahu, Benjamin, primeiro-ministro de Israel; dezembro de 2008.

Newbold, general Gregory (ref.), ex-diretor de Operações, Estado-Maior-Conjunto; maio de 2009.

Ofer, Idan, presidente da diretoria, Better Place; dezembro de 2008.

Oren, Michael, associado sênior, Shalem Center; maio de 2008.

Peled, Dan, Departamento de Economia, Universidade de Haifa; julho de 2008.

Peres, Chemi, cofundador e gerente-geral, Pitango VC; dezembro de 2008.

Peres, Shimon, presidente de Israel; dezembro de 2008.

Peretz, Shay, CEO, DefenSoft Planning Systems; dezembro de 2008.

Perlmutter, David, vice-presidente-executivo e gerente-geral, Mobility Group, Intel Corporation; janeiro de 2009.

Petraeus, general David, comandante, Comando Central americano; maio de 2009.

Porter, Michael E., professor of economia, Faculdade de Administração de Empresas de Harvard; fundador e presidente, Initiative for a Competitive Inner City (ICIC); diretor de instituto, Instituto de Estratégia e Competitividade; cofundador, grupo Monitor; março de 2009.

Pulver, Jeff, fundador e executivo-chefe, Pulver.com; agosto de 2008.

Rabinovich, Abraham, autor of *The Yom Kippur War: The Epic Encounter That Transformed the Middle East*; maio de 2009.

Rezk, Amr, EFG-Hermes; março de 2009.

Riesenfeld, Tal, forças especiais das FDI (res.); cofundador, EyeView; dezembro de 2008.

Ron, tenente-coronel Nathan (res.), FDI; procurador, Ron-Festinger Law Offices; dezembro de 2008.

Rosenberg, David, escritório da Bloomberg Jerusalem; ex-editor de negócios, *Jerusalem Post*; ex-chefe de economia norte-americana, Merrill Lynch; maio de 2008.

Samet, Yoav, gerente de desenvolvimento corporativo em Israel, Europa Central/Oriental e Rússia/ CIS, Cisco Systems Inc.; janeiro de 2009.

Schell, Jessica, vice-presidente da NBC Universal, Inc.; abril e junho de 2008.

Schmidt, Eric, presidente e CEO, Google; junho de 2009.

Schramm, Carl J., presidente e CEO, Fundação Ewing Marion Kauffman; março de 2009.

Schroeder, Alice, autora de *The Snowball*; janeiro de 2009.

Sela, Michael, Departamento de Imunologia, Instituto Weizmann de Ciências; dezembro de 2008.

Shainberg, Gary, vice-presidente de tecnologia e inovação, British

Sharansky, Natan, presidente associado emérito, Adelson Institute for Strategic Studies, Shalem Center; fundador do Partido Yisrael B'Aliya; maio de 2008.

Solomon, Ian, sócio, grupo Profile; vice-presidente de desenvolvimento comercial, Aespironics; dezembro de 2008.

Swersky, Sofer, Nava, ex-CEO, Yissum; dezembro de 2008.

Nação empreendedora

Telecom; maio e agosto de 2008.

Thompson, Scott, presidente, PayPal; 6 e 16 de outubro de 2008; janeiro de 2009.

Tice, Capitão Brian (res.), Fuzileiros Navais americanos; fevereiro de 2009.

Vardi, Yossi, guru da internet israelense; fundador de mais de cinquenta empresas de alta tecnologia; maio de 2008.

Vieux, Alex, CEO, Red Herring; maio de 2009.

Vilenski, Dan, ex-presidente da diretoria, Applied Materials Israel, Iniciativa Nacional de Nanotecnologia de Israel (INNI); julho de 2008.

Vilpponen, Antti, fundador, ArcticStartup; janeiro de 2009.

Vise, David A., co-autor de *The Google Story*; janeiro de 2009.

Vitman, Assaf, adido econômico, Embaixada de Israel em Washington, D.C.; janeiro de 2009.

Wertheimer, Eitan, presidente da diretoria, Iscar; janeiro de 2009.

Whitman, Meg, ex-presidente e CEO, eBay; setembro de 2008.

Wolfe, Josh, cofundador e sócio-gerente, Lux Capital; dezembro de 2008.

Wood, Doug, chefe de criação, Animation Lab; maio de 2008.

Yaalon, tenente-general Moshe (res.), integrante do Likud no Knesset; chefe do Estado-Maior das FDI em 2002–05; maio de 2008.

Zeevi-Farkash, general-de-divisão Aharon (res.), ex-chefe da Unidade de Informações 8200, FDI; maio de 2008.

Este livro foi impresso
em papel *Offset* 70g
pela Renovagraf.